아젠다

코리아

김완순/오호영 지음

한국경제신문

들어가는 말

19 80년대 초 이래, 한국은 내부적인 필요성과 외부적인 압력을 수용해 외국인 직접투자 자유화 정책을 단계적으로 추진해왔다. 그러나 본격적인 투자자유화의 길을 걷기 시작한 것은 1997년 말의 금융위기 이후부터다.

국제통화기금으로부터 구제금융을 받는 대가로 더욱 신속한 시장개방 조치와 구조개혁을 추진해야 했기 때문이다. 그러나 그간의 개방화와 개혁조치에도 불구하고, 많은 외국인 투자자들은 아직도 한국의 기업경영 환경은 부족한 점이 많다고 지적한다.

그러면 한국이 아직도, 자국의 이익을 위해 스스로의 선택으로 시장개방을 추진해야 함에도 외부의 압력에 대한 타협으로 마지못해 개방하고 있다는 인상을 주고 있는 이유는 무엇인가. 또한 한국이 외국인 투자유치에 여전히 소극적이라는 국제사회의 부정적 이미지를 극복하기 위해서 앞으로 무엇을 해야 할 것인가. 이것은 내가 1999년 외국인투자옴부즈만제도가 시행되면서 첫번째 옴부즈만으로 임명된 이래 머리 속에서 떠나지 않고 있는 화두였다.

돌이켜보면, 1997년의 금융위기 이후 우리 정부는 외국인 직접투자 유치에 총력을 기울여왔다. 투자환경 개선을 위해 1998년 4월 대한무역투자진흥공사 내에 외국인투자지원센터를 설치한 것이나, 1999년 10월 외국인투자옴부즈만(ombudsman)사무소를 설치한 것이 대표적인 예다.

외국인투자지원센터는 한국에 투자하고자 하는 외국인들에게 투자에 따른 절차를 이행하기 위해 여러 행정기관에 들러야 하는 불편을 해소하고 원스톱(one-stop) 서비스를 제공하기 위해 설치되었다. 또한 외국인투자옴부즈만사무소는 한국에 이미 투자하고 있는 외국인 업체의 고충 해소를 통해 궁극적으로 투자환경을 개선하는 임무를 띠고 있다.

외국인 투자 옴부즈만으로 활동하는 가운데 주한 외국인 업체들이 제기하는 수많은 고충사례를 접하면서, 고충을 발생시키고 있는 근본 원인과 뿌리가 무엇인가에 대해 많은 생각을 하게 되었다. 또한 외국인 투자자의 고충을 해결해주는 과정에서 정부 각 부처를 뛰어다니면서, 아직도 공무원 사회에 광범위하게 뿌리내리고 있는 편협하고 국수주의적인 사고방식과 관행을 온몸으로 느낄 수 있었다. 그러면서 외국인 투자 옴부즈만은 한국에 투자하고 있는 외국기업들의 불편과 고충을 해결해주는 직접적인 업무에서 한 발 더 나아가, 한국의 진정한 세계화를 위한 촉매제가 되어야 한다는 생각을 하게 되었다.

국민의식의 세계화를 촉진하고 급변하고 있는 세계경제 환경에 어떻게 대응해야 할 것인가를 제시하는 일이야말로 궁극적으로 우리의 투자환경을 개선하고 국가경제의 발전을 돕는 길이다. 한국이 매력적이고, 더욱 성숙된 세계 일류국가로 한 단계 도약하기 위해 가장 필요한 것은 세계화로 나타나고 있는 현재의 세계질서 변화에 보다 신속하게 순응해 새로운 기회를 찾는 것이다. 이러한 생각을 구체화하기 위해 넓게는 세계화, 좁게는 외국인 투자유치를 적극적으로 추진해야 함을 신문에 매주 기고했고, 수많은 곳에서 강연해왔다.

이 책은 지난 3년 동안 옴부즈만으로 활동하면서 발표한 기고문, 강연원고, 주제 발표문 등을 수정·보완해 책으로 엮은 것이다. 따라서 처음부터 책을 집필할 목적으로 쓰여진 글들이 아니기 때문에, 때로는 불가피하게 중복되는 경우도 많이 있다. 또한 이 책에서 불합리하다고 지적된 법규·규제·관행 중 일부는 이미 개선되었거나 해결된 경우도 있으나, 이를 일일이 확인하지 못한 한계도 있다. 그럼에도 이 책의 전체를 관통하고 있는 문제의식은 명확하다. 즉 1997년 금융위기 이후 한국이 세계화를 어떻게 이해하고, 추진하고, 관리해왔으며, 어떠한 저항에 부딪쳤는가를 경험적으로 다루고 있다.

따라서 이 책은 정교한 이론에 바탕을 두고 있다거나, 『세계화가 과연 바람직한가』 하는 소모적 논쟁에서는 벗어나 있다. 오히려 이 책은 경험과 사례에 기초해 자원빈국이고 무역의존적인 한국경제가 치열한 글로벌 경쟁에서 도태되지 않고 성장을 지속하기 위해서는, 세계화의 논리와 실재를 인정하고 끌어안아야 하는 것 외에는 다른 선택이 없음을 강조하고 있다. 세계화에는 여러 가지 폐해와 함정이 도사리고 있지만, 개방정책은 지속되어야 한다는 것이 이 책의 일관된 주장이다.

간략히 말하면, 이 책을 발간하는 목적은 두 가지다. 첫째는 외국인 직접투자가 한국경제의 세계화를 추진한 주된 매개체 역할을 하면서 정부, 기업, 전통적 인간관계, 기타 사회적 요인들을 어떻게 변화시켰는가를 다양한 경험사례에 기초해 설명하는 데 있다. 두번째는 세계화라는 거대한 도전에 직면해 한국의 제도·가치관·규칙·관행 등이 선진화하고 개혁되면서 나타난 복잡한 사회경제적 과제들을 설명하는 것이다.

외국인 투자유치가 주도한 세계화는 기본적으로 경제적인 영역에서 이루어진다. 특히 생산·교역·고용·금융구조 등의 분야에서 광범위하고 근본적인 변화가 일어난다. 한국의 경험을 살펴보면, 외국인 투자유치는 단순히 경제 분야에 국한되지 않고, 국가와 사회의 모든 영역에 걸쳐 변화를 불러왔다.

일반적으로 외국인 투자는 단순히 유치국의 기업조직과 경영관행에 영향을 미치는 것에서 한 걸음 더 나아가 범세계적 규범과 표준을 투자유치국에 강제하는 압력으로 작용한다. 이에 따라 사회 각 부문은 이러한 압력에 대응해 기존의 사고방식과 행동양식, 관행 등에 수정을 가하고 적응하면서 변화가 수반되는 것이다.

이 책에서는 60개가 넘는 기고문 등을 수정·보완한 후 5개의 범주로 나누어 세계화가 한국에 미친 다차원적인 충격을 조명하고 있다. 1부에서는 한국의 외국인 투자유치정책의 변천과정을 개괄적으로 살펴본다. 특히 1997년 금융위기 이후 과거의 낡은 틀을 벗고 새롭게 변화하기 위한 일련의 주요한 제도적 개혁을 다룬다. 외국인 투자제도의 전체적인 틀이 어떻게 변화해왔는가를 살피는 것은 한국의 세계화 과정을 이해하기 위한 중요한 전제가 되기 때문이다.

한국의 외국인 투자유치에서 가장 큰 걸림돌은 개발연대의 틀과 낡은 사고방식에 젖어 있는 정부부문이다. 따라서 2부에서는 외국인 투자의 장애가 되고 있는 공무원의 편협한 의식과 불필요하고 잘못된 규제의 개혁이 시급함을 여러 가지 사례를 통해 지적한다. 3부에서도 사례분석을 통해 치열한 글로벌 경쟁에 직면하고 있는 기업과 금융부문의 구조조정 과정을 다룬다. 경쟁적인 글로벌 경제가 어떻게 우리나라 기업과 금융기관들의 투명성, 경쟁, 금융조달 방식, 마케팅 등에 영향을 미치고 변화를 이끌어왔는지를 살펴보는 것이다.

4부에서는 외국인 투자유치를 활성화하기 위해서는 투자환경의 개선이 중요함을 강조하고, 시급히 개선되어야 할 문제점을 사례를 통해 제기한다. 5부에서는 부패, 기업문화, 언론매체, 남녀차별, 대중문화, 근로자권리, 인적 자원 등 세계화가 한국사회에 몰고 온 다양한 사회문화적 문제들을 다룬다. 이는 세계화를 통해 한국경제가 지속적으로 발전하려면 한국인들의 의식구조가 문화의 다양성을 존중하고, 외국인과 더불어 살아갈 수 있는 세계시민으로 바뀌어야 함을 강조하기 위함이다.

이 책을 통해 세계화가 나와는 동떨어진 추상적인 현상이 아니라, 국가경제의 진로는 물론 개인의 일상생활에서부터 학교교육, 직업, 소득 등에 이르기까지 커다란 영향을 미치는 중요한 요인이라는 점을 인식하는 계기가 되었으면 한다. 또한 우리 국민들이 세계화에 대해 올바른 인식을 갖고 자신감 있게 대처해나간다면, 20세기 후반 『수출만이 살길이다』를 외치면서 국력을 하나로 모아 이룬 「한강의 기적」이 21세기에는 성숙되고 세련미 넘치는 선진국 진입으로 재현될 수 있으리라 기대해본다.

2002년 10월

김 완 순

차 례

제3부 기업경영의 세계화 사례

제4부 투자환경의 개선 사례

제 **1** 부

외국인 투자제도의 자유화

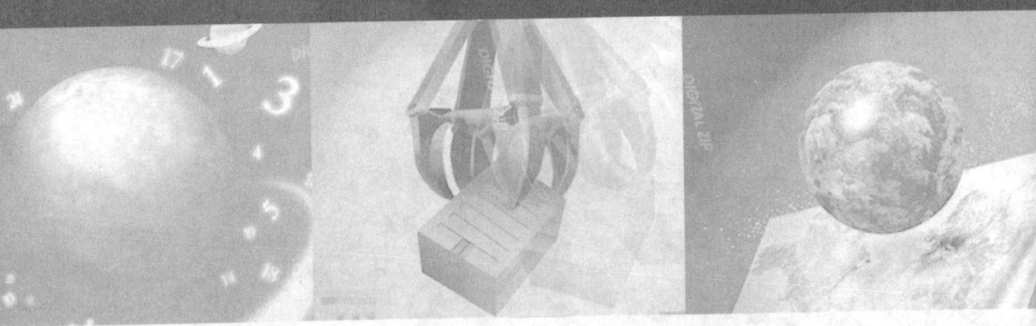

금융위기, 무엇이 문제였나

1997년 말 금융위기가 닥치기 이전 약 30여 년 간 한국경제는 연평균 9%가량 성장해왔다. 1960년대 초 아프리카 대륙의 수단과 비슷한 수준의 최빈국이었던 한국경제가 세계 10위권의 경제대국으로 부상할 수 있었던 제일 큰 원동력은 수출이었다.

세계 여러 나라의 경제성장 역사에 비추어보더라도 한국의 경제성장은 경이적이다. 일찍이 이토록 오랜 기간 동안, 이렇게 높은 경제성장률을 기록한 나라는 경제역사상 유래를 찾기 어렵다.

이렇게 승승장구하던 한국경제가 1997년 말에 그토록 처참하게 무너질 것이라고 누구도 예측하지 못했다. 고도성장을 이룩한 한국경제의 강인한 저력과 「아시아의 경제기적」으로 칭찬받았던 세계경제의 우등생이었기 때문이다. 하지만 이러한 기대와는 반대로 1997년 말 한국경제는 급격한 대외자산의 고갈로 국제투기세력의 통화공격에 속수무책으로 무너졌다. 마침내 국가파산 일보직전에 몰려 국제통화기금(IMF)에 구조를 요청하는 지경에 이르렀다.

1997년에 벌어졌던 동아시아의 붕괴 도미노 현상에 대해 미국의 저명한 경제학자 폴 크루그먼(Paul Krugman)은 이렇게 설명한다.

『동아시아 국가들은 정부, 기업, 금융기관들이 상호 밀접히 유착되어 기업의 과도한 투자와 금융기관들의 무모한 구제금융과 같은 도덕적 해이(moral hazard)가 심각했다. 그리고 이러한 유착관계가 금융위기를 불러온 근본 원인이다.』

이러한 현상은 한국에서도 마찬가지였다. 정부는 금융기관을 조종하여 재벌기업에게 집중적으로 대출을 해주었다. 이 결과 재벌기업들은 부채에 과도하게 의존하는 불안정한 재무구조를 갖게 되었다. 정

|한국경제 붕괴 원인|

근본원인 : 경제 패러다임의 변화에 대한 적응 지체(세계화 정책의 실패)
- 신속한 개방과 자유화 실천의 실패
- 시장경제와 민간자율 확대의 실패
- 관치경제 청산의 실패

① 재벌의 무모한 문어발식 확장
- 위험을 고려하지 않은 무리한 투자
- 정경유착과 특정 기업에 대한 특혜
- 계열사 간 지급보증으로 과도하게 높은 부채비율

부, 재벌기업, 금융기관이 견제와 균형을 이루기는커녕 모두가 한통속이 되어버렸던 것이다. 크루그먼은 이것을 「패거리 자본주의(crony capitalism)」로 불렀다.

패거리 자본주의가 금융위기로 침몰하게 된 과정은 의외로 단순하다. 한국의 경제성장 과정에서 일부 재벌기업은 불가피하게 파산위기에 몰리게 되었다. 그러나 이들은 정부의 정책방향에 순응하는 한 구제되곤 하는 현상이 반복되었다. 이른바 「대마불사(大馬不死)」의 신화가 만들어진 것이다.

정부로서도 거대재벌을 파산시키는 것은 한국의 경제규모를 감안할 때 실업자 양산, 경기침체 등 감당하기 어려웠던 이유도 있었다.

이러한 구제조치가 남발되면서 재벌기업들은 장차 부도위기에 직면하게 되더라도 정부가 구제해줄 것이라는 그릇된 기대를 갖게 되었

- 불투명한 기업지배구조

② 관치금융
  - 은행의 대출심사기능 작동 정지
  - 부실기업 청산지연과 자금지원 지속에 따른 금융부실 누적
  - 체계적인 금융감독 시스템 미비

③ 기타
  - 효율적인 정치 시스템 부재
  - 근로자의 과도한 임금인상 요구 및 노사분규
  - 가계의 과소비

다. 파산의 위험을 정부가 대신 질 것이라는 믿음은 곧바로 재벌기업
들을 무분별한 투자로 몰고 갔다. 덩치를 키울수록 금융상의 더 많은
혜택과 유리한 사업기회를 차지할 수 있었기 때문이다.

　문어발식 사업영역 확장, 계열사의 확대, 그리고 이를 위한 공격적
인 투자가 뒤를 이었다. 마치 몇 해 전 전세계를 휩쓴 벤처 열풍처럼
한국의 재벌들은 다소 위험이 높더라도 많은 수익이 기대되는 부문에
경쟁적으로 뛰어들었다. 벤처형 투자, 즉 「고위험고수익(high risk-
high return)」을 집단적으로 추구한 것이다.

　그러나 이 과정에서 멍이 든 것은 은행이었다. 기업들의 무분별한
투자로 대출회수가 이루어지지 않으면서 부실채권이 누적된 것이다.
정부가 사실상 은행을 지배했기 때문에 부실기업에 대한 대출은 중단
되지 않고 계속되었다. 금융은 흔히 사람으로 치면 피에 해당된다고
하는데, 썩은 부위로 피가 계속 몰리게 되었다. 이에 따라 건강한 부
위로 공급되어야 할 산소와 영양분은 부족하게 되었다.

　은행이 정부의 명령에 따라 부실한 재벌기업들에게 자금공급을 계
속하면서 은행들도 동반 부실화되었다. 무수익성 자산이 누적되게 된
것이다. 은행은 또한 정부지배를 받으면서 마치 관공서처럼 변질되어
갔다. 본연의 업무인 대출심사, 신용평가 등은 등한시한 채 정부의 지
시에 따라 중요한 대출결정이 이루어졌다. 효율성이나 수익성이 무시
된 결과는 곧바로 금융산업의 경쟁력 저하로 연결되었다. 이것도 패
거리 자본주의가 은행산업에 남긴 또 다른 상처였다.

　이와 같이 잘못된 시스템도 수출이 잘 되고 경제가 지속적으로 성
장하는 한 금융위기에 곧바로 빠지지는 않는다. 그것은 마치 달리는
자전거가 페달을 계속 밟는 동안에는 쓰러지지 않는 것과 같은 이치
다. 하지만 한국경제도 1997년에는 시험대에 서게 되었다. 대규모 단

기성 자본 유출로 촉발된 외환위기의 전염병이 동남아시아 국가에 도미노 현상을 불러일으키며 북상하기 시작한 것이다. 한국경제도 마침내 1997년 말에는 금융위기에 빠져 백기를 들 수밖에 없었다.

이것은 당시의 한국경제 성적표를 보면 놀랄 일도 아니었다. 1994년 이래 잠재성장률을 웃도는 경기과열이 지속되었다. 이 결과 1996년에는 경상수지 적자가 국내총생산(GDP)의 무려 4%에 달할 정도로 악화되었다.

이러한 대규모 경상수지 적자 때문에 발생한 외환부족분은 금융기관들의 해외단기차입으로 메워졌다. 단기성 자금은 그 속성상 위험징후가 감지되면 언제라도 빠져나갈 수 있는 불안정한 자금이다.

이 결과 한국경제는 위기가 닥치면 외환수급에 당장 문제가 생기고, 환위험에도 고스란히 노출되게 되었다. 외환보유고도 충분치 못한 상황에서 마치 불씨만 닿으면 터지는 뇌관처럼 불안정한 경제상태가 계속되었다. 그러던 중 마침내 1997년 여름, 동남아시아에서 시작된 외환위기가 번지면서 단기성 해외자금이 빠져나가기 시작했다.

한국은 오래 버티지 못하고 그 해 12월 3일 IMF와 총 550억 달러에 달하는 긴급유동성 조절자금 지원을 받기 위한 합의에 이르게 된다.

한국이 금융위기에 봉착하게 된 또 다른 도화선은 낙후된 금융산업이다. 경제외적 요인들에 의해 정부의 주요한 금융정책과 대출결정이 이루어진 탓이다. 금융기관의 수익성이나 효율성이 무시되다 보니 금융산업은 발전의 기회를 찾기 어려웠다. 이른바 개발경제기에 시작된 관치금융의 폐해는, 경제규모가 몇백 배 커진 1997년 당시까지도 청산되지 않고 온존되어왔다.

1997년 초 한보·기아와 같은 재벌기업은 과도한 부채비율과 금융비용을 이기지 못하고 좌초되었다. 하지만 이를 처리하는 과정에서 정부의 구제금융이 남발되었고, 은행은 부실자산의 늪에 더욱 깊이 빠져들어갔다.

해외 신용평가기관들은 마침내 한국의 은행들에 대한 신용평가를 하향하기 시작했다. 설상가상으로, 통화위기가 겹치면서 한국의 금융기관들이 대외채무를 상환할 능력이 있는가에 대한 의심이 국제금융계에 퍼져나가기 시작했다. 더욱이 국회에서 일련의 개혁법안들이 좌초되면서, 한국경제의 대외신인도는 형편없이 추락하기 시작했다. 마침내 1997년 11월 말에 이르러서는 정부로서도 요동치는 금융부문을 진정시킬 수 없는 지경에 이르게 되었다.

크게 보면 한국이 1997년에 처한 곤경은 세계화라는 거대한 시대변화에 대한 대응 미숙에서 비롯되었다. 세계화에 대한 인식이나, 그것을 관리하고 이용해 새로운 발전의 동인으로 삼으려는 노력이 미흡했다. 과거의 패러다임에 사로잡혀, 새로운 패러다임을 서둘러 받아들이는 데도 실패했다. 한국사회도 급격한 세계화의 영향권에 놓이게 되었음에도 의식이나 관행, 제도는 과거의 틀에서 크게 벗어나지 못했다. 마치 상투 틀고 갓 쓴 채로 양복을 입은 것과 같은 어정쩡한 상태가 지속됐다. 규제와 보호라는 낡은 틀을 탈피하고, 세계화가 요구하는 개방과 자유화로 과감하게 나서지 못했다.

한국에서 1990년대 초 제기된 세계화는 정치적 구호나 슬로건으로 이용된 측면이 강했다. 국가개조를 위한 원대한 실천계획이나 전략 없이 피상적인 세계화 정책이 남발되었을 뿐이다. 개인의 해외여행 자유화, 자본시장 개방 등이 대표적인 사례다. 한국사회를 국제사회에 완전히 개방하지 않으면서 전시효과를 노린 세계화가 추진됐다. 한국의 기업경영환경을 개선해 동북아 비즈니스의 중심지, 관광과 물류의 중심지로 발돋움하겠다는 발상의 전환은 없었다. 한국의 제도와 관행을 뜯어고쳐 범세계적 기준에 맞추고, 세계 유수의 기업들을 한국으로 유치할 생각도 하지 못했다. 결국 1990년대 초 추진된 세계화 정책은 기존의 경제체제나 질서는 개혁하지 않은 채, 세계화 흉내만 내는 데 그쳤다.

세계화에 대한 철저한 이해와 사전준비 없이 추진된 개방조치는 부작용이 컸다. 해외여행 자유화가 그 한 예다. 외국관광객 유치를 위한 청사진이나 사전준비 없이 추진된 해외여행 자유화는 대규모 관광수지 적자를 불러왔다. 이는 관광산업을 사치, 유흥업으로 보고 각종 규제를 가해온 정책의 결과였다. 국내관광이 가격, 서비스 등에서 경쟁국에 비해 떨어져 내국인의 해외관광을 부추겼다. 단적으로 제주도에 가는 것보다 동남아시아로 여행 가는 것이 더 싸고, 좋은 서비스를 받을 수 있게 되었기 때문이다. 또한 외국 관광객을 유치하려는 적극적인 노력도 부족했다. 해외에 한국을 홍보하고, 관광산업에 대한 투자장려와 외국인의 입장에서 관광 인프라를 정비하려는 노력도 미흡했다.

또한 외국인 직접투자 유치를 위한 청사진 없이 이루어진 자본시장 개방조치는 외환수급구조의 불안정성을 높였다. 외국인 직접투자는 실물에 대한 투자가 이루어지기 때문에 경제위기가 발생하더라도 쉽게 빠져나가지 못한다. 반면 증권투자를 위해 유입된 단기성 자금은 위기가 발생하면 그 속성상 일시에 빠져나간다. 이것은 우리가 1997년 금융위기 당시 경험해서 익히 아는 바다.

따라서 외환수급의 안정판 역할을 하는 외국인 직접투자 유치노력은 등한시한 채, 손쉬운 자본시장 개방을 추진한 것은 스스로 위험을 자초한 것이나 다름없다. 우리가 세계화를 정확하게 이해하고 잘 관리해야 할 필요성이 여기에서 나온다.

세계화를 어떻게 받아들여야 하나

세계화는 경제 · 문화 · 정치 · 환경 등 인간생활의 다양한 측면에서 국가 간 장벽이 허물어지고 상호의존성이 높아져 점진적으로 통합되는 과정을 의미한다.

오늘날 세계는 어떤 국가도 국제교류에서 벗어나 자급자족을 추구해서는 생존이 어려운 국면에 이르고 있다. 오늘날과 같이 국가 간 상호의존성이 전세계적으로 높아진 것은 인류역사에서 처음 나타난 현상이다.

인류역사는 하나의 점진적인 세계화 과정으로 볼 수 있다. 인간의 활동무대가 작은 마을에서 도시로, 도시에서 국가로, 그리고 마침내는 전세계로 점차 넓어져 왔다. 활동무대가 넓어지면서 다른 인종, 국가, 사회 간의 교류가 점차 확대되었고, 상호의존성이 높아져 왔다. 우리나라만 하더라도 19세기 말 개항 전까지 한 개인이 일생을 살아가면서 외국인을 접할 기회는 거의 없었다.

1. 교통통신수단의 발달 : 물류비용의 감소와 여행시간의 단축

2. 국제무역의 신장 : 국가 간 의존성의 심화와 분업의 확대

3. 외국인 직접투자의 증가 : 경제적인 측면에서의 국경개념 퇴색 및 글로
   벌 기업의 등장

4. 사회주의의 붕괴 : 냉전체제를 종식시키고 자본주의 단일시장의 등장을
   가져와 경제성장을 각국의 지상목표로 만듦

5. WTO체제의 출범 : 전세계적인 차원에서 개방화와 자유화를 진전시켜
   무한경쟁시대로 진입

외국과의 교류도 극히 일부에서만 이루어져 왔을 뿐이다. 하지만 지금은 외국과의 교류를 단절하고는 살아갈 수 없을 만큼 정치·경제·문화·환경 등 여러 면에서 상호의존성이 높아졌다.

당장 중동에서 전쟁이 터져 유가가 급등하면 한국경제가 큰 영향을 받고, 미국경기에 따라 국내경기도 좌우되며, 미국증시의 등락이 곧바로 한국증시에 영향을 주고 있다. 수출입이 전면 중단되는 사태라도 벌어진다면 한국경제는 완전히 마비될 것이다. 불과 몇십 년 전과 비교해도 국가 간 상호의존성은 비약적으로 높아졌다.

세계화는 20세기 후반에 들어와 과거와는 다른 양상으로 급진전되고 있다. 이것은 첫째로, 지구촌 시대를 가능케 한 교통통신수단의 급속한 발달 때문이다. 자동차의 대중화, 여객기 이용의 보편화 등으로 지리적 거리는 더 이상 교류의 장벽이 아니게 되었다. 여기에 전화·

TV·팩스·컴퓨터·인터넷 등 새로운 정보통신수단이 등장함으로써 정보교환이 용이해지고, 그 속도도 눈부시게 빨라졌다. 지구 반대 쪽에서 무슨 일이 벌어지고 있는지 안방에서 알 수 있고, 하루면 지구촌 어디라도 갈 수 있는 시대가 되었다.

둘째로, 국제무역, 외국인 직접투자 등의 급속한 증가다. 선진국을 중심으로 자유무역을 확대하기 위한 노력이 강화되었으며, 특히 국제무역기구(WTO)의 출범으로 시장개방이 가속화되었다. 국제기구를 통한 관세인하, 각종 비관세장벽 철폐 등도 무역의 확대에 크게 기여했다. 외국인 직접투자는 다국적기업의 출현에 힘입은 바 크다. 미국·일본·EU에 본부를 두고 있는 다국적 기업은 국가 간 투자장벽을 제거하는 데 앞장서왔다. 싱가포르·영국·아일랜드·네덜란드 등 각국 정부도 앞다투어 다국적기업 유치에 나서면서 외국인 직접투자는 급진전을 보게 되었다.

셋째로, 1989년 사회주의 붕괴에 따라 구사회주의권 국가들이 자본주의체제에 편입된 영향도 컸다. 냉전체제 붕괴로 각국은 보다 적극적으로 경제성장을 추구하게 되었다. 동유럽제국·러시아·중국 등이 개혁과 개방을 본격적으로 추진하면서, 국제교역과 외국인 직접투자도 크게 증가했다. 많은 외국기업들이 이들 국가로 진출했고, 교역을 빠르게 확대시켜나갔다. 특히 빠른 경제성장을 이룩하고 있는 중국의 경우에는 국제교역과 외국인 직접투자 유치를 성공적으로 활용하고 있다.

이제 북한과 같은 극단적인 경우를 제외하고는 어떤 국가도 높은 울타리를 치고, 독자적인 방식으로 살아가기 어렵게 되었다. 급속한 세계화의 진전은 개방을 더 이상 선택의 문제로 남겨두지 않고 있다. 자국시장은 굳게 닫아놓고 수출만을 추구하는 이중적인 행위도 더 이상 용납되기 어렵다. 서로에게 이득을 주는 호혜적인 관계를 지향하는 성숙된 자세가 요구되고 있다.

세계화는 개방을 강요하고 있으며, 개방은 새로운 경쟁방식의 출현을 가져왔다. 과거에는 각국 정부가 울타리를 높이 치고 자국기업에게 유리한 각종 규제를 만들어놓고 경쟁을 했다. 그러나 세계화 시대에는 자기집 울타리의 이점이 모두 사라지게 되었다. 자신을 보호해줄 안방도 없고, 유리한 게임 규칙도 사라진 것이다. 평등한 조건 속에서 전지구를 상대로 경쟁해야 하는 그야말로 무한경쟁시대가 되었다.

과거에는 경쟁자가 눈에 보였다. 한국에서 기업을 한다면, 자신의 경쟁자가 어떤 기업인지 알 수 있었다. 그러나 지금은 전세계 어떤 기업이든 한국에서 장사를 할 수 있기 때문에 어느 날 갑자기 경쟁자가 바뀔 수 있게 되었다. 1등이 모든 것을 독차지하게 된 것도 큰 변화다. 시장이 규제와 국경 때문에 분할되어 있을 때는 2등, 3등도 생존의 여지가 있었다. 그러나 분할된 시장이 하나로 통합되면서 2등, 3등 기업은 존립기반이 점차 사라지고 있다. 최고의 경쟁력을 갖춘 기업이 전세계 시장을 석권하고 있기 때문이다.

울타리가 사라진 것은 우리 기업이 해외로 나가는 것도, 외국 기업이 한국으로 들어오는 것도 정부가 더 이상 통제할 수 없게 되었음을 의미한다. 단지 한국의 매력을 높여 스스로 찾아오게 만드는 수밖에 없다. 때문에 정부의 역할도 바뀌어야 한다.

기업하기 좋고 살기 편한 나라를 만들고, 국민에게 보다 신속하고 친절한 서비스를 제공해야 한다. 각종 규제로 특권집단을 만들고, 투명하지 못한 행정을 지속하는 한 이 땅을 떠나는 기업과 국민을 붙잡기 어렵다. 애국심에 호소해서 해결될 문제도 아니다.

근로자도 새로운 경쟁에 직면해 있기는 마찬가지다. 국가 간 노동이동이 활발해지면서, 필리핀이나 연변의 조선족이 우리 근로자의 경쟁자로 등장하고 있기 때문이다. 인력이 부족하면 다른 국가에서 얼마든지 필요한 인력을 수입할 수 있는 시대가 되었다. 외국 기업의 국내 진출이 증가함에 따라 인적 자본에 대한 평가도 달라지고 있다. 일류대학 졸업장이 더 이상 미래를 보장해주지 않는다. 외국어와 실무능력, 경력이 중요해지고 있다. 간판보다는 무엇을 할 수 있느냐가 근로자의 직업과 소득을 결정하게 되었다.

세계화와 그에 따른 새로운 경쟁방식은 우리에게 변화와 개혁을 요구한다. 과거의 낡은 틀을 벗고 새로운 시대에 적응하기를 강요한다. 규제와 보호에 안주하던 과거의 타성을 버리고, 정부·기업·근로자 모두가 새로운 경쟁방식에 적응하기를 요구한다. 하지만 한국은 1997년 금융위기를 맞기 이전까지는 변화에 적극적이지 않았다. 국민적 에너지를 결집시켜 변화를 선도하고 이끌어가려는 지도자도 없었다. 단지 세계화라는 구호와 선동만이 난무했을 뿐이다.

1997년 말 금융위기가 오기까지도 한국은 과거의 패러다임에 집착해 새로운 패러다임을 받아들이지 못했다. 패러다임은 사물을 이해하는 방식을 의미한다. 이것은 미국 시카고 대학의 물리학 교수이며 과학 철학자인 토마스 S. 쿤(Thomas S. Kuhn)이 《과학혁명의 구조》라는 책에서 정리한 개념이다.

과거의 패러다임은 정부가 경제성장에서 주도적 역할을 하는 「관치 패러다임」이었다. 규제, 자원배분, 사업영역 조정 등이 모두 정부에 의해 주도되었다.

「관치 패러다임」이 비록 경제개발 과정에서는 효율적이었지만, 세계화는 새로운 패러다임의 등장을 요구하고 있다. 탈규제·개방·자유화·공정경쟁·투명성 등을 지향하는 국제적 움직임이 강화되고,

국경의 개념이 적어도 경제적으로는 퇴색하고 있기 때문이다. 한국경제가 세계 10위권의 경제대국으로 성장함에 따라 관치의 축소와 시장기능의 확대를 요구하는 외국의 압력도 높아지고 있다. 국가 간 경쟁이 심화됨에 따라 범세계적 기준과 맞지 않는 한국방식을 고수하기도 어려워졌다. 새로운 패러다임에서는 평등보다는 자유에 무게중심을 더 두고, 분배적 정의보다는 효율성을 추구한다. 무한경쟁이 만들어낸 새로운 가치체계다.

세계화로 국경 개념이 퇴색되면서 기업·자금·인력·상품 등 모든 것이 자유롭게 이동할 수 있는 시대가 열리고 있다. 진정한 한국기업이 무엇이냐는 가치판단도 점차 어려워지고 있다. 경영자·주주·본사 등 기업의 국적을 판단할 근거도 복잡해지고 있다.

이제는 한국에서 기업활동을 하면 한국기업으로 보아야 한다. 따라서 세계화 시대에는 국적에 관계없이 한국에 더 많은 기업을 유치하는 것이 목표가 되어야 한다. 더 많은 기업을 한국에 유치해야 고용이 창출되고 정부세입이 증가하며, 경제가 지속적으로 성장할 수 있기 때문이다.

이제는 국적을 따지는 국민총생산(GNP)보다는 국내총생산(GDP)을 더 따지는 시대가 되었다. 우리나라에서 경제행위가 이루어지고 부가가치가 얼마나 창출되었는가가 중요하기 때문이다. 자본의 국적을 따지는 것처럼 무의미한 일은 없다.

자본은 이윤창출을 위해 움직일 뿐이지, 국적이라는 꼬리표를 달고 다니지는 않는다. 우리는 조선 말기 개방을 거부하고 쇄국정책을 고집하다가 국가를 잃는 설움을 당한 경험이 있다. 당시 외세가 두렵다고 문을 닫고 버텨서 해결된 문제는 아무것도 없었다. 오히려 국가발전이 지체되고, 일본의 식민지로 전락하는 등 더 값비싼 대가를 치러야 했다. 반면, 발빠르게 개방을 추구했던 일본은 선진국 반열에 올라 세계사를 주도했다.

지금 상황도 조선 말기와 그리 다를 것이 없다. 개방에 대한 반발과 저항이 거세고, 세계화를 부정하는 목소리도 높다. 확실한 비전과 계획을 가지고 국민역량을 결집해 적극적으로 세계화를 추진하려는 지도자도 눈에 띄지 않는다. 정파의 이익을 앞세우고 인기에 영합하려는 정치꾼은 많은 반면, 국익을 우선하고 국민을 이끌 지도력을 갖춘 정치인은 드물다. 1997년의 금융위기를 계기로 자의든 타의든 IMF라는 외세가 주도해 개혁과 개방이 추진되었다. 그간 이룬 성과도 매우 컸지만 앞으로 추진해야 할 과제도 산적해 있다. 세계화를 올바로 이해하고, 이것을 잘 관리하고, 추진하는 것은 이제 전적으로 한국인의 손에 달려 있다.

우리나라는 자원이 부족한 국가다. 세계와의 교류 없이는 성장도, 생존도 불가능하다. 그 동안 한국은 수출을 통해 경제성장을 이룰 수 있었다. 하지만 이제는 수출만으로는 부족하다. 세계화로 모든 것이 개방되고, 자유화되고, 경쟁이 치열해지고 있기 때문이다. 한국의 상품·기술·인력을 세계로 진출시키기 위한 노력도 중요하지만, 선진 기업들을 우리나라로 유치해 그들의 앞선 관행과 제도를 우리 것으로 만드는 노력도 필요하다.

외국인 직접투자만큼 한국사회를 전반적으로 성숙시키고, 선진화하는 자극제도 없다. 해외유학생 몇십만 명을 내보내야 배울 수 있는 것들을 앉아서 배울 수 있다.

우리 국민이 외국인과 함께 일하고 생활하는 것은 선진국의 앞선 관행과 사고방식을 생활 속에서 체득할 수 있는 기회가 되고 있다. 네덜란드·아일랜드·싱가포르와 같이 일찍부터 국가를 개방하고, 외국인 직접투자 유치에 적극적인 나라들은 높은 소득을 누리고 안정된 사회를 만드는 데 성공했다.

지난 개발연대기에 우리나라는 「수출만이 살길이다」를 표어로 삼아 국력을 집중해왔다. 수출은 여전히 중요하다. 그러나 국가를 한 단계 더 발전시키기 위해서는 새로운 전략이 필요한 시점이다. 필자는 동북아 지역의 비즈니스 중심지가 되는 것을 장기목표로 삼아 국력을 집중해야 한다고 제안한다. 이를 위해서는 외국인 직접투자 유치를 핵심 목표로 삼아, 우리의 비즈니스 환경을 하나하나 근본적으로 개혁해나갈 필요가 있다.

외국인 직접투자 유치가 살길이다

1998년 2월 25일, 외환위기가 극심한 가운데 새정부가 출범했다. 신임 대통령을 기다리고 있던 것은 화려하고 희망에 찬 미래가 아니었다. 우선 당장 IMF로부터 받은 구제금융 584억 달러(세계은행, 아시아개발은행 등의 지원 약속 포함)에 대한 대가로 IMF와 합의한 개혁 프로그램을 추진해야 했다.

자칫 잘못하면 나라 전체가 엄청난 고통과 충격에 휩싸일 수 있는 대수술이 임박해 있었다. 금융부문 구조조정, 기업지배구조 개혁, 노동시장의 유연성 제고 등 어느 것 하나 만만한 과제가 아니었다.

IMF가 구제금융 제공의 전제조건으로 한국에 요구한 것은 단기적으로 보면 지나치리만큼 가혹한 것이었다. 개혁작업이 이루어지는 과정에서 무수한 기업들이 고금리로 도산했다.

부실금융기관들이 하루아침에 문을 닫았으며, 많은 가장들이 실직의 고통을 당해야 했다. 주가가 폭락하고, 부동산 가격이 급락하는 등

경제는 거의 마비지경에 빠졌다.

하지만 뒤집어 생각해보자. IMF 구제금융의 대가 치르기라는 외부적인 자극이 없었더라면 한국이 스스로 그와 같이 거대한 개혁을 성취할 수 있었을까. 불과 몇 년 사이에 개혁에 대한 국민적 공감대를 이루고 엄청난 고통이 수반되는 개혁조치들을 잇달아 시행할 수 있었을까. 경제개발 과정에서 누적돼온 엄청난 부실과 잘못된 관행을 스스로 떨어버리는 데는 아마 수십 년이 걸렸을지도 모른다.

부실의 늪에 빠진 일본이 지난 10년 간 제대로 개혁을 못 해 아직도 휘청대고 있는 것은 우리의 모습일 수도 있었다.

과감한 개혁조치의 성과는 의외로 빨리 나타났다. 역사상 IMF로부터 구제금융을 받은 국가 중에서 가장 빠른 회복속도를 보인 것이다. 온 국민이 개혁의 고통을 함께 견딘 대가였다.

남미 국가들처럼 국민들이 개혁을 기피하고 경기부양에 의지했다면, 만성적인 인플레이션과 경제체질 약화로 귀결되었을 것이다. 적어도 한국에 있어서 IMF에 의해 주도된 개혁조치들은 고통의 가면을 쓴 축복이었다.

IMF는 대외정책에서도 근본적인 개혁을 요구했다. 외국인 투자자유화 조치가 그것이다. 새로 출범한 정부도 외국인 직접투자의 중요성을 인식하고 유치에 사활을 걸다시피 했다. 직접적으로 부족한 외환을 확보하는 방법이기도 했거니와 한국산업의 경쟁력을 높이는 데도 긴요하다고 판단했기 때문이다.

사실 새정부 출범 이전까지만 하더라도 한국경제에서 외국인 직접투자는 미미한 수준이었다. 특히 동아시아 국가들과 비교할 때 경제규모 대비 외국인 직접투자 수준은 보잘것 없었다.

1997년 한국의 GDP에서 차지하는 외국인 직접투자 비중은 0.5%에

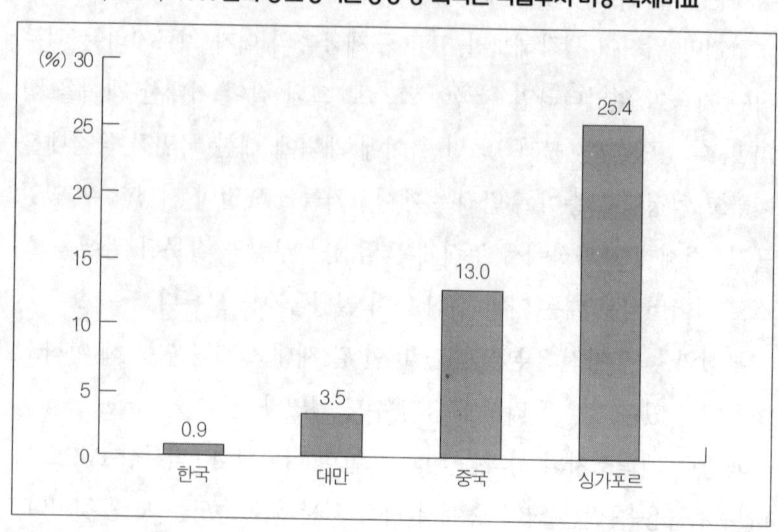

불과했다. 일본을 약간 상회하지만, 싱가포르에 비해서는 훨씬 못한 수준이었다. 총고정자본 형성 중 외국인 직접투자 비중도 한국이 0.9%에 비해 대만(3.5%), 중국(13.0%), 싱가포르(25.4%) 등이 월등히 높았다.

그러면 한국이 다른 아시아 경쟁국들에 비해 외국인 직접투자를 유치하는 데 소극적이었던 원인은 어디에 있을까. 1960년대 초 경제개발을 추진할 때 한국은 외자유치를 통해 부족한 국내저축과 외환문제를 동시에 해결하고자 했다.

하지만 외국인 직접투자 유치보다는 은행차관 도입방식을 선호했다. 즉 한국정부는 자신들이 직접 자금을 관리·통제하면서 경제개발을 추진하고 싶어했다.

이것은 무엇보다도 일제 36년 간의 쓰라린 경험 때문이다. 경제개발을 추진하기 불과 25년 전만 하더라도 한국은 일본의 식민지였다.

외국인 직접투자를 허용할 경우 외국자본이 한국산업을 지배하리라는 두려움이 당시 한국정부와 국민들 사이에 팽배해 있었다. 오늘날에도 외국자본이 한국산업을 지배하리라는 경계감은 완전히 불식되지 못하고 있다.

당시 외국인 직접투자가 활성화되기 어려웠던 또 다른 요인으로는 한국의 인플레이션과 고금리를 들 수 있다. 일반적으로 인플레이션은 화폐가치를 하락시켜 채무자에게 유리하고 채권자에게 불리하게 작용한다. 따라서 국내 기업가들로서는 차관방식으로 자본을 저금리로 조달하는 것이 더 유리했다.

또한 국내의 고금리도 외국자본에게 무작정 자금시장을 개방하는 것을 어렵게 만들었다. 내외 금리차가 극심한 상황하에서 자본시장을 개방할 경우 자금시장의 교란과 국부유출이 염려되었기 때문이다.

한국은 1997년 말 국가부도 일보 직전에 가서야 단기차입의 위험성을 깨닫기 시작했다. 그리고 당시와 같은 금융위기 상황에서 외국인 직접투자가 어떻게 경제의 안전판 역할을 하는지를 뼈저리게 느꼈다. 한국정부가 외국인 투자유치를 위해 전력을 기울였다는 사실은 1998년 제정된 「외국인투자촉진법」에서 가장 극명하게 드러난다. 이름에서 알 수 있듯이, 이 법은 외국투자자에게 유리한 기업환경을 조성해 투자를 유치하는 데 주된 목적이 있다.

사실 이 법은 새로 집권한 정부의 외국인 직접투자 유치에 대한 적극적이고 일관된 지원이 없었다면 시행되기 어려웠다. 「외국인투자촉진법」의 제정목적은 외국인 직접투자를 가로막아왔던 복잡한 규제를 근본적으로 개혁하는 데 있었다.

이 법의 시행으로 여러 가지 인센티브 제도가 도입되었고, 투자환경 개선에도 결정적인 역할을 했다. 뿐만 아니라 한국산업 전반에 걸쳐 국제경쟁력을 높이는 자극제가 되기도 했다.

「외국인투자촉진법」의 발효로 한국의 외국인 직접투자제도는 실질적인 자유화 시대로 진입했다. 2001년 5월을 기준으로 99.8%의 사업 분야가 외국인 투자자에게 개방되어, OECD 국가들과 동등한 수준이 되었다. 개방되지 않은 분야는 라디오와 텔레비전 방송사업뿐이다. 또한 1998년 5월에는 「외국인토지법」을 개정해 외국인의 토지, 부동산, 거주에 대한 제한이 폐지되었다.

이를 계기로 외국인의 토지취득이 급증해 1997년 말 38km²에서 2001년 말에는 135.9km²로 3.6배 증가했다. 하지만 이는 아직도 남한 전체 면적의 0.14%에 불과한 미미한 수준이다.

외국인 투자유치, 무엇이 달라졌나

1997년 말의 금융위기로 외국인 투자유치에 대한 인식이 근본적으로 바뀌었다. 우선 외국인 투자유치 목표가 달라졌다. 과거에 외국인 투자유치는 경제개발에 필요한 자본을 확보하는 데 초점을 맞추었다. 그것도 수출산업 및 중화학공업에 차관방식으로 선별해 도입했을 뿐이다.

하지만 이제는 국내산업의 구조조정 촉진, 선진기술 및 경영기법 도입, 지역균형개발 및 지역특화산업 육성, 안정적 외자확보 등으로 투자유치의 목표가 다양해졌다.

외국인 투자제도도 과거의 규제 및 관리 위주에서 지원 및 촉진으로 전환되었다. 과거에는 부동산 취득과 인수합병 등에 대한 규제, 복잡한 투자절차, 조세중심의 경직적인 지원 등으로 외국인 투자자의 외면을 받아왔다.

하지만 이제는 외국인 투자를 전면 자유화했고, 투자절차도 간소하고 투명하게 바꾸었다. 또한 탄력적인 지원제도를 도입해 관광업 등으로 지원대상을 확대하는 한편, 인력·재훈련 보조금 등 다양한 인센티브를 개발했다.

투자유치체제를 보더라도 과거에는 앉아서 외국인 투자를 기다리는 소극적인 체제였다면, 이제는 찾아가 모셔오는 적극적인 체제로 바뀌었다. 전략적 목표기업을 선정해 유치노력을 집중하고, 지속적인 사후관리체제를 구축해 애로 해소에 적극 나서고 있다. 또한 실질적인 원스톱 서비스 체제를 구축해 외국인 투자자의 편의를 도모하고 있다.

〈도표 2〉 외환위기 이전과 이후의 외국인 투자유치 정책 비교

과거	현재
외국인 투자유치 목표	
– 경제개발에 필요한 부족재원 확보 – 차관도입에 중점 – 수출산업 및 중화학공업 선별 유치	– 국내산업의 구조조정 촉진 및 지원 – 선진기술 및 경영기법 도입 – 지역균형개발 및 지역특화산업 육성 – 안정적 외자확보
외국인 투자제도 : 규제와 관리 중심 → 촉진과 지원 중심으로	
– 선별적인 외국인 투자 개방 – 수출산업, 중화학공업 중심 외자유치 – 조세지원 중심의 경직적인 지원제도	– 외국인 투자의 전면 자유화 – 간소하고 투명한 투자제도 – 지원대상 확대 및 다양한 인센티브 제도
유치체제 : 앉아서 기다리는 체제 → 찾아가서 모셔오는 체제	
– 방문업체의 단순상담 및 안내 – 일회성 투자유치 활동 – 개별적 투자유치체제 – 원스톱 서비스 체제 미비	– 전략적 타깃 기업 집중유치 – 지속적 사후관리 및 애로해소 – 유관기관 간 유기적 연계체제 – 실질적인 원스톱 서비스 제공

자료 : KOTRA, 2001 외국인 투자실무교육, 내부자료, 2001. 11.

투자 인센티브 제공

외국인 직접투자를 유치하기 위해 세계 여러 나라들이 경쟁하고 있다. 각국은 경쟁에서 이기기 위해 외국인 투자자에게 금융·세제·보조금·토지 등 다양한 투자 인센티브를 제공하면서 투자유치에 열을 올리고 있다. 이 중 가장 전형적인 것은 세제상의 우대다. 한국도 이에 발맞춰 「외국인투자촉진법」과 「조세특례제한법」에서 고도기술사업과 대규모 제조업 투자 등에 대해서는 외국인에게 일정한 세제상의 혜택을 주고 있다.

고도기술이 적용되는 외국인 투자를 유치할 경우 관련기술의 국내 파급효과가 기대된다. 아울러, 우리 산업의 고도화에도 기여할 것이기 때문에 특별히 우대하는 것이다. 또한 대규모 제조업 투자의 경우에는 고용유발효과가 크고, 투자 및 사업수행 과정에서 국내경제의 활성화가 기대된다.

세제상의 우대뿐만 아니라 공장부지 제공 등의 유인책도 제시되고 있다. 특히, 제조업에 대한 대규모 외국인 투자를 유치하기 위해 외국인 기업 전용단지에 입주하는 외국인 업체에 대해서는 임대료 감면 등의 혜택을 주고 있다. 현재 4개의 산업단지가 있으며, 정부는 기존 단지의 확장은 물론 새로운 단지 1개소를 추가로 개발할 계획으로 있다. 하지만 산업단지체제는 외국인 투자자들이 기존에 설치된 단지 가운데 하나를 선택해야 하고, 취향에 맞는 입지를 선택할 수 없다는 단점을 안고 있다.

이러한 결점을 극복하기 위해 정부는 외국인 투자지역제도를 도입했다. 외국인 투자자의 요청이 있을 경우 지방정부는 재정경제부 장관이 위원장인 외국인투자위원회의 승인을 얻어 외국인 투자지역으로 지정할 수 있다. 하지만 이 경우에도 일정한 제약이 따른다. 투자 규모 및 고용창출효과에 따라 지정 여부를 결정하는 것이다. 일단 외국인 투자지역으로 지정되면, 조세상의 혜택은 고도기술 및 고도기술 서비스 산업에 주어지는 것과 동일한 수준이 된다.

「외국인투자촉진법」에 따르면 지방정부도 외국인 직접투자 유치를 위해 여러 가지 활동을 할 수 있도록 되어 있다. 하지만 지방정부의 취약한 재정기반 때문에 적극적인 활동에 제약이 많다. 중앙정부도 이 점을 인식해 지방정부의 외국인 직접투자 유치활동을 여러 모로 지원하고 있다.

예를 들어 중앙정부는 지방정부가 외국인 투자기업에 대한 임대용 토지를 구입할 경우 재정지원을 해주고 있다. 이 밖에도 분양가액 차액보조, 종업원에 대한 교육훈련 보조금 지원, 외국인 투자지역과 관련된 개발자금 지원, 지방자치단체의 외국인 투자유치 활동비 보조 등 다양한 재정지원이 이루어지고 있다.

자본시장 자유화

외자유치를 위해 한국은 과감하게 자본시장 개방조치를 단행했다. 1997년 12월에는 회사채·국공채 등에 대한 외국인 투자가 자유화되었다. 1998년 5월에는 외국인의 단기금융상품과 상장기업주식에 대한 소유상한제도가 폐지되었다. 자본시장 자유화 조치는 외환처분에 대한 규제완화로 이어졌다.

1999년 「외환관리법」을 폐지하고, 새로 「외환거래법」을 제정한 것이다. 이에 따라 주식거래, 장기차관에 대한 원금 및 이자, 기술특허

사용료 등에 기인하는 과실송금을 완전 보장했다. 간단하게 말하면, 외국인 투자자들이 한국에 투자하는 것은 물론, 투자에 따른 과실을 본국에 송금하는 것까지 모두 자유화했다.

기업지배구조 개혁

한국기업들은 금융위기 이전까지만 하더라도 기업지배구조에 많은 문제점을 안고 있었다. 총수 1인의 전횡, 이사회 등 상호견제 및 감시 장치의 작동 불능, 불투명한 회계, 경영 실패에 대한 책임회피 등이 그것이다. 정부도 이 점을 인식해 기업정보의 질과 접근 가능성을 높이는 한편, 경영진과 회계감사자의 책임을 강화했다. 또한 기관투자가와 소액주주의 권한을 강화했고, 상장기업 이사회의 기능과 역할을 확대하는 조치를 단행했다.

1999년 이후부터는 이사회 구성원의 최소 4분의 1 이상이 외부이사로 충원되어, 기업경영을 감시하는 역할을 맡게 되었다. 정부는 투명한 기업경영을 위한 기업지배구조개선계획을 시행하고 있으며, 2001년 1월부터는 증권거래법과 상법 개정을 통해 기업경영이 더욱 투명하게 이루어지도록 하고 있다.

노동개혁

1987년 민주화 조치 이후, 정부는 과거의 권위주의적인 노사관계를 극복하고 반노동적인 제도를 개혁하기 위한 조치를 단행했다. 근로자들도 억눌려왔던 여러 가지 요구를 봇물처럼 쏟아냈다. 여기에는 근로자들에게 유리한 방향으로 노동법을 개정하라는 압력도 있었다. 김영삼 정부(1993~98) 시절에도 근로자들은 복수노조금지 철폐, 노사분쟁에 대한 제3자 개입금지 철폐, 노조의 정치활동 허용 등을 줄기차게 요구했다. 이러한 노동계의 요구와는 반대로, 경영자측에서는 해고요건 완화와 같은 기업구조조정 촉진책 도입을 주장했다.

1997년 3월 10일, 우여곡절을 거친 끝에 마침내 국회에서 근로기준법 개정안이 통과되었다. 노동계에서는 노동법 개정에 거세게 반발했다. 경영계의 요구는 개정 근로기준법에 대폭 수용된 반면, 근로자 보호는 크게 후퇴했다고 보았기 때문이다. 역설적이지만, 이러한 소란에 종지부를 찍은 것은 1997년 말 닥친 금융위기였다.

노사가 계속 대립의 평행선을 걸을 경우, 모두 공멸할 것이라는 위기감이 형성됐다. 여기에 IMF가 구제금융을 제공하는 대가로 노동개혁을 강력하게 요구했다.

IMF가 요구한 것은 노동시장의 경직성을 완화하라는 것이었다. 구체적인 내용을 보면, 긴박한 경영상의 이유뿐 아니라 인수합병, 구조조정 등을 위해서도 해고를 할 수 있도록 하며, 노사분규 기간 중 대체근로자를 신규채용할 수 있도록 허용하는 것 등이다.

노사 간에는 그야말로 극적인 타협이 이루어졌다. 1998년 2월 6일, 노사정위원회에서는 경영상의 이유에 따른 해고를 입법화하기로 합의한 것이다. 그리고 8일 후인 2월 14일에는, 합의내용을 담은 새로운 근로기준법이 국회를 통과했다. 그러나 근로기준법 개정은 노동개혁이라는 상징성으로 대내외의 주목을 받았음에도 불구하고, 실질적으로는 해고를 더 어렵게 만들었다. 경영상 정리해고를 시행하기 위한 요건과 절차가 대폭 강화된 탓이다. 또한 신규채용을 할 경우에는 해고된 근로자들에게 우선권을 주어야 하고, 특별퇴직금과 같이 인원삭감에 따른 비용부담도 컸다. 이 때문에 많은 경영자들은 노동법 개정으로 구조조정이 촉진되고, 외자유치가 활성화되기는커녕, 오히려 걸림돌이 되었다고 비난했다. 또한 노동시장의 유연성이 오히려 더 낮아지게 되었다고 비판하고 있다.

설상가상으로 노조에서 줄기차게 요구해온 조항들이 개정된 근로기준법에 포함되었다. 산업 및 전국 차원에서의 복수노조 허용, 개별기업의 임금협상에 대한 제3자 개입 허용 등이 그것이다. 경영진에서는 이러한 조치가 개별기업노조의 단체교섭권을 상급노조로 집중시켜, 근로자들의 협상력을 높였다고 주장한다.

또한 상급노조 간 선명성 경쟁을 유발해 타협보다는 투쟁지향적으로 만들어 노사분규를 증대시키는 결과를 초래했다고 비판한다.

인수합병(M&A)

1998년 5월 외국인의 한국기업에 대한 우호적 및 적대적 인수합병을 승인하는 법안이 통과되었다. 이후, 인수합병은 외국인이 한국에 투자하는 가장 인기 있는 방식으로 정착되었다. 이러한 경향은 지난 20년 간의 전세계 외국인 직접투자가 인수합병을 통해 주도되었던 것과도 일치된다.

국제연합무역개발회의(UNCTAD)에서 발간한 「세계투자보고서 2001」에 따르면, 국경 간 인수합병은 1990년 1,510억 달러에서 2000년 1조 1,440억 달러로 불과 10년 사이에 7배 이상 증가했다. 특히 2000년에는 전세계 외국인 직접투자의 90% 이상이 인수합병 형태로 이루어졌다. 즉 공장신설형 투자는 외국인 직접투자의 극히 일부에 지나지 않는다.

이러한 경향은 한국에서도 마찬가지로 나타나고 있다. UNCTAD 보고서에 따르면, 2000년에 한국으로 유입된 외국인 직접투자의 63%가 인수합병에 의해 이루어졌다. 이것은 아시아 지역에 유입된 외국인 직접투자가 인수합병에 의해 주도된 것과도 추세가 일치하는 것이다. 이처럼 대한 외국인 직접투자가 인수합병 형태로 급증하고 있는 이유는 자명하다. 정부의 적극적인 외국인 투자정책 때문이다.

그럼에도 불구하고 한국의 일부 언론에서는 외국인들의 인수합병이 급증한 것을 마치 엄청난 국부유출이 진행되고 있다는 식으로 보도하고 있다. 외국인들이 위기에 몰린 국내기업들의 절박한 처지를 악용해 헐값에 국내기업들을 매입하고 있다는 것이다. 또한 외국인들은 원화가치절하를 이용해 달러 가치로는 더욱 엄청난 저가에 인수하

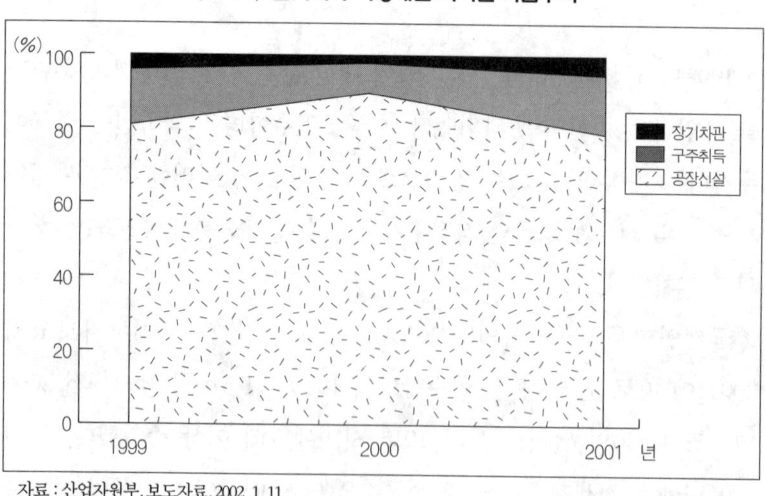

〈도표 3〉 한국의 투자형태별 외국인 직접투자

자료 : 산업자원부, 보도자료, 2002. 1. 11.

고 있다는 것이다.

인수합병 방식으로 외국인 직접투자가 이루어지는 것은 공장설립형 투자보다 한국경제에 더 많은 보탬이 된다고 생각된다. 인수합병을 우려하는 한국 경영진들에게 더욱 건전한 경영을 강제하는 힘으로 작용할 뿐만 아니라, 외국인 투자자들의 요구에 따라 경영의 투명성이 더욱 높아지고 있기 때문이다. 외국인 투자자들의 입김에 의해 기업지배구조가 개선되고, 새로운 경영기법과 최신기술의 도입이 용이해졌다. 이에 따라 해외에서 한국의 신용도도 회복세를 보이게 되었다. 특히, 외국인이 경영진으로 임명될 경우, 해당기업의 기업경영 투명성이 높아지고 그 기업에 대한 신인도가 크게 향상되는 것으로 나타났다.

한 가지 주의해야 할 것은, 산업자원부에서 집계하는 외국인 직접투자 통계가 공장신설형 투자와 국경 간 인수합병에 의한 투자를 제대로 반영하고 있지 못하다는 점이다. 인수합병을 국제기준에 비해 좁게 해석하고 있는 탓이다. 〈도표 3〉을 보면, 2000년의 경우 인수합병 형태로 유입된 외국인 직접투자는 전체 투자의 8%에 불과한 반면, 공장신설형 투자는 90%에 달하는 것으로 나타났다. 이는 실상을 엄청나게 왜곡하는 수치다.

공장신설형 투자가 신주취득 방식으로 이루어지는 것이라면, 인수합병은 구주취득에 의한 투자를 의미한다. 그런데 산업자원부에서는 외국인 투자업체가 국내기업의 공장이나 사업부문을 인수하는 경우, 인수합병이 아니라 신주취득으로 간주하고 있다. 이 때문에 국제기준에 따르면 명백한 국경 간 인수합병임에도 불구하고 공장신설형 투자가 부풀려지고 있다.

옴부즈만 제도의 도입

외국인 직접투자를 적극적으로 유치하고 투자환경을 개선하겠다는 새 정부의 강력한 의지는 두 개의 투자유치기구 설립으로 구체화되었다. 그 첫번째가 1998년 4월 대한무역투자진흥공사 내에 외국인투자지원센터를 설치한 것이다.

이는 한국에 진출하고자 하는 외국인 투자자에게 실질적인 원스톱 서비스를 제공하기 위해서다. 이후 1999년 10월에는 한국의 투자환경 개선을 목적으로 외국인투자 옴부즈만사무소가 설립되었다. 이로써 외국인 투자의 전 단계에서부터 투자 후 사업수행 과정에 이르기까지 모든 과정에 대한 완벽한 서비스 시스템이 구축되었다.

옴부즈만 제도는 한국역사에서도 낯선 것이 아니다. 한국에서의 옴부즈만 제도는 15세기 조선시대 때 태종이 그 효시라 할 수 있다. 1402년, 태종은 신문고를 궁궐 밖에 설치해 부당한 일을 당한 백성은 북을 울려 왕에게 직접 호소할 수 있는 제도를 창안했다. 북이 울리면

신하가 백성의 사정을 듣고 왕에게 아뢰어 그 억울함을 풀어주는 제도였다. 옴부즈만 제도는 현재 여러 분야에서 도입되어 활용되고 있다. 특히 부당한 언론보도와 정치행위 등을 감시하는 사람을 지칭하는 말로 사용되고 있다.

다른 나라에서도 고충을 해결하기 위해 옴부즈만 제도를 활용하고 있다. 예를 들면 일본은 1992년 무역투자 옴부즈만 제도를 도입해 정부 규제에 대한 국내외 기업인들의 고충을 접수하고 있다. 이는 일본의 수출과 투자환경을 개선하기 위한 정부 각 부처 및 여러 위원회로 구성되어 있다.

외국인투자옴부즈만사무소는 대한무역투자진흥공사, 한국무역협회, 산업자원부 등의 협력을 바탕으로 설립되었다. 한국에 진출한 외국인 투자업체들이 겪고 있는 사업 및 생활관련 고충을 해소해 궁극적으로 투자환경을 개선하는 데 그 목적을 두고 있다.

외국인투자지원센터와 외국인투자옴부즈만사무소는 투자 전 단계와 투자 이후 단계를 각각 담당하는 형태를 띠고 있다. 하지만 사실 두 기구는 외국인 직접투자가 이루어지는 과정을 볼 때 밀접한 관련성을 갖고 유기적으로 움직이고 있다.

양 기구 중에서도 특히 옴부즈만사무소가 외국인 직접투자 유치에 있어서 중요성이 높다. 이는 한국에 진출한 기존 외국인 투자기업들이 재투자를 통해 전체 외국인 직접투자를 주도하고 있다는 사실 때문이다. 실제로 1999년에는 재투자 실적이 22억 8,000만 달러였지만, 2000년에는 4배가 늘어난 93억 8,000만 달러에 달했다. 이것은 2000년 전체 외국인 직접투자액의 약 60%에 달하는 수치였다.

기존 외국인 투자자들이 한국에 대해 갖고 있는 경험과 정서는 그들의 사업확장을 위한 재투자 결정에 영향을 미친다. 또한 대한투자

를 고려하고 있는 잠재투자자에게 전달되게 마련이어서 신규투자에
도 직접적인 영향을 미치게 된다. 따라서 외국인투자옴부즈만사무소
가 한국에서 비즈니스를 하고 있는 외국인 투자기업에게 제공하는 사
후 고충해소 서비스는 외국인 투자유치를 위한 핵심적인 활동이 된
다. 외국인 직접투자 문제의 대가인 미국의 웰스 교수도 투자 후 서비

|외국인 투자 옴부즈만 제도|

『외국인 투자기업의 경영 · 생활환경 개선을 지원하는 독립 기구인 외국
인투자 옴부즈만을 두고 있다. 옴부즈만은 외국기업들이 경영 및 생활상에
서 부딪치는 문제들을 파악하여 자체 처리하거나 정부기관, 지방정부 등과
협의하여 해결하고, 정책반영이 필요한 경우 외국인투자위원회 등을 통하여
정책건의를 하고 있다. 2001년에는 외국인투자지원센터(KISC)를 통해 전체
외국인 투자 실적의 54%에 이르는 64억 2,000만 달러(총 340건)를 유치했으
며, 이 밖에 동 센터에서는 여러 외투기업 및 주한외국기업단체를 방문해 외
투기업대상 설명회를 개최하는 등 활발한 활동을 벌이고 있다.』

(재정경제부 발간, 「2001 경제백서」 중에서)

|한국의 외국인투자옴부즈만사무소|

『외국인투자옴부즈만사무소는 외국인투자촉진법 제15조에 따라 설립된
기구로서, 한국에 투자한 외국인의 고충 해소를 통해 전반적인 경영환경을
개선하는 데 그 목적을 두고 있다.

외국인투자 옴부즈만은 대통령이 직접 임명하며, 외국인투자위원회의 위

스의 중요성을 다음과 같이 강조하고 있다.

『외국인 직접투자가 이루어진 후에도 고충해소 서비스를 제공하여 기존
투자자의 만족도를 높이는 것이 중요하다. 기존 투자자는 사업확장을 위
해 재투자할 가능성이 높고, 투자를 고려하고 있는 잠재적인 투자자에게

원으로 활동한다. 사무소에는 법률·금융·무역·노무 등 각 분야에 20명
이상의 전문가들이 활동하고 있다. 1999년 10월 설립된 이래 2001년 말까지
한국에서 활동하고 있는 외국인 업체가 동 사무소에 제기한 고충은 총 1,084
건으로, 주로 관세·건축·금융·노무·세무·투자절차 등에 걸쳐 있다. 정
부 내 각 부처는 옴부즈만사무소의 협조요청이 있을 경우 7일 이내에 그에
대한 의견을 통보해야 한다.

옴부즈만사무소의 몇 가지 활동사례를 살펴본다. 옴부즈만사무소에서는
2001년에 통관물품의 상표권 보호를 위해 포괄적인 상표권 데이터베이스 구
축과 다양한 첨단방식들을 적용할 수 있는 전산 시스템 도입을 관세청에 건
의했다.

그 결과, 관세청은 상표권관리 시스템 개발을 위해 업체와 계약을 체결했
으며, 시험운영 시스템 가동에 들어갔다. 다른 예로, 한 외국인 투자업체는
외국인 투자지역 지정 요건이 너무 까다로운 데 실망해 투자계획을 연기했
다. 이 사례를 검토한 옴부즈만사무소에서는 외국인 투자지역으로 지정받기
위한 요건 중 투자금액과 고용규모의 축소를 정부에 건의했다. 이 밖에도 보
세공장제도 운영방식 개선, 수출용 수입과 관련된 여러 가지 행정절차 면제
등의 성과도 이루어냈다.』

– UNCTAD 발간, 「세계투자보고서 2002」 중에서

도 영향력이 크기 때문이다. 이것이 투자 후 단계에서 고충 서비스를 제공해야 하는 진정한 이유다.」

『투자환경 개선이 이루어지지 않아 외국인 투자유치에 실패하고 있는 나라들은 투자유치기구를 설치할 필요가 있다.」

외국인투자옴부즈만사무소에는 현재 투자와 관련된 전문지식을 갖춘 21명의 홈닥터들이 활동하고 있다. 한국에서 영업하고 있는 1만 개 이상의 외국인 투자기업 모두에게 문호가 개방되어 있다. 홈닥터들은 영어·일어 등 다양한 언어를 구사할 수 있으며, 세무·노동·관세·건축·금융 등 해당 분야의 전문가들로 구성되어 있다. 활동실적을 보면 1999년 개소 이래 2001년 말까지 총 1,084건의 고충이 접수되었으며, 이 중 1,045건이 처리되었다. 이 중 127건은 대정부 건의를 했다. 350건은 정부부처 등 유관기관의 협조를 얻어 처리했고, 524건은 자체 처리되었다. 제기된 고충을 내용별로 보면, 관세 및 통관과 관련된 고충이 가장 많았고, 노동, 건축, 세무, 법률 등의 순으로 나타났다.

외국인 투자유치에 있어서 옴부즈만사무소의 역할이 중요해지고 있다. 이에 따라 정부조직 내에서 그 위상이 높아지고 있으며, 문제해결 능력도 개선되고 있다. 옴부즈만은 과거 산업자원부 장관이 임명했다. 그러나 현재는 대통령이 임명하는 것으로 바뀌었으며, 2001년 3월부터 새로운 임기가 시작되었다. 이로써 옴부즈만사무소의 위상이 한층 격상되어, 정부부처를 상대로 고충해소 활동을 더 원활히 할 수 있게 되었다. 또한 노사문제가 외자유치의 최대 걸림돌이라는 인식하에, 2000년 7월에는 옴부즈만사무소 내에 「노무상담반」을 설치해 노사분규 예방에 적극 나서고 있다.

최근의 외국인 직접투자 동향

외국인 직접투자는 외국인이 한국에 있는 기업의 경영활동에 참가하는 등 지속적인 경제관계를 수립할 목적으로 해당기업의 지분을 10% 이상 취득하는 경우를 말한다.

외국인 직접투자는 공장설립형(greenfield) 투자와 인수합병 투자의 형태로 구분된다. 공장설립형 투자는 외국인이 한국에 새로 회사를 세움으로써 투자자금이 유입되는 경우를 의미한다. 반면 인수합병 투자는 기존에 영업을 하고 있던 한국회사가 외국인에게 매각됨으로써 투자자금이 유입되는 경우다. 현재 전세계적으로 외국인 직접투자는 공장설립형 투자보다는 인수합병 형태로 이루어지고 있다.

다국적기업이 해외로 진출하는 이유에 대해 많은 이론이 있지만, 가장 설득력 있는 더닝(Dunning)의 견해에 따르면, 다음의 3가지 조건 중 하나가 구비되어야 한다. 첫째, 다국적기업이 보유하고 있는 자원이 투자대상국의 기업들에 비해 우위에 있을 때다. 둘째, 시장의 불

완전성에 따른 국가 간 거래비용을 외국에서의 기업설립으로 내부화
해 줄일 수 있을 때다. 셋째, 투자 대상국에 입지 측면의 이점이 존재
할 때다. 특히 입지상의 이점이 해외투자의 동기인 경우에는, 투자 후
서비스가 투자결정에 중요한 역할을 한다. 한국의 경우 실제로 투자
후 서비스의 시행으로 외국인 투자가 증가하는 것으로 나타났다.

〈도표 4〉에 나타난 바와 같이 2000년 전세계 외국인 직접투자 유입
액은 1조 2,710억 달러를 나타냈다. 이 가운데 국경 간 인수합병은 약
1조 1,420억 달러를 나타내 전체 외국인 직접투자를 주도했다. 지역
별로는 EU · 일본 · 미국이 전세계 외국인 직접투자를 주도해 유입액
의 71%, 유출액의 82%를 각각 차지했다.

인수합병은 초국적기업의 생산활동 증가에 따른 것으로 전세계 경
제의 통합을 더욱 가속화하는 역할을 했다. 이것은 국제교역이 낮은
수준의 경제통합을 유도하는 것에 비해 통합의 정도를 깊게 하는 효

과를 갖는다. 외국인 직접투자는 민간자본이 개발도상국으로 흘러가도록 만드는 가장 중요한 요인으로 부상하고 있다.

2001년에는 외국인 직접투자가 전체적으로 감소했다. 2000년에 약 1조 3,000억 달러에서 2001년에는 7,600억 달러로 급감했다. 이는 전 세계적인 경기후퇴와 국경 간 인수합병 감소에 따른 것이다. 국경 간 인수합병은 2000년 1조 1,000억 달러에서 2001년 6,000억 달러로 급격히 줄어들었다.

〈도표 5〉에서 보듯이 전세계 외국인 직접투자 유입액 중 개도국이 차지하는 비중은 1996년까지는 꾸준히 증가해 40%에 달했으며, 아시아 지역이 최대의 투자유치처로 부상했다. 이후 감소세로 돌아서 개도국의 비중은 2000년 19%로 낮아졌다.

개도국 중에서는 동북아시아가 가장 매력적인 투자처로 급부상했다. 홍콩 · 한국 · 대만으로의 외국인 직접투자는 2000년 800억 달러를 기록하여, 아시아 개도국 전체 외국인 직접투자의 55%를 차지했다.

중국으로의 외국인 직접투자는 2000년 408억 달러로 홍콩에 이어 2위를 기록했다. 중국에 대한 외국인 직접투자는 2001년에 새로운 전기를 마련했다.

2001년 중국은 468억 달러의 외국인 직접투자를 유치해 홍콩을 제치고 개도국 중 1위로 부상한 것이다. 중국이 2001년 WTO에 가입하면서, 당분간 이러한 상승세는 지속될 것으로 보인다. 향후, 외자유치를 둘러싸고 우리나라와 중국 간의 경합은 더욱 치열하게 전개될 전망이다.

한국은 단기차입금에 의존하는 것이 1997년 말의 금융위기와 같은 비상상황에서 경제를 얼마나 취약하게 만드는지 뼈저리게 깨달았다. 또한 외국인 직접투자와 같은 안정적인 외환공급수단의 중요성을 재인

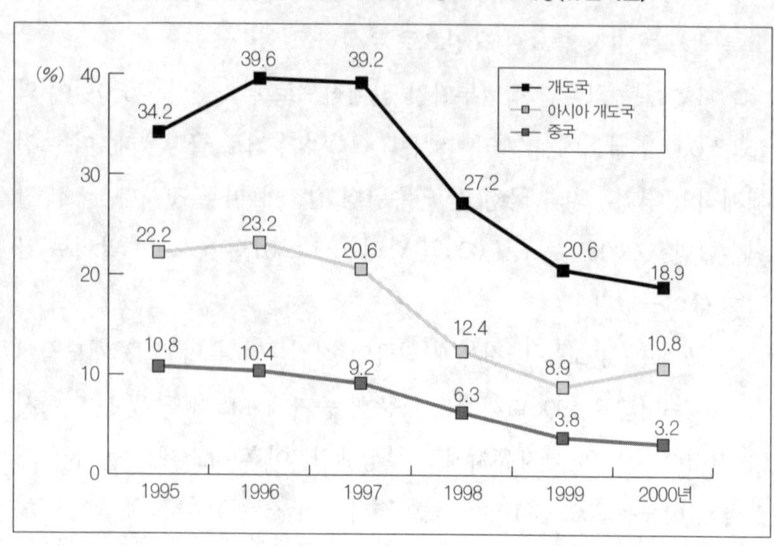

식하게 되었다.

신정부 출범 이후 외국인 직접투자 유치를 위해 과감한 자유화 조치와 투자유치기구가 설립되었다.

이후 〈도표 6〉에서 보는 바와 같이 한국에 대한 외국인 직접투자는 급격히 증가했다. 1962~97년까지의 외국인 직접투자 유치액이 미미한 것에 비해, 지난 4년 간(1998~2001)의 외국인 투자유치 실적은 신고 기준으로 거의 520억 달러에 달했다.

지난 35년 간의 외국인 직접투자 유치액 250억 달러를 불과 4년 만에 2배 이상 넘어선 것이다. 이로써 1962~2001년까지 외국인 직접투자 누계액 770억 달러의 68%가 지난 4년 간에 이루어졌다.

외국인 투자유치정책의 결실은 특히 2000년에 두드러지게 나타났다. 한국의 2000년도 외국인 직접투자 유치액은 160억 달러로 전년의 155억 달러를 깨고 사상 최고치를 경신했다. 이로써 한국에 진출한 외

〈도표 6〉 한국의 연도별 외국인 직접투자 동향

주 : 도착기준 2001년도 수치는 산업자원부 추정치.
자료 : 재정경제부, 「재정금융통계」, 각 분기 호.

국인 투자업체 수도 9,420개로 증가했다.

이처럼 대한 외국인 직접투자가 급증한 것은 무엇보다 한국에 대한 외국투자자들의 신인도가 높아진 때문이다. 2000년에 한국은 외국인 직접투자 유치액 면에서 아시아 3위, 전세계 18위를 기록했다. 이것은 1997년의 아시아 8위, 전세계 32위에 비교하면 크게 도약한 것이다.

2001년에는 외국인 직접투자가 정체되었다. 이것은 미국의 경기침체, 일본의 장기불황, 세계적인 경기침체 등의 대외적인 요인이 악화된 데 그 원인이 있다. 또한 9·11 미국 테러의 여파로 약 30억 달러에 달하는 SK텔레콤 주식의 해외매각이 실패한 것도 영향을 미쳤다. 2001년 외국인 직접투자는 119억 달러로 전년에 비해 24.4%가 감소했다. 하지만 투자기업 수 측면에서는 증가세가 이어져 1997년 4,419 개에서 2001년에는 1만 1,515개로 2.6배 증가했다.

한국의 2002년도 외국인 직접투자 예상치는 130억~150억 달러에
달할 것으로 전망된다.

비록 1998년 이후 한국에 대한 외국인 직접투자가 급증하고는 있지
만, 경제규모에 비교해서는 아직도 낮은 수준에 머물고 있다. 〈도표
7〉을 보면, 한국의 국내총생산 대비 외국인 직접투자 비중은 1997년
3.4%에서 2000년 9.2%로 2배 이상 급증했다. 그러나 중국의 30.9%,
말레이시아의 65.3%, 싱가포르의 97.5%에 비하면 아직도 크게 낮은
수준이다. 또한 아시아 평균 34.4%, 세계평균 17.3%에 비해서도 현저
하게 낮다.

〈도표 8〉에는 대한 외국인 직접투자의 지역별 현황이 나타나 있다.
2001년에 미국의 대한 외국인 직접투자액은 38.9억 달러로 전체의
32.8%를 차지하고 있다. 다음으로 EU가 29.1억 달러로 24.5%, 일본
이 7.7억 달러로 6.5%를 각각 차지하고 있다. 하지만 우리나라의 국

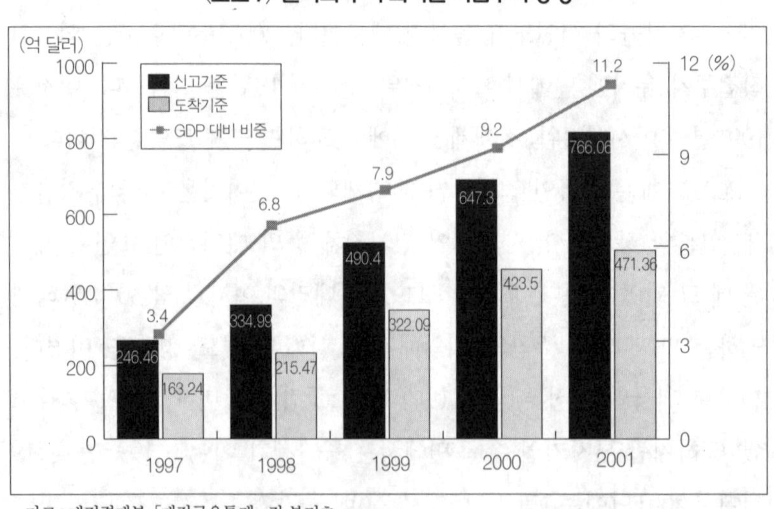

〈도표 7〉 한국의 누적 외국인 직접투자 동향

자료 : 재정경제부, 「재정금융통계」, 각 분기호.

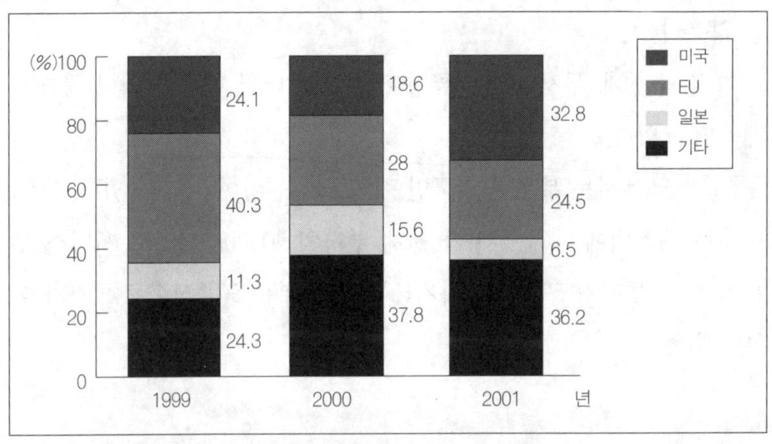

자료 : 산업자원부, 보도자료, 2002. 1. 11.

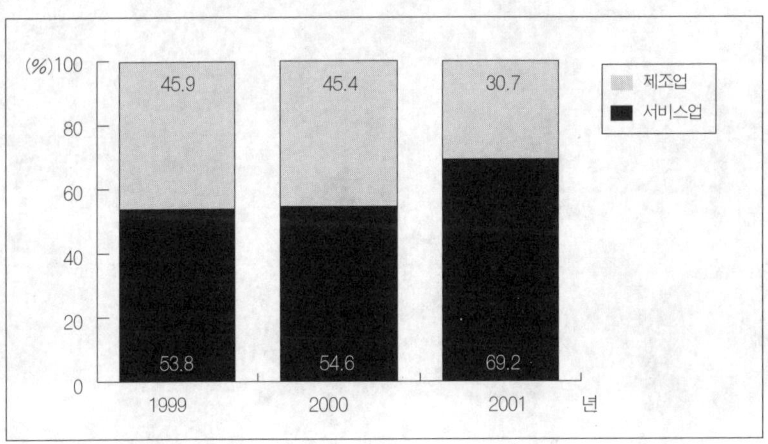

자료 : 산업자원부, 보도자료, 2002. 1. 11.

별 외국인 직접투자 통계를 읽을 때는 주의할 점이 있다. 다국적 기
업들이 조세피난처를 통해 투자하고 있는 행태가 고려되고 있지 않
기 때문이다. 국별 투자통계를 작성할 때 서류상의 투자국을 기준으

로 기계적으로 작성될 뿐, 실제 투자원천국을 기준으로 재분류하지는 않는다.

이 결과 실제 투자국과 서류상 투자국이 다른 경우가 많아 통계가 왜곡되고 있다.

〈도표 9〉에서는 부문별 외국인 직접투자 현황이 나타나 있다. 2001년에는 제조업에 대한 투자가 전체 투자의 30.7%, 그리고 서비스 부문에 대한 투자가 69.2%를 차지해 서비스 부문을 중심으로 투자가 이루어졌다.

왜 외국인 직접투자를 유치해야 하나

전 세계적인 외국인 직접투자의 증가는 경제통합을 가속화하고 있다. 1999년 국제연합무역개발회의(UNCTAD)의 「세계투자보고서」에 따르면, 외국인 직접투자를 유치하지 않는 국가들은 주변국으로 소외될 위험성이 점차 높아지고 있다고 한다. 반대로 우호적인 투자환경 구축을 통해 외국인 직접투자를 적극적으로 유치하는 국가들은 실질적인 혜택을 입는다고 평가하고 있다. 외국인 직접투자가 경제에 미치는 긍정적인 효과는 흔히 「일석오조(一石五鳥)」로 일컬어지고 있다.

첫째로, 외국인 직접투자는 원금상환이나 이자부담이 없는 장기외자를 유입시키는 효과가 있다. 증권투자(portfolio)가 변동성이 크고 위험한 것과는 달리 외국인 직접투자는 안정적인 외환공급원이다. 또한 단기국제차입에 비교해서는 고금리 지급부담이 없는 장점도 갖고 있다. 특히, 외환보유고가 바닥을 보였던 1998년의 경우에 외국인 직접투자를 통한 외환확보 효과가 빛을 발했다. 그 해 외국인 직접투자는 54억 달러가 증가해 당해 연도 가용외환보유고 증가액 396억 달러의 14%를 차지했다.

둘째로, 외국인 직접투자는 고용을 창출한다. 또한 외국인 직접투자를 통해 소비 및 투자가 진작되고, 생산이 확대됨으로써 경제성장의 선순환이 가능해진다. 한 연구에 따르면, 1997~99년 국내 제조업

|외자유치의 1석 5조 효과|

1. 안정적인 외자조달 수단

   - 이자부담 없는 외자도입으로 외환을 확충할 수 있는 유용한 수단임

2. 고용증대

   - 외국기업이 한국에 진출해 공장을 설립하고 종업원을 채용하면 직접적으로 고용증대 효과가 있으며, 간접적으로 경기활성화에 따른 고용효과도 매우 큼

3. 수출 확대

   - 외국기업은 국제 네트워크를 활용해 수출확대에 기여하며, 국산품 사용비율을 높이고 수입을 억제해 무역수지를 개선하는 효과도 있음

4. 첨단기술과 선진경영기법의 도입

   - 세계최고의 경쟁력을 갖춘 글로벌 기업들이 우리나라에 많이 진출할수록 그들이 갖고 있는 기술과 경영 노하우가 그대로 국내기업에 파급됨으로써 경쟁력 향상에 기여

5. 기업구조조정

   - 국내기업들은 사업부문 및 자산의 해외매각을 통해 부족한 유동성을 확보하고 구조조정을 통해 기업경쟁력을 높일 수 있었음

부문에서 19만 개의 일자리가 감소한 반면, 한국에 진출한 외국인 회사들은 오히려 5만 1,300개의 신규 일자리를 창출한 것으로 나타났다. 금융위기 동안, 외국계 회사들이 한국기업들의 파산에 따른 일자리의 공백을 메워 실업을 막고, 고용을 창출하는 역할을 한 것이다.

외국인 직접투자는 경제성장을 촉진하고 국내투자를 진작시키는 효과가 있다. 한국은행의 연구결과에 따르면 외국인 직접투자가 1억 달러 증가하면, 국내투자가 0.83억 달러 증가하는 것으로 나타났다. 산업연구원의 연구결과도 향후 5년 간 외국인 직접투자가 매년 1%씩 증가할 경우, 국내총생산을 추가로 0.056% 상승시키는 효과가 있음을 보여주고 있다. 또 다른 연구도 외국인 직접투자 비중이 높은 부문에서는 평균노동생산성·급여·연구개발투자 등이 더 높은 것으로 보고하고 있다. 1998년의 경우 외국인 투자회사의 1인당 부가가치 창출액은 국내기업에 비해 1.4배 높다는 연구결과도 있다.

셋째로, 외국인 직접투자는 수출확대 효과가 있다. 외국인 투자자들은 국제 네트워크를 활용해 수출확대에 기여하고 있다. 뿐만 아니라 국산품 사용비율을 높이고 수입을 억제함으로써 무역수지를 개선하는 효과도 갖고 있다. 산업연구원의 분석에 따르면, 1999년에 제조업부문에서 외국인 투자기업의 수출은 213억 달러, 수입은 165억 달러를 기록함으로써 우리나라 전체 무역수지 흑자에 48억 달러 기여했다.

넷째, 외국기업들이 도입하는 최신 경영기법과 한국 근로자에 대한 교육으로 인한 외부효과도 무시할 수 없다. 모토로라가 대표적인 예다. 모토로라는 외국인 투자기업이 우리나라 중소기업과의 협력관계 구축을 통해 한국의 기술발전과 한국상품의 세계시장 진출에 어떻게 도움을 주고 있는가를 단적으로 보여준다. 현재 한국은 세계 휴대폰 시장의 3분의 1가량을 차지할 정도로 급신장했다. 이뿐 아니다. 볼보

<〈도표 10〉 외국인 투자기업과 국내기업 비교>

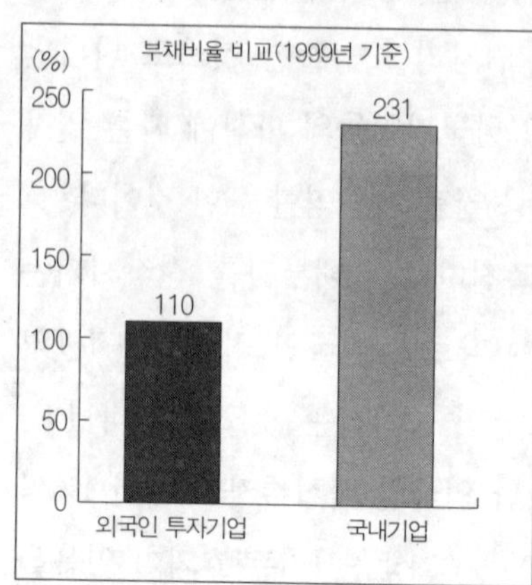

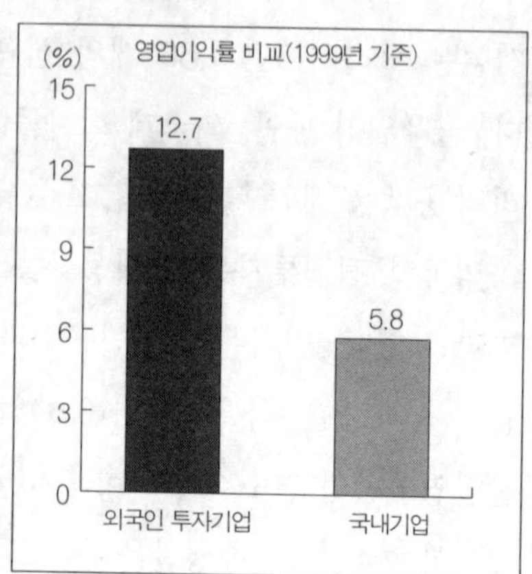

나 바스프의 경우에는 한국에 연구시설을 설치해 기술개발에 힘쓰고 있다. 또한 국내기업들도 한국에 진출한 외국기업들과 경쟁을 펼치면서, 경영·마케팅 등의 선진기법을 발빠르게 도입함으로써 경쟁력이 크게 높아지고 있다. 마지막으로 외국인 직접투자로 한국의 기업구조 조정이 촉진되고 있다. 특히 국내기업들의 구조조정에 기여한 것은 인수합병 형태의 외국인 직접투자였다. 국내기업들은 사업부문 및 자산의 해외매각을 통해 부족한 유동성을 확보할 수 있었다. 이를 통해 기업의 재무구조를 개선하고, 사업부문의 선택과 집중을 통해 기업의 경쟁력을 높일 수 있었다. 한국은행의 분석에 따르면, 외국인 투자기업의 부채 비율은 1999년에 약 110%로, 국내기업의 231%(1998년 기준)에 비해 재무구조가 건전한 것으로 나타났다. 이를 반영해 매출액 대비 영업 이익률은 외국인 투자기업이 12.7%로 국내기업의 5.8%에 비해 2배 이상 높게 나타났다. 1998년 이후, 외국인들의 지분참여가 증가하면서 한국기업들의 전반적인 부채비율이 크게 낮아지게 되었다. 이에 따라 한국 기업의 수익성도 몰라보게 개선되고 있다.

무엇이 한국의 세계화를 가로막는가

정부가 추진하고 있는 외국인 직접투자 유치와 시장자유화 정책은 끊임없는 반대와 저항에 부딪치고 있다. 이것은 경제정책의 큰 방향이 개방화로 선회됨에 따라 발생하는 비용과 부담을 누가 질 것인가 하는 문제 때문이다. 시장자유화 정책으로 한국경제가 전체적으로는 이득을 본다 하더라도, 그러한 이득이 근로자와 기업 간, 지역 간, 세대 간에 고르게 분배되지는 않는다.

세계화의 이득으로부터 소외된 계층에서는 당연히 불만이 터져나올 수밖에 없다. 그러나 장기적으로 볼 때 기술진보와 규제개혁이 결합되면서, 정부의 무역과 투자자유화 정책은 현재의 경제 및 사회 지형을 지금과는 다른 모습으로 만들 것임에 틀림없다.

1999년 12월, 미국 시애틀에서 벌어진 반세계화 시위는 세계화가 직면하고 있는 도전을 극명하게 보여준 사건이었다. 이를 계기로 유전자조작식품, 어린이 노동, 환경파괴 등과 같은 세계화의 어두운 면이 부각되었다. 역설적이지만 이 사건은 세계화가 주는 혜택에 대해 다시 한번 생각하게 만들기도 했다.

시애틀의 시위대는 시장자유화의 효과를 평가절하했다. 그들은 세계화로 무한경쟁이 가속화하면서 효율적인 외국기업들 때문에 많은 국가, 기업, 근로자들이 고통을 받고 있다고 주장했다. 또한 세계화로 인해 각국 정부의 고유권한인 정책선택의 자율성과 독립성이 위축되고 있다고 비판했다.

이 결과, 각국이 자국의 필요에 따라 독자적으로 규제조치를 시행하는 것이 점점 어려워져 경쟁력이 약한 후진국들은 고통을 받고 있다고 주장했다. 그들은 외국인 직접투자에 대해서도 비판했다. 정부 주도의 유치정책 때문에 국내기업들이 정당한 가치를 받지 못하고 헐값에 해외로 매각되어 국부유출이 일어나고 있다는 것이다. 또한 국가의 자주성이 훼손되고, 심지어 국내기업에 대한 역차별까지 벌어지고 있다고 비판한다.

1980년대 미국경제가 침체의 늪에서 허우적대고 있을 때, 미국으로 외국인 투자가 밀려들었다. 이 때 톨친(Tolchin) 부부의 저서 《미국 사들이기(Buying into America)》라는 책이 베스트셀러가 됐다. 당시 미국인들이 자신들의 미래를 외국인에게 맡기는 데 대한 두려움이 얼마나 컸었는지를 단적으로 보여준 사례였다.

마찬가지로 한국에서도 1997년 말의 금융위기 이후 정부주도하에 기업의 해외매각이 줄을 잇자 경계감이 높아지고 있다.

그 동안 애써 일군 소중한 우리 기업들을 외국인에게 헐값에 넘겨 국내산업의 종속성이 심화될 것이라는 우려 때문이다. 또한 한국에서 외국기업들이 차지하는 시장지배력이 높아짐에 따라 독점에 따른 폐해를 우려하는 목소리도 높아지고 있다.

이것은 대부분 보호론자들의 과장된 주장이다. 예를 들면 주식회사 「대상(大象)」이 동물사료 첨가제를 생산하는 라이신 부문을 독일의 화학업체 바스프에게 매각했는데 그 가격은 결코 싼 것이 아니었다. IMF의 구제금융 프로그램이 시행되던 중 해외매각이 이루어졌음에도 6억 달러를 상회하는 선에서 계약이 체결되었다. 단일기업 매각으로는 당시 최대액을 기록했음을 상기할 때, 헐값매각은 근거가 없는 주장이다.

생존의 기로에 선 부실기업은 인수합병을 통해 불필요한 사업부문을 매각하고 핵심부문으로 사업영역을 집중하는 구조조정만이 살 길이다. 인수합병은 비효율적인 경영을 바로잡고 건실한 기업경영을 강제하는 시장 메커니즘의 작동으로 보아야 한다.

미국의 뉴브리지 캐피털로 매각된 제일은행의 경우에도 일부에서는 저가매각이라며 정부를 비난하고 있다. 하지만 매각이 지연됐을 경우 정부가 져야 할 막대한 재정부담과 사회적 비용을 감안한다면 저가매각으로 보기는 어렵다.

또한 제일은행의 해외매각을 통해 한국경제의 불확실성이 제거되고 대외신인도가 올라간 효과도 무시할 수 없다. 이 때문에 국내의 다른 은행들이 국제금융시장에서 차입할 때 부담해야 할 금융비용이 낮아진 것을 감안한다면, 매각가격만을 문제삼는 것은 지나친 단견이다.

더욱이 한국은행의 국제수지 통계를 보더라도, 한국에 진출한 외국기업들의 과실송금비율은 1998~2000년 평균 10.5%로, 아태지역 국가 평균 33.7%, 세계 평균 37.5%에 비해서도 현저하게 낮은 것으로 나타났다(다른 국가의 경우에는 1991~1998년 평균치). 즉 한국에 진출한 외국기업들은 한국에서 벌어들인 소득의 상당 부분을 재투자하

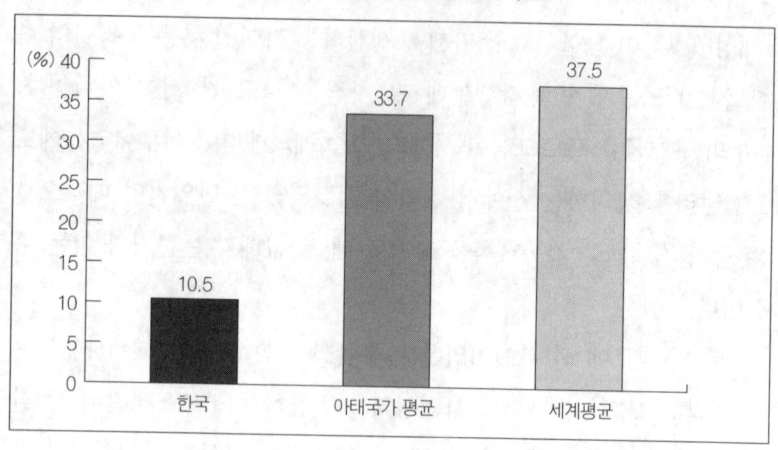

<도표 11> 과실송금비율 국제비교

고 있으며, 본국으로의 과실송금을 통한 국부유출은 염려할 필요가 없음을 보여주는 대목이다.

한국정부는 외국인 투자 비판론자들의 이러한 우려를 불식시키기 위해 많은 노력을 해왔다. 하지만 가장 시급한 것은 국민들의 외국인 투자에 대한 의식을 변화시키는 것이다. 한국의 현실적인 여건상 외국인 직접투자에 따른 이득이 아무리 클지라도 정치적 이해관계를 벗어나기는 어렵다.

많은 이익집단들이 적어도 단기적으로는 외국과의 경쟁에서 피해를 입을 것이 자명하고, 정부로서도 이들이 요구하는 보호조치를 마냥 무시할 수는 없기 때문이다.

조직화된 소수의 이익집단들은 그들의 요구를 정책에 반영하기 위해 사활을 걸고 정부를 압박하고 있다. 반면, 외국인 직접투자로 최대의 수혜자가 될 다수의 국민들은 조직되어 있지 않고 그 이득에 대해서도 분명히 인식하지 못하고 있다.

침묵하는 다수의 국민들에게 외국인 직접투자의 이득을 분명히 인식하고 정치적으로 표출할 수 있도록 만드는 노력이 시급하다. 이것이야말로 한국의 개방정책이 굳건한 뿌리를 내릴 수 있는 밑바탕이기 때문이다.

한국은 외국기업에 대한 편견과 제국주의에 대한 두려움 때문에 외국인 직접투자에 따른 경제적 이득을 극대화하지 못하고 있다. 한때 국내기업에 대한 외국인 소유지분 상한선이 폐지될 경우 외국인들의 국내기업에 대한 적대적 인수합병 행위가 광범위하게 이루어질 것이라는 우려가 높았다.

또한 이로 말미암아 우리 기업들은 경영권 방어에 급급하게 될 것이라는 비판도 많았다. 하지만 그것은 기우에 불과했고, 우려와는 달

|한국 세계화의 장애요인|

1. 대립적인 노사관계 : 전투와 같이 치열하고 격렬한 노사분규는 외국인 투자자들이 가장 두려워하는 투자의 장애요인임

2. 불투명한 회계 : 인수합병을 하려면 투자대상 기업의 가치평가가 전제되어야 하는데, 회계장부를 신뢰하기 어렵기 때문에 가치평가에 많은 비용과 시간 소요

3. 「은둔의 왕국」 정서 : 외국인 투자에 대해 아직도 폐쇄적이고 피해의식에 사로잡혀 있는 한국국민의 정서

4. 과도한 규제 : 기업활동을 가로막는 각종 불합리한 규제

5. 경쟁국에 비해 열악한 생활여건 : 해외본사에서 한국지사에 파견될 때 「오지수당」을 받을 정도로 열악한 교육·주택·여가 등의 생활여건

리 우호적 인수합병이 주를 이루었다. 또한 인수합병에 따른 국내기업의 자본확충, 투자확대, 최신 경영기법 및 신기술의 도입, 경쟁력 향상 등과 같은 이득도 매우 컸다.

그리고 실증연구 결과를 보더라도, 한국의 경우에는 외국기업의 진출에 따라 국내기업들이 고사되고 결과적으로 국민자본 형성에 방해가 되는 일은 없는 것으로 밝혀졌다.

한국의 경제규모에 비할 때 외국인 직접투자는 아직도 낮은 수준이다. 하지만 한국에 진출한 외국인 투자기업들은 전자·의약품 등의 산업에서 핵심기술을 도입해 경쟁력을 높이는 데 중추적인 역할을 수행하고 있다. 앞서 예를 들었던 모토로라가 대표적인 경우다. 또한 외국 반도체회사의 한국지사들은 숙련된 기술인력과 경영진들을 배출하는 사관학교 역할을 수행해왔다. 아울러 국내 하청업체에 대한 기술지도를 통해 국내 업체들이 세계적인 반도체 회사로 발돋움하는 데 밑거름이 되었다. 마찬가지로 다국적 제약회사들도 국내에서 활발한 연구개발 활동을 통해 국내 제약사들의 신약개발을 돕고 있다.

외국인 직접투자는 글로벌 기업들과의 협력과 전략적 제휴관계 구축을 통해 상호이익을 극대화하고, 우리 기업이 세계시장에 진출하는 데 유리한 환경을 조성하고 있다. 볼보사가 삼성중공업을 인수한 사례는 한국에 서구적 경영 스타일을 도입한 성공적 모델로 평가받고 있으며, 한국적 경영규범을 근본적으로 혁신하는 계기가 되고 있다. 이것은 외자유치에 실패한 한라중공업이 파산의 길을 걷게 된 것과 극명하게 대조되는 것이다. 공격적인 외국인 직접투자 유치정책, 공장신설형 외국인 직접투자의 지속적인 증가, 외국 투자자의 활발한 국내기업 인수합병 등은 세계화와 외국인 직접투자에 대한 한국인들의 부정적인 인식을 바꾸는 계기가 될 것이다.

외국인 직접투자 유치의 장애물

금융위기 이후 의욕적으로 추진된 공격적인 외국인 투자유치정책이 대규모 외자유치로 이어졌지만, 그 과정이 결코 순탄치만은 않았다. 금융·기업·노동·공공부문 등 이른바 4대 개혁과제를 추진하면서 나타난 고통과 반발, 그리고 정부 및 채권단의 의사결정 지연 등 넘어야 할 산이 많았다. 또한 개혁을 추진함에 있어 국제규범과의 조화, 세계시장에서의 경쟁력 확보 등 예전에 경험하지 못했던 새로운 도전도 고려해야만 했다.

특히 노사문제는 구조조정의 전과정에서 다루기 힘든 복병이었다. 비효율적인 민간기업 및 공기업들이 청산·구조조정·민영화 등의 방식으로 구조조정되면서 불가피하게 근로자의 해고와 실업문제가 야기되었기 때문이다. 이 때문에 해외매각을 앞두었거나, 외국인이 인수한 기업 들에서 노사분규가 벌어졌다. 심지어 일부 노동조합에서는 구조조정을 중지하라는 극단적인 요구까지도 쏟아져 나왔다. 노사

문제는 외국인 직접투자 유치에 아직도 최대의 걸림돌로 남아 있다.

대립적인 노사관계

유연한 노동시장을 만드는 것은 외국인 투자유치를 위한 전제조건이다. 뿐만 아니라 허약한 우리 기업들이 잉여인력 감축 등의 구조조정을 원활히 하기 위해서도 필수다. 기업들이 경영상황에 따라 탄력적으로 근로자 수를 결정할 수 있어야 효율적인 경영이 가능하기 때문이다. 경영환경 변화로 기업이 더 이상 필요로 하지 않는 잉여인력을 계속해서 고용하도록 강요해서는 치열한 국제경쟁에서 살아남기 어렵다.

또한 근로자의 입장에서도 유연한 노동시장이 중요하다. 노동시장의 유연성이 전제되어야만 해고된 근로자라도 일정한 재교육을 통해 새로운 직업을 쉽게 갖을 수 있다. 한번 해고되면 다시 취업하기 어려운 여건이 지속되는 한 해고를 쉽게 받아들일 근로자는 없을 것이기 때문이다. 일단 해고되더라도 기업이 필요로 하는 지식이나 기능으로 재충전한 근로자는 재취업이 어렵지 않아야 한다. 그래야 사회 전반의 수준이 올라가고 지식기반경제도 앞당겨질 수 있다. 유연한 노동시장은 현재 취업하고 있는 근로자에게도 부단히 자신의 가치를 높이기 위한 노력을 유도한다. 근로자의 가치가 객관적으로 평가되고 이직이 쉬워야 근로자의 자기개발 노력이 보상받을 수 있기 때문이다.

하지만 1997년 노동법 개정이 이루어지기 전까지 정부는 고용보호에 치중했고, 근로자의 강력한 요구로 임금은 너무 빠르게 치솟았다. 이러한 이유로 경영자들은 노동시장의 유연성을 높여야 한다고 주장해왔다. 국내기업의 경쟁력 확보, 외자유치, 부실기업의 구조조정 등을 위한 전제조건이기 때문이다. 정부는 구조조정의 일환으로 일련의 노동법 개정을 통해 유연한 노동시장과 협력적인 노사관계 구축을 추진했다.

노동법 개정의 핵심사항은 경영상 이유로 인한 해고의 정당성을 법적으로 최초로 명문화한 것이다. 동시에 1998년 1월에는 근로자, 정부, 사용자 대표로 구성된 노사정위원회가 출범해 추가적인 감원과 인력파견사업을 도입하는 데 전격적으로 합의했다. 하지만 경영상 이유에 의한 해고의 정당성을 인정받기 위한 절차나 조건이 너무 까다로워 현실적으로 실행되기에는 한계가 있다. 경영자 입장에서는 정리해고를 정식으로 입법화했다는 상징성은 높이 평가하지만 실효성이 없기 때문에 불만을 갖고 있다.

정리해고가 어려워 제때 구조조정을 못 해 부도가 나는 기업도 발생하기 시작했다. 기업도산은 근로자의 직업안정성을 위협하는 요인으로 부상하게 된다. 설상가상으로 사회안전망은 실업의 충격을 충분히 완화해줄 정도로 완비되지 못한 상태다.

여기저기에서 노사관계가 악화되는 경우도 증가해, 노사분규는 외국 투자자들에게 최대의 관심사로 부상하고 있다. 개별기업의 단위노조들은 고용보장을 최우선적인 요구조건으로 내걸게 되었고, 어느 면에서 노동시장의 경직성은 더욱 높아지고 있다.

2001년 5월 23일, 중앙일보사는 외국인 최고경영자를 초청해 한국의 노사관계에 대한 원탁회의를 열었다. 이 자리에서 근로자측은 정부가 노사관계에 편파적으로 개입하고 있기 때문에 정부에 대한 불신이 커지고 있다고 주장했다. 즉 정부가 재벌들의 입장에서 노사관계에 개입하고, 노조에 부당한 압력을 가한다는 것이다. 또한 사회안전망이 완비되지 못한 상황에서 무리하게 구조조정을 추진하는 것은 근로자들에게 너무 가혹하다는 점을 들어 사회안전망의 대대적인 확충을 요구했다. 외국인 투자유치도 좋지만 정부관료가 직접 나서 외국인 투자업체 경영진에게 한국근로자들의 과격한 노사분규에 대해 유감을 표명한 것도 비판했다. 근로자들 입장에서는 정부가 노골적으로 친기업적 입장을 드러낸 것으로 받아들여졌기 때문이다.

다행히도, 외국인 투자기업에서의 노사분규 건수는 감소세를 이어갔다. 2000년 31건에서, 2001년에는 20건으로 줄어든 것이다. 이러한 감소세에도 불구하고 지난 3년여 동안 벌어졌던 해고근로자들의 폭력적인 시위행태는 외국 투자자들을 공포에 떨게 만들었다. 특히 2001년 4월 대우자동차에서 벌어진 화염병과 쇠파이프가 난무한 근로자들의 폭력시위는 한국에 대한 외국 투자자의 평가를 급속히 얼어붙게 만들었다. 그들의 우려는 한국에 공장을 세워 저렇게 폭력적인 근로자들과 함께 과연 사업을 할 수 있겠느냐는 것이었다.

외국인투자옴부즈만사무소에 접수된 고충 중 13%가 노동문제와 관련된 것이라는 점도 그들의 우려를 입증하고 있다. 그러나 한국에 진출한 외국인 투자업체 중에는 협력적인 노사관계를 만들어 모범사례로 평가받는 기업들도 적지 않다. 투명한 경영, 근로자에 대한 경영정보 공개, 그리고 근로자와 경영진 간의 끊임없는 대화 등이 그들의 성공비결이다.

노동분야와 관련해 시급히 해결되어야 할 문제점들이 있다. 첫째, 불법 노사분규에 대한 강력한 제재가 이루어지지 않고 있다는 점이다. 불법적인 노사분규나 노동운동에 대해 법률상 엄격한 처벌조항이 있음에도 불구하고 정치적 이유 등으로 엄정한 법집행이 이루어지지 않고 있다. 따라서 노동운동에 있어서도 불법행위는 예외 없이 처벌된다는 정부의 강력한 의지를 보여줄 필요가 있다.

둘째, 기업 구조조정 과정이 성공적으로 마무리되기 위해서는 노사를 포함한 관련당사자들 모두가 협상문화에 좀더 친숙해질 필요가 있다. 원하는 것 전부를 통째로 얻으려 하고, 상대방에게 무조건 항복하기를 강요하는 한국적 협상문화는 비판받아 마땅하다. 대화로 쉽게 해결할 수 있는 문제까지도 극한적인 대립으로 몰고 가는 사례가 종종 발생하기 때문이다. 상대의 입장을 배려하고, 타협하려는 기본자세가 되어 있어야 한다.

셋째, 기업의 경영진들은 기업경영의 투명성과 정보공개가 근로자의 신뢰를 획득하기 위한 전제조건이라는 점을 인식할 필요가 있다. 또한 이를 촉진하기 위한 구체적인 행동 프로그램을 하루빨리 도입해야 한다. 기업이 경영상의 이유로 해고를 하려 할 때 근로자들이 기업의 경영실상을 알 수 없다면 경영진의 말을 액면 그대로 믿으려 하지 않을 것이다. 서로의 처지를 객관적으로 명확하게 알 수 있을 때, 노사 간에 상호신뢰 분위기가 형성되고, 상대편 입장을 생각할 수 있게 된다.

넷째, 실직자에 대한 다양한 재교육 프로그램, 사회안전망 확충 등을 통해 해고에 따라 근로자가 부담해야 할 비용을 낮추는 노력도 필요하다. 현재와 같이 재취업이 어렵고, 실업수당이 빈약한 상황하에서는 해고에 따른 고통이 너무나 극심하기 때문에 근로자들의 격렬한 반발을 피하기 어렵다. 해고가 직업생활의 끝이 아니라 새로운 출발로 받아들여질 수 있도록 여건을 조성해갈 필요가 있다.

불투명한 회계

한국이 금융위기 이후 대규모 외국인 직접투자 유치에 성공할 수 있었던 것은 외국인의 적대적 인수합병까지도 허용한 과감한 자유화 정책 때문이다. 이를 활용해 유동성 부족을 겪던 많은 국내기업들이 자산과 사업부문을 외국인에게 매각해 구조조정을 추진할 수 있었다. 자산·사업부문·기업 등을 해외에 매각하는 과정에서 가장 곤란했던 문제는 매각가격 결정이었다. 헐값매각이라는 국민여론도 의식해야 했고, 기업이나 자산의 가치를 평가하는 방식에서도 내외국인 간에 많은 시각차가 존재했다. 하지만 무엇보다 해외매각을 어렵게 만든 것은 한국의 회계장부와 관행에 대한 외국인의 불신이었다.

금융위기가 발생하기 이전에도 한국의 재무제표는 믿을 수 없다는 견해가 외국인들 사이에서 팽배해 있었다. 금융위기로 기업·부동산·은행 등의 해외매각이 대규모로 이루어지면서 그 심각성이 백일하에 드러났다. 외국 투자자들은 한국기업들이 작성한 회계장부를 무시하고 직접 자신들이 해당회사의 자산과 부채를 철저히 실사한 후에야 계약을 체결했다. 부도가 난 대우그룹은 잘못된 회계관행을 보여준 전형적인 사례였다.

대우그룹은 총수의 지시에 따라 순이익 규모를 조작했고, 회계장부도 모두 거짓으로 가득차 있었다. 비밀장부를 만들어 비자금을 은밀히 조성하고, 해외로 외화를 빼돌리는 등 온갖 불법과 탈법행위가 자행되었다. 대우그룹의 분식회계 규모는 12개 계열사에 22조 9,000억 원에 달했다(〈한국경제신문〉, 2000년 9월 29일자).

회계장부는 기업의 자산상태와 일정 기간의 경영성과를 주주, 경영자, 종업원, 기타 이해관계자가 쉽게 파악할 수 있도록 해준다. 기압계 없이 기압을 측정할 수 없는 것과 마찬가지로 올바르게 작성된 회계장부 없이는 기업의 실체를 제대로 파악할 수 없다. 과학적인 경영을 위해, 투자자가 특정 기업의 주식을 사기 위해, 또는 은행이 대출심사를 하기 위해서도 회계장부는 필수다. 회계장부가 없다면, 또는 있더라도 믿을 수 없다면 주식투자를 할 때마다, 은행이 대출을 결정할 때마다 일일이 해당기업의 재무상태를 실사할 수밖에 없다. 이러한 불편을 해소하기 위해 발전시킨 것이 바로 회계장부다.

하지만 회계장부가 조작되거나, 적절한 기준에 의거해 일관성 있게 작성되지 않을 때는 없는 것이나 마찬가지다. 대표적인 것이 분식회계다. 부도가 확실한 어음을 자산으로 버젓이 기록한다든지, 자산가치를 부풀린다든지 하여 재무제표를 우량한 것으로 만드는 행위다. 회계장부를 완전히 조작하는 행위는 더 나쁘다. 가짜 전표를 발행해 매출을 부풀리거나, 실제 거래가격을 속이는 행위 등을 통해 자산을 빼돌리거나, 비자금을 조성한다.

이것이 일부 기업에 국한된 현상이 아니고, 하나의 관행으로 굳어져 상장된 대기업에서까지 버젓이 이루어지는 것은 문제가 아닐 수 없다. 실제로 많은 국제금융 전문가들은 「코리아 디스카운트(Korea discount)」를 이야기한다. 한국 기업들의 회계장부는 믿을 수 없기 때문에 선진국의 유사한 회사보다 30% 정도 낮게 기업가치를 평가해야 한다는 것이다. 미국의 유명한 경영 컨설팅 회사인 프라이스워터하우스쿠퍼스(PricewaterhouseCoopers)에 따르면 우리나라의 전체적인 투명도는 2001년 조사대상 34개국 중 31위를 차지했다. 분야별로는 회계기준의 투명성이 떨어져 조사대상국 중 최하위를 기록한 것으로 발표했다.

한국의 회계가 이처럼 엉망이 된 데는 정부와 정치권의 책임이 크다. 기업으로부터 각종 정치자금과 준조세를 수시로 거둬들이면서, 회계원칙을 세우고 경영의 투명성을 높이기 위한 조치는 등한히 해왔기 때문이다. 기업들도 경영의 투명성을 높이고 정도를 지키려는 노력보다는 부실회계라는 손쉬운 길을 택했다. 부패와 뇌물이 판을 치고 법과 원칙이 무시되다 보니, 회계는 그저 하나의 장식이나 통과의례 정도로 무시되어온 것도 사실이다.

이와 같이 잘못된 관행이 큰 문제로 부각되게 된 계기는 금융위기 이후 외국 투자자들이 한국에 들어오면서부터다. 외국인 직접투자가 아니었다면, 아마 회계의 투명성이 왜 중요한지도 모르고 이것을 개선하려는 노력도 없었을지 모른다. 우리가 고쳐야 할 점이 무엇인지 알기 위한 가장 빠른 방법은 선진국과 비교해보는 것이다. 우리가 가야 할 길을 그들은 이미 수십 년 전에 지나간 경험이 있기 때문이다. 많은 선진국 기업가들이 한국에서 기업활동을 하게 되면 그들의 눈을 통해 우리의 단점을 쉽게 발견할 수 있다. 또한 그들의 아이디어와 지식을 활용해 우리를 바꾸고 개선하는 데 도움을 받을 수도 있다. 이러한 측면에서 회계의 불투명성 문제는 외국인 직접투자의 이득을 단적으로 보여준 사례다.

회계기준을 국제기준에 맞춰 높이고, 이를 엄격히 준수하도록 감시하며, 부실회계에 대해 엄격히 처벌하는 것만으로는 회계의 투명성을 높일 수 없다. 사회의 전반적인 투명성이 높아지고, 부패와 뇌물이 사라져야 부실회계도 함께 추방시킬 수 있다. 뇌물과 부패 관행이 사라지지 않는 한, 비자금 조성을 위한 장부조작과 부실회계는 지속될 것이기 때문이다. 회계장부에 뇌물제공이라고 기록할 수는 없는 노릇이 아닌가.

세계 굴지의 많은 기업들은 임직원들에게 엄격한 윤리와 도덕성을 요구하고 있다. 한국기업들이 고급 룸살롱 접대나 고액선물을 당연시하는 데 비해, 한국에서 영업하는 많은 외국인 투자기업들은 이를 엄격히 금지하는 것이 단적인 예다. 더 많은 외국기업이 한국에 진출하고, 이들 기업의 선진적인 관행이 우리 업계에도 전파될 때 우리의 후진적 관행도 하나둘씩 사라질 것이다.

「은둔의 왕국」 정서

한국은 단일만족으로 같은 말을 쓰면서 좁은 한반도에서 수천 년을 살아왔기 때문에 외국인에 대한 배타적인 정서가 유별나다. 외국인과 함께 살아본 경험이 거의 없고, 특히 우리와 외모가 전혀 다른 서양인에 대해서는 이러한 의식이 더욱 심하다.

하지만 우리 역사를 보면, 삼국시대나 고려시대까지만 하더라도 대외진출과 문물교류에 결코 소극적이지 않았다. 신라에서 건축한 석굴암이 비잔틴 양식의 영향을 받아 지어졌다거나, 고려시대에 아랍 상인들과 활발한 교역이 있었다는 사실이 이를 입증한다. 하지만 조선시대에 들어와 교조적으로 유교를 신봉하게 되면서, 상업과 공업을 천시하는 풍토가 판을 치게 되었다. 이 결과 생산력의 발전은 정체되었고, 사회의 엘리트들은 한정된 버슬자리에 진출하기 위해 과거에 급제하는 것을 지상과제로 여기는 「우물안 개구리」식의 의식이 자리잡게 되었다.

도덕을 세우고, 사회질서를 유지하는 데는 유교가 탁월한 힘을 발휘했지만 엘리트들에게 진취적인 기상을 심어주고 국가를 발전시키는 데에는 한계를 드러냈다. 엘리트들이 관혼상제 등의 의례, 인간의 도리, 상하 간의 질서, 문학 등에 심취해 국가발전을 위한 현실적인 정책개발이나 개혁은 수백 년 동안 큰 진전을 보지 못했다. 소중화(小中華)라는 자만심에 빠져 중국 이외의 국가는 오랑캐로 여겨 교류를 거부하는 쇄국정책도 국가를 발전시키는 데는 큰 장애물이었다. 서양이 지리상의 발견, 르네상스를 거쳐 산업혁명과 식민지 개척에 몰두하고 있던 19세기 말까지도 한국은 이러한 자만심에 빠져 철저히 외국과의 교류를 금지함으로써 「은둔의 왕국」이라는 조롱까지 받게 되었다.

우리 교과서나 관광안내 책자에서조차 「은둔의 왕국」에 자부심을 갖고 있으나, 필자가 보기에 이는 커다란 수치가 아닐 수 없다. 서양 사람들이 생각하는 「은둔자」란 우리가 생각하는 「신선」이나 「안빈낙도(安貧樂道)하는 선비」처럼 좋은 이미지가 결코 아니다. 그들은 밝은 무대에 나서 당당하게 자신을 알리고 정당하게 인정받고자 하는 사람을 높이 평가한다. 모든 것을 포기하고 무대 밖에서 숨어 지내는 은둔자는 신비감은 줄 수 있을지언정 결코 좋은 인상은 기대하기 어렵다.

외국인에 대한 배타적인 정서는 일제에 의해 강제 개항이 되고 일제의 식민지로 전락하게 되면서 더욱 심화되었다. 개항과 외국인 진출은 곧 착취와 억압이라는 등식이 한국민의 뇌리에 강하게 자리잡게 된 것이다. 수천 년 간 독립국가를 유지해온 한국이 직접 외세의 통치를 받게 된 것은 자존심에 커다란 상처로 남게 되었다. 이와 함께 수출주도형 경제개발을 추진하면서, 「수출은 선(善), 수입은 악(惡)」이라는 극단적인 구호도 우리 국민들에게 외국상품, 외국기업에 대해 부정적인 이미지를 심어줬다. 외환이 부족했던 경제개발 초기에는 수입억제와 국산품애용 정책이 불가피한 측면이 많았다. 그러나 세계 10위권의 경제대국으로 부상한 오늘날까지도 이러한 의식의 잔재가 남아 있다는 것은 문제가 아닐 수 없다.

지금도 외국기업에 대한 편견과 제국주의에 대한 두려움은 외국기업들을 한국으로 유치하는 데 최대의 걸림돌이다. 민족주의와 자주를 강조하는 학교교육과 외국인과의 교류 경험 부족이 「은둔의 왕국」 정서를 부추기고 있다. 88서울올림픽을 계기로 한국은 처음으로 세계무대에 서게 되었으며, 이후 해외여행, 해외유학 등이 폭넓게 이루어지면서 이러한 폐쇄적인 의식에도 변화가 일고 있다.

그러나 무엇보다 한국의 세계화에 기여한 것은 외국인 직접투자라는 것이 필자의 생각이다. 특히 1997년의 금융위기 이후, 외국인 직접투자가 급증하면서 한국도 많은 세계화 경험을 갖게 되었다. 외국인과 함께 일하고 생활하면서, 세계화의 경험이 우리의 일상생활로 자리잡게 되었기 때문이다. 우리끼리 생활하면서 볼 수 없었던 문제들이 외국인들의 진출로 새롭게 드러나기 시작했으며, 세계인과 함께 살아가기 위해 무엇이 필요한가를 인식하는 계기가 되었다. 세계시민으로서 우리가 부족한 것이 무엇이고, 우리 사회가 더 성숙해지기 위해서는 무엇을 바꾸어야 할지를 알 수 있게 되었다.

한반도라는 좁은 울타리에 가로막혀 있던 사고의 영역도 이젠 세계로 확대되고 있다. 한국교육이 불만이면 해외로 유학을 떠나고, 한국사회가 싫다고 외국으로 이민을 가는 사람들도 많이 생겨나고 있다. 국경을 높이 세우고, 우리끼리 경쟁하고 싸우던 시대는 이제 종말을 고한 것이다. 외국인 직접투자 유치를 위한 목적이 아니더라도 한반도를 살기 좋고, 기업하기 좋은 환경으로 만들지 않으면 우수한 우리 인재와 기업들이 언제든 외국으로 떠날 수 있는 시대가 된 것이다.

성공적인 월드컵 행사와 한국축구의 4강 진출로 우리 국민의 자신감은 그 어느 때보다 고조되어 있다. 월드컵을 계기로 과거 우리 국민이 외국 또는 외국인에 대해 가졌던 무의식적인 열등감과 패배의식이 그들을 다정한 이웃으로 끌어안고자 하는 적극적인 자세로 바뀌고 있다. 자기 자신을 세계와 격리시키는 「은둔의 왕국」 정서를 극복하고 세계와 교류하는 것을 두려워하지 않는 자세야말로 성공적인 세계화

를 위한 소중한 첫걸음이다. 세계인의 주목을 끌고, 더 많은 외국기업
들이 이 땅에서 영업을 하고 싶도록 만들어야 나라의 번영이 보장된
다는 적극적인 자세가 필요하다. 학교교육이나 언론도 이제는 낡은
민족주의를 버리고, 성숙된 세계시민으로서 세계인과 어울려 살 수
있는 개방된 사고방식을 갖춘 시민을 육성하는 데 힘을 기울여야 할
때다. 피해의식에 사로잡힌 민족주의는 더 이상 우리를 지켜줄 수도
없고 발전을 약속할 수도 없으며, 오로지 외국과의 교류를 가로막는
장애일 뿐이다.

과도한 규제

한국이 경제발전을 해오는 과정에서 정부는 경제개발계획과 자원
배분을 통해 주도적인 역할을 해왔다. 정부가 모든 것을 결정하고 집
행하는 관행이 30여 년 간 지속되면서 양산된 것은 이를 통제하기 위한
각종 규제장치들이다. 마치 사회주의경제가 계획과 명령, 규제에 의해
움직이듯이 한국에서도 이러한 문제가 그대로 답습된 것이다. 한국은 경
제개발 초기에 시장경제의 외양은 띠었지만, 실질에 있어서는 경제의 많
은 부분이 사회주의적 계획경제와 유사한 방식으로 운용되었다.

정부가 은행을 지배해 부족한 자금의 배분을 결정하고, 주요 사업권
의 결정을 통해 기업의 특정 산업 진출입을 통제하는 한편, 공기업을 대
대적으로 육성한 것 등이 이를 입증한다. 정부는 경제개발계획의 차질
없는 달성을 위해 각종 규제로 시장경제의 자율적인 발전에 족쇄를 채
워왔다. 경제개발 초기 경제의 규모가 작고, 산업구성이 단순하며, 사회
가 분화되지 않았을 때는 이러한 방식이 효율적일 수 있었다.

하지만 경제규모가 커지면서 정부가 모든 것을 통제하는 방식은 점차 비효율성을 드러내기 시작했다. 은행의 부실자산 누적, 비효율적인 공기업, 부실기업의 퇴출지연, 잇따른 부패사건 등이 그것이다. 여기에 한국경제가 커지면서, 그 동안 자국시장은 각종 규제로 막아놓고 수출만을 추구해온 한국의 이중적인 행태를 눈감아주던 미국 등 선진국들도 점차 개방압력을 가하기 시작했다.

이에 따라 1990년대에 들어오면서 정부도 규제완화를 본격적으로 추진하기 시작했다. 그러나 건수 위주로 규제완화가 추진되고 정작 중요한 규제는 계속 온존하는 등 커다란 진전이 이루어지지 않았다. 여기에는 공무원들의 반발이 자리잡고 있다. 규제가 지속되어야 그들의 영향력이 계속 유지될 수 있기 때문이다. 이 핑계 저 핑계를 대면서 피상적인 규제는 없애는 시늉을 했지만, 핵심 규제는 계속 남아 민간부문의 발전을 억제해왔다.

1997년 IMF와의 약속에 따라 개방화가 급진전되면서 규제개혁도 급물살을 타게 되었다. 외국인 직접투자가 대규모로 유입되면서 규제개혁이 투자의 전제조건이 되기도 하고, 한국에서 활동하는 외국기업들이 많아지면서 그들의 발언권도 높아졌기 때문이다. 그러나 아직도 선진국에 비해 한국은 규제가 많은 나라라는 것이 외국 투자자들의 생각이다.

기본적으로 정부관료들이 아직도 자신들이 갖고 있는 권한을 포기할 생각이 없기 때문이다. 또한 대통령이 규제개혁에 대해 아무리 강한 의지를 갖고 있더라도, 관료들의 반발에 맞서 이를 과감하게 추진할 조직이나 주체들의 힘도 미약하다. 복잡하게 얽히고 설켜 있는 규제의 미로를 완전히 파악하고 있는 전문가도 부족한 실정이다.

세계 각국 정부는 경쟁적으로 규제를 철폐하는 데 앞장서고 있다.

세계화로 국경의 개념이 점차 허물어지는 마당에 규제가 무슨 소용이 있느냐는 것이다. 이제는 한국에서 규제 때문에 사업을 할 수 없으면, 다른 나라에 가서 사업을 할 수 있는 시대가 되었다. 기업을 내모는 규제는 그것 자체만으로도 더 이상 존립의 의의가 없다. 정부는 자유로운 창업과 공정한 경쟁, 그리고 원활한 퇴출이 이루어질 수 있도록 보장하는 역할에 머물러야 한다. 정부가 민간보다 양질의 정보를 갖고 있던 과거에는 정부의 적극적 개입이 필요했는지 몰라도, 지금은 정보 면에서도 민간이 오히려 정부를 앞서고 있다. 또한 능력 면에서도 민간 전문가들이 공무원에 비해 결코 뒤지지 않는 것이 오늘날의 현실이다.

규제 대신에 투명하고, 합리적이며, 신속한 행정 서비스를 제공하는 데 각국 정부는 초점을 맞추고 있다. 과도한 공무원 수를 축소하고, 효율적인 정부부문 구축에도 열을 올리고 있다. 정부의 역할에 엄청난 지각변동이 일어나고 있는 것이다. 선진국 정부일수록 시장에 직접 개입하기보다는 심판자로서의 역할에 충실하고 있다. 공정한 게임이 될 수 있도록 감시하고, 불공정한 경쟁을 막아 시장기능이 원활히 작동될 수 있도록 하는 것이다. 정부가 모든 것을 할 수 있다는 믿음이 점차 사라지고, 「작은 정부」를 지향하는 새로운 움직임이 가시화되고 있는 것이다.

세율을 경쟁적으로 인하해 경제의 활력을 높이려는 시도도 「작은 정부」를 추구하는 추세와 결코 무관하지 않다. 정부가 사회복지와 소득재분배를 위해 높은 세율을 부과하는 것이 근로의욕 상실과 기업활동 위축으로 나타나, 궁극적으로 복지사회 건설이 위협받고 있다는 인식이 커지고 있다.

그러나 한국에서는 아직도 「작은 정부」는 요원한 일이다. 공공부문

개혁이 요란하게 추진되었지만, 공무원 수는 크게 변하지 않았다. 우스갯소리지만, 공무원이 책상만 지키면 되는데 꼭 일을 벌이려고 하기 때문에 더 큰 문제가 벌어진다고 한다. 공무원 수가 늘어나는 한 규제도 따라서 증가할 수밖에 없다. 일을 만들고 뭔가 하는 시늉을 해야 하기 때문이다.

한 가지 예를 들자. 현재 우리나라는 세계최고의 바둑강국이다. 이창호, 조훈현 등 세계 바둑계를 호령하는 바둑기사들이 즐비하다. 그런데 정부가 나서 바둑을 육성할 계획이라고 한다. 대학에 바둑학과를 두고 여러 가지 예산지원을 할 모양이다. 이를 두고 정부가 나서면 바둑도 사양길에 접어들지 모른다고 비꼬는 사람들이 있다. 승부의 세계에서 살아야 할 바둑기사들이 대학교수에 안주할지 모른다는 걱정도 있다. 정부의 지원이 없어도 세계 1등을 차지하고 있는 바둑에까지 정부가 왜 나서는지 모르겠다.

컴퓨터와 인터넷의 보급으로 민간부문에서는 단순사무직과 중간관리직이 크게 줄어들고 있다고 한다. 그러나 공무원 조직은 이러한 시대변화에도 불구하고 조직이나 인력구성이 크게 바뀌지 않고 있다. 규제개혁은 본질상 단순히 규제를 없애는 데서 한 걸음 더 나아가 정부부문의 효율성, 적정 공무원 수, 조직 및 인력구조 등 공무원 조직 전반에 걸친 개혁과 맞물려 추진될 수밖에 없다. 불필요한 조직과 인력을 언제까지 끌어안고 갈 수는 없을 것이기 때문이다.

생활여건

외국인 직접투자는 단순히 외국자금이 한국으로 들어오는 것에 그치지 않는다. 한국에서 기업을 운영하는 것이기 때문에 외국인이 함께 들어오게 된다. 외국 투자자와 직원들이 홀로 오거나, 가족이 있는 경우에는 함께 오기도 한다. 한국이 그들의 생활터전이 되는 것이다.

여기에서 문제가 되는 것은 외국인이 살기에 한국의 생활여건이 편리한가다. 우리와 경쟁하고 있는 아시아의 다른 나라들, 홍콩·싱가포르·중국 등과 비교해 어떤가가 중요해진다. 다른 무엇보다도 일상생활을 하는 데 가장 중요한 언어소통이 문제다. 한국은 최근 불고 있는 영어 붐에도 불구하고 아직도 영어로 의사소통을 하기에는 불편함이 많다. 일상생활도 불편하지만 근로자를 채용해 함께 업무를 처리하는 데에는 더더욱 문제가 많다.

외국인 회사 내에서는 물론이거니와 한국의 거래업체와도 의사소통에 지장이 많다. 이에 반해 홍콩·싱가포르 등 우리의 경쟁국들은 영국의 식민지였기 때문에 영어가 공용어로 사용될 정도로 의사소통에는 불편함이 없다. 싱가포르는 영어를 공용어로 채택하고 있기까지 하다. 이러한 점에서 영어 의사소통 능력을 키우는 것은 외국인 직접투자 유치를 위한 전제조건이 아닐 수 없다. 특히 관공서의 경우 민간기업에 비해 영어로 의사소통하기가 어렵다는 지적이 많다. 공무원 채용방식이 필답고사에 의존하다 보니 외국어를 할 줄 아는 인력이 드물고, 채용 후에도 공무원들이 어학공부를 열심히 하지 않기 때문이다.

각종 도로안내 표지판, 안내문, 가이드북 등도 문제다. 부정확하고 잘못된 한국식 영어, 체계적이지 못한 도로표지판, 외국인의 관심은 뒷전으로 한 관공서·관광지 등의 각종 외국어 안내문, 일관성이 없는 한글 로마자 표기, 복잡한 번지체계 등 이루 헤아릴 수 없는 문제들이 있다. 지도만 있으면 대중교통을 이용하든, 자가용을 이용하든 목적지를 쉽게 찾아갈 수 있도록 도로안내 표지판, 지도, 번지체계 등이 합리적으로 되어 있는 선진국과는 너무나 대조적이다.

소득세율이 너무 높고, 각종 준조세 부담이 많은 것도 문제다. 우리 경쟁국들에 비해 부담해야 할 세금이 너무 높기 때문에, 일은 한국에서 하지만 서류상으로는 홍콩이나 싱가포르에서 근무하는 것으로 만들어 그 곳에서 급여를 받는 외국인들이 많다고 한다. 한국에서 일할 경우 세금을 제하고 남은 가처분소득이 줄어든다면 어떤 외국인이 이 땅에서 일하고 싶어하겠는가.

교육도 문제다. 수준 높은 외국인 교수가 부족하고 학비도 지나치게 높아 교육여건이 안 좋다는 것이다. 더구나 우리나라의 경우 외국인 회사에서 근로자에게 지급하는 자녀학자금 지원액까지도 근로자의 소득으로 간주해 소득세를 부과한다. 다른 나라의 경우에는 이를 회사의 경비로 처리하기 때문에 근로자의 세 부담은 우리나라에 비해 훨씬 낮다. 교육열은 한국에만 있는 것이 아니다. 자녀를 좋은 환경에서 교육시키고 싶어하는 것은 모든 부모의 공통된 마음이다. 서울은 비교적 사정이 좋다고 해도, 지방으로 가면 더욱 형편없다. 심지어 외국인 학교가 하나도 없는 지방 대도시가 많다. 이 때문에 지방에 근무해야 하는 외국인들은 서울에 가족을 남겨두고 혼자 지방에 내려가거나 출퇴근하는 경우도 많다고 한다.

의료문제도 심각하다. 외국어를 할 수 있는 의사·간호사 등 의료인력이 턱없이 부족하기 때문이다. 병이라도 나서 병원에 가면, 손짓발짓을 해야 의사소통이 되는 경우가 많다고 한다. 또한 병원에서 제공하는 서비스에 비해 의료비가 너무 높은 점도 불만이다. 의료보험이 적용되지 않는 외국인의 경우 의료비용이 너무 높은 반면, 서비스는 형편없다고 불평을 토로하고 있다.

여가를 활용할 마땅한 시설이나 프로그램이 없는 점도 불만이다.

대중교통을 이용하자니 외국어로 안내된 내용이 부실하고, 지방으로 갈 경우 더더욱 언어 불편이 심하기 때문이다. 자가용을 이용할 경우 도로표지판이 엉성해 초행길 목적지를 찾아가기는 거의 불가능에 가깝다고 한다. 그렇다고 주한 외국인들을 위한 관광 프로그램이 충분한 것도 아니다. 설악산, 제주도 등 몇몇 알려진 유명 관광지를 제외하고는 웬만한 용기를 내지 않고서는 한국의 자연과 역사유적을 즐기기가 너무 불편하다고 한다.

지방자치제도가 활성화되면서 각 지역에서는 전통축제가 활발하게 열리고 있다. 하지만 여기에서도 행사는 내국인 중심이어서 외국인들에 대한 홍보나 배려는 형편없는 수준이다. 지방의 경우 숙박시설이나 음식 등이 수준 미달인 곳도 있어 소문을 듣고 찾아갔다가 실망하는 경우도 많다고 한다.

외국인이 스쳐지나가는 관광객이 아니라 우리 땅에서 생활할 때는 차별이 문제가 된다. 외국인에게 바가지를 씌우거나 불친절한 행위가 지속되면 이 땅에서 살아가기 어렵기 때문이다. 이러한 점에서 우리는 반성할 점이 많다고 본다. 전세계 어디에도 차이나타운이 있지만, 우리나라에서는 발을 못 붙이고 떠난 화교들이 많았기 때문이다. 재일교포에 대한 차별문제를 일본에 제기하고 있지만, 일본에는 화교들이 차이나타운을 형성해서 살고 있음을 곱씹어볼 필요가 있다.

외국인들의 생활여건 개선을 위해서는 투자가 필요한 것도 있지만, 우리의 의식구조나 사고방식을 바꾸면 해결될 수 있는 문제들도 많다. 얼굴 생김새나 피부색깔이 다르다고 해서 우리와 다르다는 차별성을 강조하는 한 외국인에 대한 차별은 없어지기 어렵다. 외국인을 한국 땅에서 같이 살아가야 할 파트너로 인식하는 열린 성숙된 세계시민 의식을 키우는 것이 외자유치를 위한 첫 단추다.

국가 이미지를 마케팅하자

캄푸치아 항공이 2001년 여름 태국에서 한국인 승객들을 활주로에 내버려둔 채 비행기를 이륙시킨 사건이 벌어졌다. 전후 사정을 따지기 전에 사실만 놓고 보면 참으로 무책임한 항공사라는 생각을 갖지 않을 수 없다. 그러나 캄푸치아 항공을 비난하는 여론이 들끓자, 당시 문제의 비행기에 동승했던 우리 여행객이 신문에 밝힌 내용은 우리를 부끄럽게 만들기에 충분했다. 그의 투고에 따르면 한국승객들이 비행기 조종석 문을 걷어차는 등 극심한 소란행위를 해 이에 견디다 못한 기장이 할 수 없이 승객을 활주로에 내려줬다고 한다. 건설교통부는 이 항공사가 인가해준 노선을 위반한 점을 들어 운항취소를 결정했다.

부끄럽게도 한국인 승객의 기내소동은 국제적으로도 악명이 높다. 다른 나라 승객들은 차분히 대기할 때도 유독 한국승객만은 곧잘 불만을 쏟아놓고 소란을 피우기 일쑤다. 일례로 2001년 초 우리나라에 유례없는 폭설로 항공기가 결항되었을 때 김포공항에서 우리 국민이 벌인 기내소동 및 공항시설 점거농성은 그 유례를 찾기 어렵다. 까다로운 선진국 여행객들도 기상악화와 같은 불가항력적인 이유로 비행차질이 빚어지는 경우에는 항공사에 항의하기보다 상황이 호전되기를 조용히 기다린다.

승객의 몰상식도 문제지만 정부의 대처방식도 되짚어볼 일이다. 만약 캄푸치아 항공이 힘없는 소국의 항공사가 아니었더라도 과연 운항취소와 같은 가혹한 조치를 취했을까. 가난한 나라에서 온 외국인 근로자와 중국에서 온 조선족에 대해서는 멸시와 비인간적인 대우를 서슴지 않으면서, 백인에게는 지나치게 친절한 우리의 이중적인 의식구조는 분명 문제가 있다.

외국인의 한국에 대한 이미지를 좋게 만드는 것은 우리의 자존심을 높일 뿐 아니라 경제적으로도 이득이 된다. 한국상품의 싸구려 이미지가 지속되는 한 수출의 고부가가치화는 요원하며, 외자를 유치할 때도 헐값매각이 불가피하다. 특히 외국인 투자와 관련해 국가 이미지는 매우 중요하다. 하버드 경영대학원 교수로 투자 분야의 세계적 석학인 웰스(Wells) 교수도 국가 이미지 구축을 외자유치를 위한 중요한 수단으로 강조하고 있다.

외자유치를 위해서는 다음과 같은 방향에서 우리나라의 이미지를 마케팅할 필요가 있다. 우선 한국에서 비즈니스를 하는 외국인에게 좋은 인상을 심어주어야 한다. 그들이 한국에서 살면서 체험한 생생한 정보는 어떤 경로를 거치든 본국 사람들에게 전달되고, 투자결정의 중요한 판단근거가 되기 때문이다. 실제로 필자가 접한 많은 외국투자자들이 공통적으로 이를 인정하고 있다. 이러한 점에서 외국인투자옴부즈만사무소와 같이 현재 한국에 진출해 있는 외국 기업가들의 고충을 덜어주고 생활편의를 높이는 노력이 더 강화될 필요가 있다.

둘째로 제품의 질을 높이고 고급화해야 한다. 단적인 예가 자동차다. 최근 자동차 수출이 중형차, 레저용차 등으로 고급화됨에 따라 미국 언론에서 한국산 자동차에 대한 호평이 줄을 잇고 있다. 기능이나 품질 면에서는 일본차에 뒤지지 않으면서도, 가격 면에서 이점이 있다는 것이다. 과거 미국에서 「한국차」 하면 떠올리게 만들었던 「포니」라는 조잡하고 싸구려라는 이미지를 극복하는 데는 실로 20여 년의 세월이 걸린 것이다. 「Made in Korea」라면 품질은 걱정하지 않아도 된다는 믿음이 생길 때 비즈니스 입지로서의 한국에 대한 이미지도 자연히 개선될 수 있다.

무엇보다 국가 이미지에 가장 큰 영향을 미치는 것은 문화다. 서구에서는 인도나 중국의 국가 이미지가 그 경제적 낙후성에도 불구하고 일본보다 오히려 더 높다. 서구인들은 인도의 종교와 심오한 정신세계, 중국의 유구한 역사와 독특한 문화에서 매력을 느낀다. 상품소비는 질 좋고 값싼 제품이 나오면 쉽게 대체될 수 있지만 문화에 대한 탐닉은 지속되는 특성을 갖는다.

따라서 한국문화를 본격적으로 마케팅해야 한다. 이러한 점에서 필자는 최근 부각되고 있는 「IT 강국으로서의 한국」 이미지를 본격적으로 마케팅할 필요가 있다고 본다. 이는 우리가 세계에서 가장 과학적이라는 한글과 세계 최초의 금속활자를 발명한 정보통신 강국으로서의 전통과도 맥을 같이하는 것이다. 초고속 인터넷을 비롯한 정보통신 인프라와 국민들의 높은 정보화 마인드는 새로운 비즈니스의 장으로서 한국의 가치를 재인식시킬 수 있는 유효한 전략이 될 것이다.

또한 우리가 월드컵 기간 중 세계의 이목을 끌었던 요인들을 면밀히 검토해 한국에 대한 관심을 지속시키는 노력도 병행할 필요가 있다. 세계를 놀라게 한 대규모 거리응원, 질서정연한 시민, 젊고 생동감 있는 사회분위기 등 한국의 역동적인 이미지는 우리의 새로운 모습으로 해외에 널리 알려졌다. 이로써 우리에게 씌워졌던 전쟁, 독재, 부정부패, 지역갈등, 정치적 혼란, 부실공사, 노사분규 등과 같은 부정적인 이미지를 탈피할 수 있는 계기가 마련되었다. 월드컵을 계기로 새롭게 인식되고 있는 「생기 있고 활력이 넘치는 국가」라는 한국의 새로운 이미지는 첨단기술과 변화를 특징으로 하는 「IT 강국」과도 일맥상통한다. 이번 기회에 국가 이미지를 어떻게 구축하고 홍보해나갈 것인가에 대한 범정부적 청사진을 마련해봄직하다.

「캄보디아기 사건, 한국인에도 문제」

2001년 7월 29일 태국 방콕 돈무앙 공항에서 캄푸치아 항공 전세기가 한국인 승객 39명을 활주로 인근에 내려놓은 채 이륙한 사건과 관련, 당시 승객이었던 김모씨는 …「아내와 아들·딸 등 우리 가족도 다른 승객들이 자꾸 「기체에 이상이 있다」고 의문을 제기해 내심 불안했던 것은 사실」이라며, 「하지만 4일 전 같은 비행기로 서울서 방콕까지 타고 온데다, 비행 안전에 관한 한 조종사의 말을 믿는 것이 최선이라고 생각했다」고 말했다. 그는 「20대 중반의 미국 유학생이 「이래서는 안 된다. 미국 같으면 난동으로 취급돼 곧바로 경찰이 투입된다」고 말리며 몸싸움까지 했지만 이들을 막지 못했다」고 전했다. 의류 등의 수출중개업을 하는 김씨는 한 달에 한 번꼴로 중국·베트남·인도네시아 등지로 비즈니스 해외출장을 다니고 있다. 그는 베트남에서 밤 12시쯤 서울로 출발하는 항공기의 경우, 한국인 승객의 절반 정도는 술에 취해 일부 소동을 피우는 모습을 종종 목격한 적이 있다고 했다. (〈조선일보〉, 2001. 8. 3)

국제경제기구에 관심 가져야

우리나라는 1948년 정부수립 이후 적극적으로 국제경제기구에 가입해왔다. 대표적으로 1955년에 IMF와 세계은행(IBRD)에 가입했고, WTO의 전신인 관세 및 무역에 관한 일반협정(GATT)에는 1967년 가입했다.

1990년대에 들어서는 엄격한 자격요건과 이행의무가 수반되는 기구들에 가입해 세계무대에 본격적으로 나서게 된다. 1991년에 국제노동기구(ILO), 1996년에 경제협력개발기구(OECD), 그리고 1997년에는 국제결제은행(BIS)에 잇달아 가입한 것이다.

적극적인 국제경제기구 가입은 한국이 책임감 있는 국제사회의 구성원으로 재인식되는 계기가 될뿐더러, 신흥경제강국으로 부상한 한국의 이미지를 세계에 심는 길이기도 하다. 또한 오늘날과 같은 다극화 시대에는 한국과 같은 개도국들이 적극적으로 국제경제기구에 참여해 새로운 역할을 모색하는 것이 중요하다. 냉전시대에는 미국과

소련이 세계질서를 좌우했기 때문에, 한국으로서는 미국과의 긴밀한 관계만을 중시했지만 이제는 사정이 달라졌다.

무엇보다 오늘날의 세계질서는 국제기구에서 새롭게 형성되고 있다. 예를 들면 WTO는 세계무역질서를 새롭게 형성하는 데 주도적인 역할을 하고 있으며, 슈퍼파워 미국조차 여기에서 자유롭지 못하다.

비록 한국이 숫자 면에서는 많은 국제경제기구에 가입해 있지만, 활동 면에서는 여전히 소극적이다. 예를 들어 1965년 가입한 국제연합무역개발회의(UNCTAD)에서 주요한 문제들에 대해 입장표명을 유보하고 있으며, 사안에 따라 선진국 또는 개도국 입장을 지지하는 등 어정쩡한 모습을 보이고 있다.

또한 제3세계의 가난한 나라들을 돕는 데 사용되는 해외개발원조(ODA) 분담금을 내는 데도 소극적이다. 2000년의 경우 우리나라는 겨우 GNP의 0.05%만을 해외개발원조 분담금으로 납부했는데, 이는 OECD 가입국 평균 0.22%의 4분의 1에 불과한 수준이었다.

우리나라의 비약적인 경제성장과 민주화, 2002월드컵 대회는 세계인의 주목을 끌고 있다. 여기에 호응해 우리도 국제경제기구에 대한 태도를 바꿀 필요가 있다.

첫째, 세계경제 속에서 한국이 차지하는 위상에 맞는 책임감을 지녀야 한다. 10대 경제대국으로서 국제경제기구가 주도하고 있는 신세계질서 형성에 적극 동참해야 한다. 또한 국제무대에서 개방적인 경제환경 조성을 일관되게 지지하고 스스로 만들어나가는 책임감이 필요하다. 무역·투자·금융 등의 국가 간 장벽 제거에 앞장서는 한편, 한국 스스로 지적재산권·환경기준 등 범세계적 기준을 충실히 이행하는 모범을 보여야 한다.

둘째, 국제경제기구에 새로 가입할 때는 이에 따른 철저한 사전준

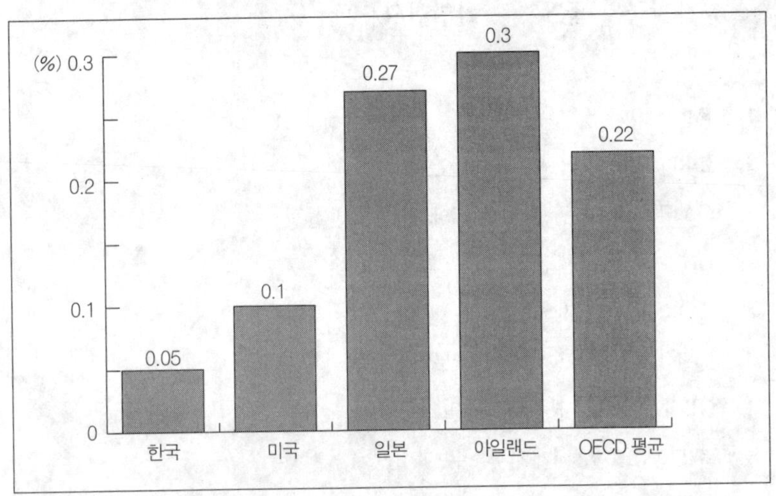

자료 : 외교통상부, 국제 ODA 동향(내부자료), 2001. 7.

비가 전제되어야 한다. 명분 때문에 무작정 가입했다가는 큰 화를 입을 수 있기 때문이다. 1996년 한국의 OECD 가입과 그에 따른 자본시장개방은 사전준비가 미흡한 상태에서 국제기구에 가입하는 것이 얼마나 위험한가를 보여준 단적인 실례다. 1997년 외환위기 당시 정부는 자본시장개방으로 투기적 외국자본의 급격한 유출입을 통제할 수 없게 되었고, 이것이 사태를 더욱 걷잡을 수 없게 만들었다.

1997년 BIS에 너무 늦게 가입하면서 철저한 금융감독장치를 준비하지 못한 것도 문제였다. 1988년 이미 BIS는 「바젤자본협약」이라는 새로운 자본계측 시스템을 도입했다.

이것이 바로 외환위기 이후 한국언론을 뒤덮었던 금융기관의 자기자본비율 8% 규정을 처음으로 도입한 협약이었다. 우리나라 시중은행들은 부실채권을 포함해 과도한 위험자산과 낮은 자기자본 문제를 안고 있었음에도 이에 대한 대비는 취약했다. 더욱이 금융위기가 닥

1. IMF : 1955, 국제통화기금

2. IBRD : 1955, 국제부흥개발은행

3. GATT : 1967, 관세 및 무역에 관한 일반협정

4. UN : 1991, 국제연합

5. ILO : 1991, 국제노동기구

6. UNCTAD : 1965, 국제연합무역개발회의

7. OECD : 1996, 경제협력개발기구

8. WIPO : 1979, 세계지적소유권기구

9. ESCAP : 1954, 아시아태평양 경제사회위원회

10. APEC : 1989, 아시아태평양경제협력체

11. ASEM : 1996, 아시아유럽정상회의

12. BIS : 1997, 국제결제은행

13. ADB : 1966, 아시아개발은행

14. IFC : 1964, 국제금융공사

15. IDA : 1961, 국제개발협회

16. EBRD : 1991, 유럽부흥개발은행

17. AFDB : 1982, 아프리카개발은행

18. IDB : 옵저버 자격(Inter-American Development Bank)

19. SEANZA : 1966, 동남아시아 · 뉴질랜드 · 호주 중앙은행기구

20. SEACEN : 1990, 동남아시아 중앙은행기구

21. EMEAP : 1991, 동남아시아 · 대양주 임원회의

22. ICC : 1951, 국제상공회의소

23. WTC : 1972, 세계무역센터

치면서 자기자본비율 8%를 맞추기 위해 한국경제와 금융기관은 많은 대가를 치러야만 했다.

셋째로, 한국인들의 적극적인 국제경제기구 진출이 필요하다. 한국이 주도권을 쥐고 자기 목소리를 내기 위해서는 더 많은 한국직원들이 국제기구에 취업해 최신 정보와 국제여론 동향에 앞서 있어야 한다. 그러나 한국의 공무원 사회에는 국제기구 파견자에 대한 유무형의 불이익이 존재하고 있어 적극적인 활동 의욕을 꺾는다. 적극적인 국제경제기구 진출은 새로운 국제질서를 만드는 데 동참하기 위한 기초투자라는 점을 인식할 필요가 있다.

비슷한 예로, 국제회의에 참석한 한국대표는 발언을 하지 않는 것으로 유명하다. 영어가 부족하기도 하거니와, 골프·관광·만찬 등 부대행사에 정신을 빼앗긴 탓이기도 하다. 국제문제에 대해 오불관언(吾不關焉)하는 태도로는 경제적 지위에 걸맞은 위상을 찾기도 어렵고, 급변하는 세계무대에서 스스로 왕따당하기 십상이다.

특히, 지역별 국제경제기구에 대한 무관심이 문제다. 한 예로서, 한국은 아직도 미주개발은행(IDB)에 정식회원이 아닌 옵저버로 참가하고 있다. 한국이 정식회원 자격으로 중남미 국가들과의 교류에 적극 나선다면, 이 지역과의 통상이나 경제협력 증진에 크게 기여할 것은 자명하다.

급변하는 세계경제질서를 자국에 유리하도록 만드는 노력은 번영을 위한 중요한 조건이다. 이러한 점에서 한국은 좀더 개방적인 자세로 우물안 개구리식의 안이한 자세를 버리고, 국제문제에 관심을 쏟고 적극적으로 참여해야 한다.

제도적 불확실성이 외국인 투자를 막는다

불확실성이 투자의 가장 큰 걸림돌임은 주지의 사실이다. 투자에는 때가 있는 법이고, 적절한 때를 놓치게 되면 투자 자체가 무의미해지는 경우가 많다.

예를 들어 1년 후에 공장을 완공해 제품을 출시할 계획으로 투자에 착수했는데, 관청의 인허가 지연, 예상치 못한 요구 등으로 완공이 몇 년 간 지연될 경우 피해는 고스란히 투자자가 떠안아야 한다.

선진기업일수록 투자는 최고경영자 개인의 「동물적 감각」에 의존하기보다는 철저한 시장조사를 통해 기대수익과 비용에 대한 합리적인 추정을 바탕으로 결정된다.

불확실성이 높은 국가는 합리적인 예측 자체를 불가능하게 만들고, 바로 이 때문에 전세계를 대상으로 투자대상 지역을 선택할 수 있는 외국 투자자가 구태여 위험을 무릅쓰고 불확실성이 높은 국가에 투자하려고 하지 않게 된다.

경제를 둘러싼 여러 가지 불확실성 중에는 사전에 철저한 대비를 하더라도 피할 수 없는 것과 사람의 노력 여하에 따라 회피할 수 있는 것이 있다.

이 중에서 제도적 불확실성은 사회구성원의 합의만 있다면 쉽게 통제할 수 있는 불확실성에 해당된다. 반면 인플레이션·환율 등과 같은 거시적 변동성은 인간이 노력을 하더라도 쉽게 통제하기 어려운 특성을 갖고 있다.

제도적 불확실성 중 대표적인 것은 선거다. 2002년은 선거의 해로 상반기에는 지방선거를 치렀고, 연말에는 대통령 선거를 치르게 된다. 역사를 통해 보더라도 한국에서의 선거는 화합과 단합을 위한 축제의 장이 아니라, 정치적 대결과 지역감정의 골을 깊게 만드는 요소로 작용해왔다.

이 때문에 외국인 투자자들도 한국의 정치적 일정 때문에 외국인

|경제를 둘러싼 불안정|

- 거시적 변동성 : 환율·인플레이션 등과 같이 인간이 통제하기 어려운 요인
- 제도적 불확실성
  1) 정부의 안정성 – 정권교체의 가능성
  2) 사회의 안정성 – 노사분규나 시위의 발생 가능성
  3) 경제정책의 안정성 – 일관된 경제정책의 추진 가능성
  4) 민관관계의 안정성 – 시장경제질서의 존중 가능성

투자유치정책이 차기 정부에서 어떤 방향으로 추진될 것인가에 관심이 매우 높다. 큰 변화가 없을 것으로 예측하면서도 일말의 불안감을 내비치는 경우도 있다.

제도적 불확실성은 정부·사회·경제정책·민관관계 등의 정치적 환경이 얼마나 안정적인가를 의미한다. 이들 네 가지 정치적 환경이 중요한 이유는 다음과 같다.

첫째, 정부의 안정성은 정권교체의 역사나 그 가능성에 크게 좌우된다. 정권교체는 정책의 대대적인 변화를 수반하게 되고 결과적으로 제도적 불확실성을 높인다. 이러한 점에서 대통령선거가 다가올수록 5년 단임인 우리나라 대통령의 「레임덕(lame duck)」은 가속화할 수밖에 없다. 청와대가 국정을 직접 관할하는 시스템하에서 대통령의 「레임덕」은 관료의 복지부동, 주요 정책결정의 연기, 책임회피 등의 부작용을 낳을 수 있다.

둘째, 사회적 안정성은 노사분규나 시위 등에 크게 좌우된다. 우리나라에서는 선거철만 되면 다양한 이해집단의 요구가 봇물을 이루고, 집단시위가 기승을 부리곤 한다. 특히 농업시장개방을 앞두고 있는 농민단체, 그리고 공기업민영화 반대와 주5일제 조속실시 등을 주장하는 노동조합의 시위가 우려되고 있다. 특히 외국인 직접투자 유치와 관련해서도 불확실성은 높아만 가고 있다. 정부가 과연 노동조합의 반대를 무릅쓰고 공기업민영화를 추진할 것인지, 추진한다면 외국인 투자를 어느 정도나 허용할 것인지 등이 그것이다.

셋째, 경제정책의 안정성은 정치적 변화에 큰 영향을 받지 않고 얼마나 일관성을 유지하는가에 달려 있다. 경제부처 장관의 잦은 교체, 정책추진 의지의 실종, 즉흥적인 인기 위주 정책 등은 모두 불확실성을 높이는 요인들이다. 선거철이 다가오면서 각종 이익단체들의 압력

|불확실성(uncertainty)과 위험(risk)은 어떻게 다른가|

불확실성과 위험은 모두 장차 미래에 어떤 일이 발생할 것인지를 예측하는 것과 관련되어 있다. 경제문제에 관한 대부분의 의사결정은 미래에 발생 가능한 여러 가지 상황을 고려해 자신에게 가장 유리한 일이 일어나는 것을 목표로 한다. 어떤 회사에 입사할 것인지, 어느 회사의 주식에 투자할 것인지, 새로운 사업을 어느 분야에서 시작할 것인지, 신제품은 어떤 것을 개발할 것인지 등이 모두 이러한 의사결정의 사례들이다.

이러한 의사결정을 하는 데 중요한 것은 갖고 있는 정보의 정확성이다. 미래에 어떤 일이 벌어질 것인가에 대해 100% 정확한 정보도 드물지만, 전혀 알지 못하는 경우도 거의 없다. 대부분의 정보는 위험 또는 불확실성을 내포하고 있다. 위험이란 무엇이 일어날지 확정적으로는 알 수 없으나, 일어날 수 있는 상태는 알고 있고, 또 그 확률도 알고 있는 경우를 말한다. 복권을 살 경우에 당첨금이 얼마이고, 당첨될 확률이 얼마인지를 아는 경우가 이에 해당된다. 이에 대해 불확실성은 일어날 수 있는 상태는 알고 있으나, 그 확률분포를 알지 못하는 경우를 말한다. 복권의 예를 들어 설명한다면, 당첨금은 알고 있지만 당첨확률이 도대체 얼마인지 알 수 없는 경우가 이에 해당된다.

특히, 투자에 관련된 의사결정을 하는 경우에 위험은 불가피하게 받아들여야 한다. 개인이 투자를 하는 경우나 기업이 설비투자를 하는 경우 고위험-고수익, 저위험-저수익 중에서 선택을 해야 한다. 그러나 불확실성은 위험과는 다른 문제다. 기대수익이 얼마인지 모르고 투자의사결정을 내려야 하기 때문이다. 이 때문에 불확실성은 위험과는 달리 투자결정의 장애요인으로 작용한다.

이 높아지면 정부정책도 무원칙하게 표류할 가능성이 높다.

넷째, 민간부문과 정부관계의 안정성은 시장경제질서를 존중하려는 정부의 의지에 크게 좌우된다. 특히, 기업의 재산권과 경제적 권리가 어떠한 경우에도 존중되고 정부의 보호를 받는다는 믿음이 중요하다. 외국인 투자와 관련해서는 한국정부가 주고 있는 조세감면, 행정서비스, 고충처리 등이 정권교체 이후에도 지속될 것인가에 대한 믿음이라 할 것이다.

이와 관련해 최근 외국기업을 지나치게 우대하고 국내기업에게 불이익을 준다는 역차별 주장이 여론의 지지를 획득해가고 있다. 사실 현 정부의 적극적인 외자유치정책은 우리 경제사에 유래가 없다. 이에 따라 많은 외국인들은 현행 외자유치정책이 2003년에 등장할 신정부하에서도 지속될 것인가에 대해 의구심을 품고 있다.

필자는 이러한 점에서 여야의 대통령 후보들에게 한 가지 제안을 하고 싶다. 외국인 투자자들이 외자유치정책의 기조가 유지될 것이라는 믿음을 갖도록 공동선언을 하는 것은 어떨까.

공기업민영화와 외국인 투자

2001년 8월 「던힐」, 「켄트」 브랜드로 유명한 세계적인 담배회사 브리티시 아메리칸 토바코(British American Tobacco)가 한국에 담배제조공장을 짓기로 하고, 향후 10년 간 1조 4,000억 원을 투자할 계획이라고 밝혔다. 이는 독점체제로 운영되어온 공기업에도 경쟁체제가 본격적으로 도입됨으로써, 간접적으로 공기업 민영화를 촉진하는 효과를 갖는다는 점에서 주목된다.

사실 전기·가스·통신·철도·고속도로 등 시민의 생활 기반시설을 독점적으로 공급해온 공기업들에 대한 불만은 매우 높다. 소비자의 선택권을 제약하고, 서비스의 질과 가격 등에 불합리한 점이 많기 때문이다. 또한 시장경제원리가 작동하지 않음으로써 경제 전체에 고비용과 저효율을 낳는 원인이 되기도 했다. 정부도 이러한 점을 인식해 민영화 정책을 추진하고 있으나 소유지배구조의 청사진 결여, 부처 간 정책 충돌, 공기업 노조의 저항 등으로 답보상태에 머물고 있다.

공기업민영화는 좁게는 국유자산의 매각을 의미하나, 넓게는 민간 부문을 확대하고 정부부문을 축소하는 여러 정책을 포함한다. 시장경쟁을 통한 효율성 증진, 정부재정 확충, 외국인 투자유치 등이 기본적인 목표다. 공기업에 경쟁체제를 도입하는 것은 긍정적인 측면이 많다. 제한적 경쟁이 이루어지는 통신 분야가 대표적인 예다.

서비스 분야의 질적 제고와 가격인하경쟁으로 인한 소비자 후생의 증대, 경영의 효율화 등이 나타나고 있다. 그러나 외국자본에게 국가전략산업의 경영권을 넘겨주는 것에 대해서는 부정적인 인식이 널리 퍼져 있는 것도 사실이다.

많은 논란에도 불구하고 민영화 과정에서 외국인 투자는 중요한 역할을 한다. 우선 외국인 투자는 자본조달 기능을 갖는다. 공기업 민영화에는 대규모 자본이 필요한데, 이를 국내 투자자에만 의지해서 조달하기는 현실적으로 어렵다. 전세계 주요 지역의 민영화 현황을 보더라도, 전체 매각금액의 40~50%를 외국인 투자가 차지한다는 점이 이를 뒷받침한다.

또한 공기업 해외매각은 외화유입효과를 가져온다. 물론 매각대금 유입은 민영화된 기업들이 시설유지 및 확장을 위해 후속투자를 단행해야 하기 때문에 이루어진다. 세계은행 그룹인 국제금융공사(IFC)에 따르면 1988~94년 중 민영화된 412개 기업의 투자계획 금액은 190억 달러로 매각대금 60억 달러의 3배 이상에 달하고 있다.

정부의 개방화 의지를 외국인에게 인식시키는 전시효과도 무시할 수 없다. 외국인 투자자들에게 해당국에 대한 국제신인도를 높여 다른 분야에서 추가적인 외자유입을 기대할 수 있기 때문이다. 한 연구 결과에 따르면 민영화를 통한 1달러의 외국인 투자는 민영화와 관계없는 외국인 투자를 0.88달러 유발시키는 것으로 나타났다.

〈도표 13〉 공기업 민영화 추진실적

기관명	민영화 추진경과
완료 (6) 국정교과서	• 1998.11 경쟁입찰을 통해 대한교과서에 매각
종합기술금융	• 1999. 1 경쟁입찰을 통해 미래와 사람에 매각
대한송유관	• 2000. 4 SK, LG 등 기존 주주에게 매각
포항제철	• 해외DR 발행(3회), 자사주 매각(3회)을 통해 정부 · 산은 지분 전량 매각(2000.10월 민영화 완료)
한국중공업	• 2000. 9 산은 · 한전 보유지분 24% 국내증시 공모 · 상장 • 2000.12 산은 · 한전 보유지분 36%를 경쟁입찰을 통해 두산컨소시엄에 매각하여 경영권 이양
한국종합화학	• 2000.11 주총의 청산결의에 따라 현재 청산절차 진행 중
추진중 (5) 한국통신	• 해외DR 발행(2회, 1999.5 : 14.5%, 2001.6 : 17.8%) • 2001. 1 국내 경쟁입찰(1.1%) • 2001.12 해외 EB · BW 발행(11.8%)
담배공사	• 1999. 9 정부 · 기은 보유지분 18% 국내증시 공모 · 상장 • 2000.12 기은 보유지분 10% 해외EB 발행 • 2001.10 정부 · 기은 보유지분 19.8% 해외DR · EB 발행
지역난방공사	• 2000. 6 안양 · 부천지역의 설비를 경쟁입찰을 통해 LG-Caltex에 매각
가스공사	• 1999.12 정부 보유지분 · 신주 38.8% 국내증시 공모 · 상장
한국전력	• 1999. 3 정부 보유지분 5% 해외DR 발행 • 2000. 6 안양 · 부천 열병합발전소를 LG-Caltex에 지역난방공사의 설비와 일괄매각

주 : 2002년 3월 기준, EB - 교환사채로 영문 exchangeable bond의 약어, DR - 주식예탁증서로 영어 depository receipt의 약어, BW - 신주인수권부 사채로 영어 bond with warrants의 약어.

자료 : 기획예산처, 공기업민영화의 성과(보도자료), 2002. 3. 29.

아울러 외국인 투자자를 공기업 매각과정에 포함시키는 것은 경쟁을 유발시켜 매각가격을 상승시키는 효과를 갖는다. 멕시코의 사례를 보면 매각과정에 1개 기업이 추가로 참여할 경우 매각가격이 15~20% 정도 상승하는 효과를 보였다.

공기업은 민영화되더라도 국민경제에 미치는 영향이 크기 때문에 여전히 요금체계 등에 대한 정부의 규제가 계속될 수밖에 없다. 때문에 그간의 국제경험을 보더라도 외국인들은 규제제도의 합리성과 투명성이 높지 않은 국가에서는 공기업매각 참여에 소극적이었다. 따라서 앞으로 예정되어 있는 공기업 민영화 과정에서 국가의 대외신인도를 높이고 외자유치 성과를 높이기 위해서는 공기업 규제에 대한 일관된 원칙을 사전에 확립하고 투명성을 높이는 노력이 선행될 필요가 있다.

외자유치를 통한 사회간접자본 확충

사회간접자본 부족이 한국상품의 경쟁력을 저해하고 있다. 건설교통부에 따르면, 1999년 우리나라의 국가물류비 총액은 78조 원으로 GDP의 16.3%를 차지하는 것으로 나타났다.

이러한 수치는 일본의 9.6%(1997년), 미국의 9.9%(1999년)와 비교해 높은 수준이다. 이에 따라 국내기업의 매출액 중 물류비 비중은 12.9%로, 일본과 미국의 7~8%, 유럽의 5%선에 비해 매우 높아 경쟁력 저하의 주 요인이 되고 있다.

사회간접자본에 대한 투자는 한국경제에 여러 가지 긍정적인 영향을 미칠 것이다. 침체된 경기를 자극하는 것은 물론, 기업의 물류비 부담을 낮추게 될 것이며, 궁극적으로 기업경영환경을 개선하는 데 도움이 될 것이기 때문이다.

사회간접자본에 대한 투자의 필요성은 높은 반면, 대규모 투자를 실행하기에는 우리 정부의 재정적 기반이 취약하다. 150조 원에 달하

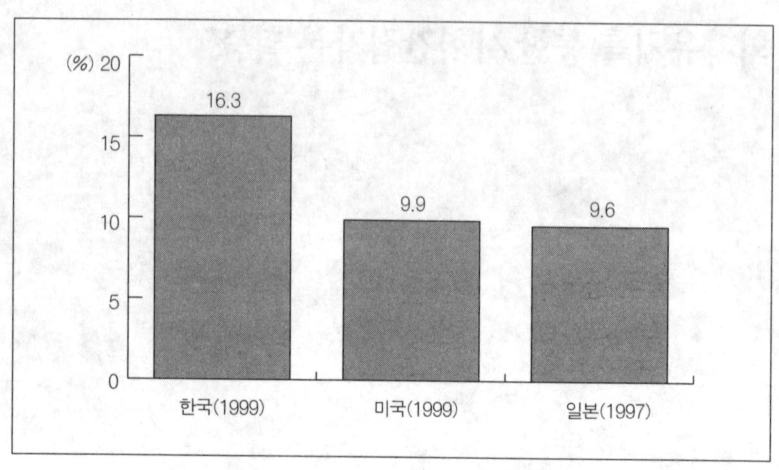

〈도표 14〉 GDP 대비 물류비 국제비교

는 공적 자금 회수가 의문시되고 있고, 이에 대한 이자 부담이 상당하며, 각종 공적 연금에 대한 정부부담 증가, 복지수요 확대 등으로 정부의 운신 폭이 상당히 제약된 탓이다.

이러한 점에서 외자유치를 통한 사회간접자본 확충은 획기적인 대안이 될 수 있다. 세계적으로도 사회간접자본에 대한 외국인 직접투자는 비교적 최근에 나타난 현상으로, 유치국 정부는 물론 외국 투자자에게도 좋은 기회를 제공하고 있다. 세계은행에 따르면 개도국은 1,383억 달러의 외국인 직접투자를 사회간접자본 분야에 유치했으며, 이는 개도국에 대한 전체 외국인 직접투자의 17%에 달하는 것이라고 한다.

공적 영역으로 여겨지던 분야에까지 외국인 투자가 이루어지게 된 데는 이유가 있다. 우선 공기업이 제공하는 서비스의 질과 가격에 대한 수요자의 불만족을 해소할 수 있고, 또한 개도국 정부의 취약한 재정사정 때문에 건설하지 못했던 사회간접자본을 확충할 수 있는 돌파구가 되고 있기 때문이다.

사회간접자본 분야에 외국인 직접투자를 유치하기 위해서는 무엇보다 정부개혁이 전제되어야 한다. 적정한 수익을 보장하고, 행정의 투명성과 예측 가능성을 높이는 것은 외국인 투자유치의 전제조건이다. 이와 동시에 투자유치국 정부의 사회적·정치적 목표도 고려되어야 한다. 국민정서나 가치관과 동떨어지게 외국 투자자의 수익성만을 보장할 경우 해당사업의 지속적인 운영 자체가 불가능해질 수도 있기 때문이다.

이를 위해서는 첫째, 정부조직의 슬림화와 개혁조치를 통해 부패,

| 턴키 방식(turn-key base contract) |

플랜트 수출이나 해외 건설공사 등에서 많이 사용되는 수주방식 중 하나다. 키(열쇠)만 돌리면 설비나 공장을 가동시킬 수 있는 상태로 인도한다는 데서 유래했으며 일괄수주계약방식이라고도 한다. 시공자가 조사·설계에서부터 기기조달, 건설, 시운전 등 전과정을 맡게 된다.

| 프로젝트 파이낸싱(project financing) |

도로·항만·공항 등 대규모자금이 소요되는 사회간접자본 확충사업에 주로 활용되는 금융기법이다. 금융기관이 개발계획의 조사와 입안(立案)의 단계부터 참여해 프로젝트의 수익성이나 업체의 사업수행능력 등을 포함한 광범위한 분야에 걸쳐 심사를 한다. 프로젝트 자체를 담보로 금융기관이 장기간 대출을 해주는 것이기 때문이다.

관료주의, 그리고 불필요한 규제를 일소해야 한다. 또한 공공부문 개혁과 자유화를 실질적으로 담보할 수 있는 제도적·법적 장치를 만드는 것도 중요하다. 사회간접자본에 대한 투자는 대규모 자본을 필요로 하기 때문에 해외 투자자의 신뢰 확보가 절대적이며, 투자에 따른 불확실성과 위험을 최소화해야 한다.

둘째, 외자유치를 통한 공공 프로젝트 수행이 성공하기 위해서는 정부 내 관련부처 간 협력과 조율이 필수다. 실패한 외자유치 프로젝트를 보면 중앙정부와 지방정부 또는 정부 내 관련부처 간 이견으로 좌초된 경우가 많기 때문이다.

셋째, 정부부문에 프로젝트 파이낸싱 등 금융 분야의 전문가가 필요하다. 턴키(turn-key) 방식에 익숙한 현재의 공무원들로는 공공부문에 외국인 투자를 유치하기 위해 필수적인 프로젝트 파이낸싱 방식을 도입하기가 어렵기 때문이다. 공공부문 외자유치는 건축, 공학 분야의 전문가보다 오히려 프로젝트 파이낸싱과 관련된 법률, 금융 분야 전문가를 더 필요로 한다. 외자유치를 자금확보를 위한 정부입찰방식의 변형으로 이해해서는 성공적인 사업수행이 어렵다.

공공부문에 대한 외자유치를 성공시키기 위해서는 새로운 접근이 필요하다. 정부의 규제완화 노력과 공기업민영화가 성공의 전제조건임은 여러 나라의 경험에서도 확인되고 있다. 또한 해박한 금융전문가가 정부부문에서 동반자로 일할 때 성공 가능성이 더욱 높아지는 것도 주목해야 할 사실이다.

지방정부와 외국인 투자

경상남도가 경남태양유전에 이어 「던힐」 브랜드로 유명한 세계적 담배회사인 영국의 BAT코리아를 유치함으로써 외자유치에 가장 성공적인 지방자치단체라는 평가를 받고 있다.

이 같은 성과는 행정의 제1목표를 국내외 기업유치로 잡고, 관료주의에서 탈피해 시장경제 원리를 적극적으로 도입하는 데 앞장선 민선 자치단체장의 역할이 컸다.

특히 경남태양유전은 지방자치단체의 신속하고 정확한 행정 서비스가 대규모 외자유치를 성사시켰다는 점에서 모범사례로 꼽히고 있다. 2000년 4월 일본의 태양유전이 새로운 투자지역을 찾고 있다는 정보를 입수하고 조세감면과 공장부지 무상임대 등의 혜택을 주겠다고 제시, 멕시코에 공장을 지으려던 태양유전의 계획을 경상남도로 바꾸었다. 경상남도는 태양유전이 사업계획서를 제출하자 신속한 지원에 나서 불과 49일 만에 공장설립에 들어가도록 했다.

1. 지방정부의 재정자립도를 높여 운신의 폭을 넓혀줘라.
2. 지방정부에게 더 넓은 행정적 자율권과 재량권을 줘라.
3. 결국은 사람이 문제다. 지방정부로 우수인력이 가도록 만들어라.

이러한 성공사례에도 불구하고 외국과 비교해볼 때 외자유치에 있어서 우리나라 지방자치단체의 역할은 아직도 미진한 점이 많다. 대표적 유인책인 조세감면의 경우 중앙정부가 세부적인 사항까지 모두 통제하고 있어 지방정부의 역할이 거의 없다. 그러나 대부분의 OECD 국가들은 지방정부가 외자유치의 중심이 되어 입지·자금 등의 측면에서 유인을 제공하고 있다. 이러한 점에서 지방정부의 보다 적극적인 외자유치 활동을 기대하기 위해서는 많은 제도적 보완이 이루어져야 한다.

첫째, 지방정부의 재정자립도를 높여야 한다. 지방자치단체의 재정자립도는 2001년에 평균 57.6%로, 특히 특별시와 광역시를 제외할 경우 도와 군은 각각 35.2%, 21.0%에 불과하다. 세수증대를 위한 세목 증설조차 여의치 않아 지방정부의 재정상황은 좀처럼 나아지지 못하고 있다. 이처럼 취약한 재정적 기반 때문에 대부분의 지방자치단체가 공장부지 제공과 같은 획일적인 유인책을 제시하는 데 그치고 있다. 하지만 외국인 투자업체들은 외국인 투자전용공단에 입주하는 것보다는 개별적인 입지를 선호하는 경향이 있기 때문에 많은 공장부지가 제대로 활용되지 못하고 있다. 도로·용수·전력 등 외국인 투자기업들이 정작 원하는 지원을 해주려면 지방정부의 재정자립이 필요하다.

둘째, 지방정부의 행정적 자율권과 재량권을 더욱 확충할 필요가 있다. 외국인 투자 인센티브 제공과 관련, 공무원 비리나 부패방지를 위해 세세한 부분까지 법으로 규제하고 있기 때문에 모든 외국인 투자자에게 투자규모나 특성에 관계없이 일률적으로 적용되는 문제점을 안고 있다. 이는 많은 국가들이 투자 건마다 비용편익 분석을 하여 탄력적이고 유연하게 유인책을 제시하는 것과는 많은 차이가 있다. 조세감면, 임대료 감면, 기타 법령상의 각종 특혜는 투자규모나 고용창출효과, 지역에 대한 기여 등을 감안해 해당 지방자치단체가 자율적으로 결정할 수 있는 여지를 줄 필요가 있다. 이와 아울러 외자유치에 성공한 지방공무원에게는 특별장려금을 지급하는 것도 도입해봄 직하다. 중국 상해(上海)가 매력적인 투자도시로 부상하게 된 데는 여러 가지 요인이 있지만, 그 중 하나는 지방공무원에게 특별장려금을 지급해 외자유치에 적극적으로 나서도록 한 것이었기 때문이다.

셋째, 외국인 투자관련 실무인력의 심각한 부족도 지적할 수 있다. 최근 들어 사정이 다소 나아지기는 했지만, 외국어에 능통하고 외국인 투자와 관련된 법률·관세·금융·조세·노사 등에 정통한 인력이 아직도 지방자치단체에는 부족하다. 많은 지방자치 단체장들은 외자유치의 필요성에는 공감하지만, 실무적으로 이를 뒷받침할 만한 인력이 일반공무원 중에는 부족하다는 고충을 털어놓곤 한다. 유능한 인력을 확보하기 위해서는 공무원 보수규정을 개정해 파격적인 보상이 가능하도록 해야 하며, 중국처럼 외자유치에 따른 인센티브제를 시행해봄직 하다.

수도권에 집중된 경제력을 분산하고, 낙후된 지방경제의 발전을 위

모토로라 유치에 성공한 파주시

1994년 10월, 파주시는 서울 성동구 광장동에 위치한 세계적인 정보통신회사 모토로라가 시설확충을 위해 중국·말레이시아 등 제3국으로의 이전을 검토 중이라는 소식을 접했다. 당시 모토로라는 중국으로부터 공장부지 장기무상임대, 말레이시아로부터 공장부지 무상공여 등의 유리한 유치조건을 바탕으로 교섭 중에 있었다. 파주시는 정부에 유치의향을 건의했고, 정부는 1994년 말경 파주문발공단에 모토로라를 유치하는 방침을 정했다. 이후 지방정부와 중앙정부는 모토로라 유치를 위해 다양한 유인책을 제시함과 동시에 설득작업에 들어갔다. 파주시가 내세운 논리는 모토로라가 시설을 제3국으로 이전할 경우 과다한 이전비용 발생과 기존의 고급기술인력 이동 여건이 불리하다는 것.

경쟁국들이 공장부지 무상제공 등의 적극적인 유치노력을 기울이고 있는데 이대로 수수방관하다가는 유치에 실패할지도 모른다는 위기감이 감돌았다. 이에 따라 파주시는 공장용지 분양가를 파격적으로 낮추고, 전력·통신·가스·상하수도 등 인프라 설치를 지원키로 하는 한편, 취득세·등록세 등의 지방세 감면, 인허가 등 행정절차 대행을 약속했다. 아울러 건설교통부는 「수도권정비위원회」를 열어 대기업의 수도권 내 공장이전을 허용키로 결정했고, 국방부는 공장예정부지에 대한 건물고도제한을 완화했으며, 경기도는 지역개발기금 70억 원을 융자해주기로 했다. 이러한 노력이 결실을 맺어 모토로라가 파주 이전을 결정하자 파주시는 「원스톱 서비스 행정지원반」을 가동해 환경영향평가, 인허가 등을 직접 대행했다. 이로써 1996년 초 착수된 공장신축 공사는 모토로라가 전세계에 설립한 공장 중 최단기간인 1년 2개월 만에 준공의 결실을 맺었다.

해서도 지방정부의 적극적인 외자유치 노력이 요청된다. 이를 위해서
는 재정확충과 같이 단기간에 해결하기 어려운 문제는 차지하고라도,
각 지방정부가 형편에 따라 다양한 유인방안을 제공할 수 있도록 더
많은 재량권을 줄 필요가 있다. 그리고 외자유치를 담당하는 지방정
부 공무원의 자질을 높이고, 동기를 유발하기 위한 과감한 인센티브
제도를 도입해야 하지 않을까.

표준의 세계화가 필요하다

표준이란 이해관계자 사이에서 편익이 공정하게 향유될 수 있도록 통일화·단순화를 도모할 목적으로 정해진 규범을 의미한다. 구체적으로는 제품의 모양, 규격, 품질, 생산방법, 측정방법, 안전조건 등 광범위한 부분에 대한 통일된 규칙을 설정함으로써 품질개선, 생산능률 향상 및 거래의 공정화를 통해 기업의 경쟁력 향상과 소비자보호를 위해 활용되고 있다.

국제적으로도 상품 및 용역의 국가 간 교환을 촉진하고 지적·학문적·기술적·경제적 활동 분야에서의 협력증진을 위한 노력이 이루어지고 있다. 국제표준화기구(ISO)가 바로 이러한 역할을 수행하고 있다. 1946년 설립된 이 국제기구는 지적 활동이나 과학·기술·경제 분야에서 국가 간 상호협력을 증진하는 역할을 하고 있다.

그러나 우리의 경우에는 원활한 국제거래를 활성화해야 할 표준 또는 규격제도가 오히려 외국인들로부터 많은 비판을 받고 있다. 이는 무엇보다 독립적이고 강한 표준제도를 국가의 주권과 동일시하는 폐쇄적인 의식 때문이다. 구체적인 예로서 자동차 타이어의 경우, DOT(Department of Transportation : 미국 운수성 규정 마크)와 같이 세계적인 규격을 획득한 유명 타이어일지라도 한국에 수입되기 위해서는 별도의 국내 규격검사를 반드시 통과해야만 한다. 이는 마치 축구 선진국의 지단, 베컴 등의 유명선수를 국내에 영입하면서 별도의 테스트를 거쳐야 한다는 논리와 같다. 국제적으로 통용되는 ISO 등의 규격과 인증을 획득한 제품에 대해서도 국내표준을 구태여 적용할 필요성이 있는지 의문이 생긴다.

국내 타이어 업계는 『국산제품을 외국에 수출하려면 해외유명규격을 획득해야 하니 외국산을 수입할 때도 국내규격검사를 통과해야 한다』는 주장을 펴고 있다. 한 마디로 형평성을 맞춰야 한다는 얘기다. 그러나 문제는 이러한 주장이 국제사회에서 받아들여지지 않고 있다는 점이다. 한국 축구선수들이 월드컵 무대에서 높은 기량을 선보인 후, 과거와는 달리 좋은 조건으로 해외 명문구단에 진출하는 선수들이 하나둘 나오고 있다. 한국산 타이어의 품질이 그 누구도 이의를 제기하지 않을 정도로 인정받게 될 때 국내검사만으로도 세계에 수출되는 데 아무런 문제가 없게 되는 것이 아닐까? 규격검사 강화와 같은 비관세장벽을 통해 국내시장을 보호하려는 노력은 국내업계에 일시적으로 이익이 될지 모르지만, 결국 우리 타이어의 경쟁력 개선에는 별 도움이 되지 않을 것이다.

우리의 표준제도가 기술변화를 반영하는 데 지체현상을 보이는 것도 문제다. 신제품이 빠른 속도로 출시되는 식품 및 식기소독제의 경우 식품관련법의 규정이 미비해 이에 대한 어처구니없는 결과를 낳고 있다. 먹어도 인체에 해롭지 않은 식품 및 식기소독제가 선진국에서는 널리 유통되고 있는 것이 오늘의 현실이다. 그럼에도 불구하고 우리 법에서는 규정조차 되어 있지 않아, 소독제 사용 후 반드시 물로 세척하도록 하고 있어 불필요한 규제가 되고 있다. 이는 마치 공중화장실에서 비누로 깨끗이 손을 씻은 후 여러 사람이 사용하는 불결한 공용수건으로 닦아 다시 손을 더럽히는 행위와 다를 바 없다.

또한 표준을 개정하더라도 이것이 일선기관에서 일관성 있게 적용되고 있는가도 의문시되고 있다. 색소를 수입하는 한 업체의 경우 식품관련법상에 해당 색소가 등록되어 있지 않아 통관이 불가능했다. 그러던 중 법이 개정되어 해당 색소의 수입이 가능해지자 세관 적치장에 있던 제품을 통관하려 했으나, 해당 세관에서는 신규수입품만 통관이 가능하다는 황당한 주장을 했다고 한다. 이뿐 아니다. 지역별·담당자별·수입 주체별로 통관시 관련규정의 적용이 상이하다는 불만도 많이 나오고 있다. 표준을 합리적으로 만드는 노력과 함께 법규 적용의 통일성을 높일 필요가 있음을 말해주는 것이다.

표준은 최고만을 지향하기보다는 경제발전단계, 사회의 성숙도 등을 고려해 적합한 수준을 정할 필요가 있다. 그러나 우리의 표준은 환경·식품·위생 등 여러 면에서 세계에서 가장 엄격한 미국의 것을 벤치마킹하는 경우가 많아 과도하게 높은 경향이 있다. 이 때문에 유럽 등의 국가에서 널리 유통되는 제품도 경우에 따라서는 우리의 표준에 부적합한 경우도 발생하고 있다. 대표적인 예가 디젤 승용차다. 한국의 배기 가스 기준이 너무 높아 유럽에 수출되는 국산 디젤 승용차조차 한국에서는 판매되지 못하고 있다. 미국 등 특정 국가의 기준에 편향되어 있는 우리나라 표준제도의 보편성을 높이기 위해서는 OECD와 같은 선진국들의 공통분모에 수렴시키는 다자적인 해결방안을 모색할 필요가 있다.

|고충처리 서비스|

고충처리 서비스의 역할 중 하나는 수출활동을 하는 데 문제에 봉착한 외국인 투자자를 지원하는 것이다.

이러한 맥락에서 새로운 시도가 이루어지고 있는데, 그것은 다름 아닌 투자옴부즈만의 임명이다.

예를 들면 한국이 이러한 시도를 하고 있는데, 1999년 대한무역투자진흥공사 내에 「외국인투자옴부즈만사무소」를 설치했다.

이 사무소가 설립 이후 지금까지 처리한 고충 중 상당수는 직접적으로 수출과 연관되어 있다. 옴부즈만사무소에 고충이 접수되면, 신속하게 상황을 파악한 후 관련 정부부처와의 접촉을 통해 문제해결에 나서게 된다.

옴부즈만사무소는 관련부처에 협조요청을 할 수 있고, 이 요청을 받은 정부부처는 7일 이내에 검토결과를 회신해야 할 법적 의무가 있다. 재미있는 것은 옴부즈만사무소 내에는 「투자홈닥터」 프로그램이 있다는 점이다.

한국에 투자한 외국인 업체들은 각각의 홈닥터들에게 배정되며, 그들이 직면한 어떠한 고충이라도 담당 홈닥터에게 해결해줄 것을 요청할 수 있다. 예를 들면 제품의 95%를 해외로 수출하는 한 외국인 업체가 보세공장관련 고충을 제기했고, 이에 대해 옴부즈만사무소는 내국 보세공장과 수출 보세공장의 구분을 철폐하기 위한 활동에 들어가 이를 관철시켰다.

이로써 한국 보세공장의 경쟁력이 제고되고, 전체 수출에도 긍정적인 영향을 미친 것으로 보인다.

(UNCTAD 발간, 「세계투자보고서 2002」 중에서)

법정계량단위 의무화와 통상마찰

정부가 2001년 7월부터 모든 상거래에서 법정계량단위 사용을 의무화함에 따라 경제계와 정부 간에 이를 둘러싼 논란이 가열된 바 있다. 정부는 「법정계량단위의 사용협조」라는 지침을 통해 상거래에서 비법정계량단위의 사용금지와 위반행위자에 대한 처벌방침을 이미 밝혔다.

2001년 1월에 개정된 「계량에관한법률」에 따르면 평, 인치, 자, 근, 화씨 등 비법정계량단위의 사용을 금지하며, cm, m, km, g, 섭씨 등 법정계량단위만이 허용된다. 비법정계량단위가 표시된 계량기를 수입해 국내에 판매하고 있는 외국인 투자기업들은 큰 타격이 예상된다며 정부의 조치에 대해 불만을 토로하고 있다.

이러한 불만에도 불구하고, 정부는 강경한 입장을 고수하고 있다. 정부는 국민의 혼동을 막고 상거래질서를 확립하기 위해서는 상거래와 광고에서 비법정계량단위의 사용금지가 불가피한 조치라고 설명하고 있다. 덧붙여 법정계량단위의 사용은 미국을 제외한 국제적인 추세이기 때문에 이를 가능한 한 조기에 정착시키겠다는 것이 정부의 방침이다.

사실 법정계량단위의 사용제도는 한국뿐만 아니라 거의 모든 나라에서 채택되고 있다. 예를 들어 일본은 법적으로 비법정계량단위의 사용을 금지했으며, 중국도 국제표준단위를 채택하고 있다. 또한 미국도 연방법에서 법정계량단위의 사용을 규정하고 있으나, 각 주에서 시행 여부를 자율적으로 결정하고 있다.

이러한 당위성에도 불구하고 경제계에서는 불만이 터져나오고 있다. 화씨온도계를 수입하는 한 외국인 투자기업은 표시단위를 섭씨로 바꾸려면 본국의 생산 라인을 바꿔야 하는 애로를 호소한 바 있다. 많은 기업인들도 세계적으로 법정계량단위의 사용이 대세이기는 하지만 각국 정부가 이를 권장하는 차원이지 전면적으로 금지하지는 않는다는 점을 지적하고 있다.

실제로 CNN 등 국제방송을 보더라도 파운드, 화씨, 마일 등의 단위가 많이 사용되는 것을 볼 수 있다(우리나라도 가옥 또는 아파트의 면적을 거의 평으로 표시한다).

또한 많은 국가들은 법정계량단위와 비법정계량단위를 계량기에 함께 표시하는 이중계량체계를 채용하고 있다. 실제로 우리나라에서 계량기를 해외로 수출하는 기업들을 보면 법정계량단위와 비법정계량단위를 동시에 표시한 제품을 주로 생산하는 것을 확인할 수 있다.

이처럼 수출품에 대해서는 이중표시제를 허용하면서 수입품에 대해서는 비법정계량단위를 사용한 계량기의 수입을 금지하는 것은 자칫 통상마찰의 빌미가 될 수 있어 우려하지 않을 수 없다. 외국인의 입장에서 볼 때 한국은 비법정계량단위를 사용한 제품을 수출하면서도 수입에 대해서는 엄격히 금지하는 것이 무역장벽으로 비칠 수 있기 때문이다. 최근 들어 가뜩이나 빈발하는 통상마찰을 회피하고 외국인 투자를 더 활성화하기 위해서는 이중표시제와 같은 국제관행을 도입하고 시장을 좀더 전향적으로 개방하는 노력이 필요하다.

또한 법정계량단위의 정착과 원활한 사용을 위해서는 불가피하게 과도적인 조치가 필요하다. 비법정계량단위를 법정계량단위와 당분간 병용할 수 있도록 허용하는 이중표시제는 대안으로서 검토해봄직하다. 정부의 입장과 의지를 충분히 이해한다고 하더라도, 법정계량단위 조기정착을 위해서는 강제적인 수단을 동원하기보다는 자발적인 참여와 협조를 유도하는 방식이 더 낫지 않을까.

좌절된 풍력발전소

2001년 여름 필자는 유럽 출장을 다녀오면서 현지 독일인에게서 어처구니없는 이야기를 들었다. 독일 굴지의 풍력발전회사에서 강원도 지역에 풍력발전소 건립에 대한 타당성 조사를 벌인 결과, 풍속이나 풍향 등이 풍력발전에 적지라는 결론을 내렸다. 하지만 한국정부에서는 풍력발전소 건립이 숲을 파괴해 환경문제를 악화시킨다는 이유로 부정적인 반응을 보였다고 한다.

환경친화적인 풍력발전이 환경파괴 때문에 도입되지 못하고 있는 것은 아이러니가 아닐 수 없다.

청정 에너지 생산에 따른 대기오염 방지는 완전히 무시하고, 풍력발전소 건설을 위해 숲이 부분적으로 사라지는 것에만 신경을 쓰는 것은 너무 근시안적인 발상이다.

필자는 다음과 같은 점에서 이러한 결정이 부당하다고 생각한다. 첫째, 외자유치는 선진기술의 유입을 통해 한국의 낙후된 에너지 분야를 발전시킬 수 있는 기회다. 세계적인 추세를 볼 때 원자력과 화력 발전에서 탈피해 활발한 대체 에너지 개발 노력이 가시화되고 있다. 각국은 몇십 년 후면 고갈될 화석연료를 대체하기 위해 태양열·지열·풍력·조력 등 새로운 에너지원 개발에 몰두하고 있다. 이 가운데 풍력발전은 선진국에서 이미 상업성을 인정받을 정도로 기술발전이 이루어져 있기 때문에 외자유치를 통한 관련기술 파급효과가 기대된다.

둘째, 안정적인 경제성장을 위해서도 대체 에너지 개발이 시급하다. 2000년에 한국의 에너지 해외의존도는 97.3%, 에너지 수입액은 376억 달러에 달했다. 석유, 천연 가스 등을 중동에서 수입하는 구조가 바뀌지 않는 한, 중동에서 전쟁이라도 벌어져 유가가 폭등하면 한국경제는 홍역을 앓을 수밖에 없다. 이처럼 불안정한 상태에서 벗어날 수 있는 길은 적극적인 대체 에너지 개발을 통해 에너지원을 다각화하는 수밖에 없다. 이를 통해 경제의 안정성이 높아지고, 게다가 에너지 수입에 소요되는 막대한 외환도 절약할 수 있다.

셋째, 풍력발전을 통해 전기요금을 낮춤으로써 경쟁력을 높일 수 있다. 한국의 2000년도 kW당 전력요금은 0.052달러로 미국의 0.041달러에 비해 높다. 전문가에 따르면 풍력발전 비용은 대략 kW당 3~4센트로 화력발전의 5센트, 원자력발전의 6센트와 비교해서도 경제성이 충분하며, 향후 기술발전에 따라서는 추가적인 비용절감이 가능하다고 한다. 여기에 풍력발전은 공해를 발생시키지 않는 매력까지 두루 갖추고 있다.

현재 선진국은 화석 에너지의 대체수단으로 풍력개발에 몰두하고 있다. 특히 핵발전 포기를 선언한 바 있는 독일은 풍력발전으로 6,560 메가와트의 전력을 생산하고 있어, 이 분야에서 가장 앞서 있다. 대규

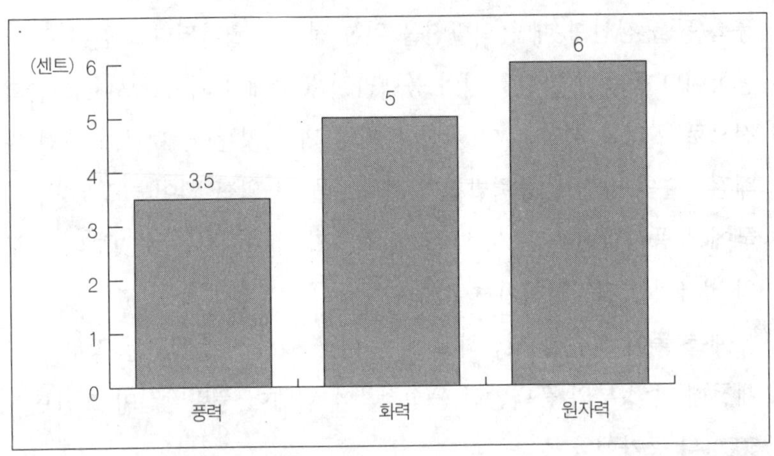

모 핵발전소가 1,000메가와트를 생산한다고 하니 그 규모를 짐작할 수 있다.

다음으로 미국과 스페인이 2,600메가와트, 2,582메가와트의 전력을 각각 생산하고 있다. 각국이 풍력발전에 주목하는 이유는 자명하다. 국제에너지기구가 1998년에 경고했듯이, 석유는 2040년경 고갈될 것이며, 화석연료 사용에 따른 대기오염도 대체 에너지원 개발을 촉진하고 있다.

또한 풍력발전의 가능성을 현실화한 기술발전도 풍력발전의 확대에 한몫을 하고 있다.

이러한 세계적인 추세와는 동떨어지게, 한국의 풍력발전은 제주도·포항·울릉도 등에서 8메가와트에 머물고 있다. 이는 한 해 전력소비량의 0.1%에도 못 미치는 미미한 수준이다.

높은 해외 에너지 의존도, 풍력발전을 위한 탁월한 입지조건 등을 감안할 때 한국의 풍력발전에 대한 무관심은 이해하기 어렵다는 것이 해외전문가의 견해다.

전문가에 따르면 서해안, 강원도 산간지방, 제주도 등은 풍향이나 풍속 등을 감안할 때 풍력발전을 위한 적지로 평가된다고 한다. 그간 풍향이나 풍속이 일정치 않아 풍력발전에 장애가 되어왔으나, 기술발전으로 이러한 제약은 더 이상 문제가 되지 않는다. 덧붙여 축전 및 배전기술의 발전도 풍력발전의 가능성을 더 활짝 열어놓고 있다. 한국에서 풍력발전을 획기적으로 발전시키기 위해서는 무엇보다 정부의 적극적인 지원정책이 중요하다.

예를 들어 석유를 생산하고 있는 미국 텍사스 주에서는 정부의 규제철폐, 주정부의 풍력발전 육성정책에 힘입어 풍력발전이 2001년에 500%나 증가했다.

한국은 높은 해외 에너지 의존도 때문에 국제유가에 따라 경제가 커다란 영향을 받고, 국가안보마저 위협을 당하고 있다. 또한 교토협약과 같은 국제환경규제도 현재 세계9위의 온실 가스 배출국인 한국의 제조업 발전에 제약요인이 되고 있다.

이러한 점에서 한국은 대체 에너지 개발에 관심을 기울일 필요가 있다. 풍력발전 분야에서의 외국인 직접투자 유치는 선진국과의 기술격차를 줄여, 궁극적으로 에너지 독립국이 되기 위한 첫걸음이다. 강원도 지역에서 풍력발전 분야의 외자유치가 성공적으로 추진되길 기대해본다.

외국인 직접투자와 환경문제

기반산업의 붕괴, 국부유출, 주권침해 등 여러 가지 이유를 들어 외국인 직접투자의 부정적 측면을 강조하는 경우를 자주 본다. 외국인 투자가 공해문제를 악화시킬 가능성이 있다는 주장도 이들과 같은 맥락으로 볼 수 있다.

즉 외국 투자자들은 환경기준이 낙후된 국가에 선별 투자하거나 투자의 전제조건으로 환경기준을 낮추도록 요구한다는 것이다. 또한 자국에서는 운영이 곤란한 공해산업을 후진국으로 이전하는 통로로서 외국인 투자를 활용하기도 한다는 주장이다.

그러나 이러한 주장은 기업이 투자입지를 결정할 때 고려하는 요인들을 살펴보면 그 근거가 미약하다. 외국인 투자자들은 투자대상지역을 결정할 때 대상국의 경제적 안정성, 시장규모, 성장 잠재력, 사회간접자본, 노동력의 질 등을 주로 검토한다. 즉 환경기준은 입지선정에 중요 요인은 아니라는 것이다.

사례연구를 살펴보더라도 외국인 직접투자가 혐오산업을 개도국으로 수출하는 경향이 있다는 주장은 뒷받침되지 않고 있다.

최근 독일의 한 연구에 따르면 아시아에서 외국인 직접투자는 환경 측면에서 긍정적인 역할을 하고 있음을 밝히고 있다. 예를 들면 중국에 투자한 독일의 한 가전업체는 비정부 환경단체인 그린피스(Greenpeace)의 압력을 수용해 냉장고용 냉매로 사용되는 프레온 가스를 환경친화적인 신물질로 대체했다. 외국인 투자기업인 인도의 한 철도시스템 업체는 인도 국내업체에게 환경친화적인 새로운 철도기술을 이전하기도 했다.

많은 연구에서 공통적으로 지적하는 사실은 외국인 직접투자가 환경 면에서 긍정적인 효과가 있다는 것이다. 즉 후진국에 환경친화적인 신기술 도입의 계기가 되고, 자원활용도를 높여 오염물질 발생량을 직접적으로 줄이고 있다. 또한 경영 측면에서도 외국인 투자는 선진경영기법 도입을 통해 생산성과 효율성을 높여 간접적으로 공해문제 해결에 기여하고 있다.

이와 함께 외국인 투자가 갖는 파급효과도 투자 유치국의 환경개선에 기여하고 있다. 외국인 투자업체는 환경친화적인 기술과 경영기법을 국내기업에 전파하는 역할을 한다. 아울러 거래관계에 있는 국내업체들에 대한 기술적 지원을 통해 더 환경친화적인 방식으로 생산하도록 유도하기도 한다.

특히 폐기물 처리사업 등의 분야에서는 높은 기술력과 막강한 자본을 바탕으로 질적 발전을 선도하기도 한다.

우리나라의 사례를 보더라도 세계적으로 인정받고 있는 프랑스 굴지의 산업폐기물 처리업체인 로디아가 진출해 시화호 지역의 청정화에 크게 기여하고 있다. 로디아는 우수한 기술과 효율적인 시스템으로 산업폐기물을 신속히 처리함으로써 시화호의 수질개선에 기여함은 물론, 악취도 크게 줄여 인근주민들의 생활환경 개선에도 앞장서고 있다.

이 회사는 투자결정시 공장 부지의 용도변경 문제로 투자포기까지 고려했으나, 1년여에 걸친 외국인투자옴부즈만사무소의 노력에 힘입어 제도적 애로를 모두 해결하고 현재는 증액투자를 추진하고 있다.

우리나라의 환경기준은 이미 선진국 수준에 도달해 있다. 심지어 자동차 배기 가스 규제의 경우에는 유럽보다 엄격한 환경기준을 시행하고 있기도 하다. 아울러 외국인 투자업체는 기본적으로 투자대상국의 현지법과 관행을 철저히 준수하면서 영업하는 것을 원칙으로 삼고 있는 경우가 많다.

외국인 투자업체가 환경처리비용을 절감하기 위해 한국에 진출하는 경우는 거의 없을 것이라는 것이 필자의 생각이다. 우리 경제의 발전수준이 그러한 산업을 용인하는 단계는 이미 지났기 때문이다. 더욱이 21세기에는 환경문제가 기업의 경쟁력을 결정짓는 핵심 요인으로 부각될 전망이다. 환경관련 외국인 투자를 더욱 적극적으로 유치해 선진기술과 경영기법을 도입하는 계기로 삼아야겠다.

투자유치의 장애물, 수도권 공장총량제

1994년부터 시행 중인 「수도권 공장 총량제」(이하 총량제)는 수도권 인구 집중을 억제하기 위해 정부가 서울·인천·경기 등 3개 시·도에 매년 신축할 수 있는 공장 면적의 상한선을 정하는 제도다.

총량제는 수요에 비해 턱없이 부족한 허가면적으로 민간의 경제활동을 위축시키고 국가경쟁력을 떨어뜨려 기업인들의 불평을 사고 있다. 실제로 2000년 말 현재 1,741건에 198만 4,000m²의 공장건축 허가가 유보되는 등 투자애로가 심화되고 있다.

총량제로 인한 보다 심각한 문제는 외국인 투자유치에 있다. 첨단제품을 생산하고 있는 외국인 투자업체 P사는 수도권 과밀억제지역에 공장증설을 통해 대규모 투자를 추진했으나, 총량제로 인해 투자를 보류했다. 관련법에 따르면 과밀억제지역에 대해서는 첨단업종에 대한 외국인 투자라도 공장신설이 허용되고 있지 않기 때문이었다.

경기도에 소재하고 있는 또 다른 외국인 업체 A사는 현재의 공장부지가 도시계획변경으로 인해 도로로 편입됨에 따라 인근지역에 공장이전을 추진했다. 지방으로의 공장이전은 근로자의 주거문제, 협력업체와의 관계, 지방이전시 부담해야 할 물류비 등을 감안할 때 현실적으로 곤란했기 때문이다. 이 회사는 토지를 매입해 이전을 추진했지만 총량제로 건축허가가 나오지 않아 한때 공장폐쇄까지도 고려해야했다.

이러한 사례에서 보듯이 총량제는 외국인 투자유치와 관련해 많은 문제점을 안고 있다. 첫째, 총량제와 같은 무차별적인 규제방식이 과연 바람직하냐는 점이다. 연간 공장허가 가능면적을 설정하고 이 범위에서 운용하는 방식은 지나치게 경직적이어서 대규모 투자유치를 저해하거나, 뜻하지 않은 부작용을 일으키기 쉽다.

또한 음식점 · 숙박업소 등 인구유입을 초래할 수 있는 서비스 부문에 대해서는 규제하지 않으면서 유독 제조업에 대해서만 규제하는 것도 형평성이 맞지 않는다.

둘째, 외국인 투자 중 많은 비중을 차지하고 있는 첨단산업의 경우에는 공장건설로 인해 인구집중이 유발된다고 보기 어렵다는 점이다. 자동화된 첨단설비가 주를 이루는 현대식 공장은 과거의 노동집약적인 제조업과는 다르게 소수의 자동제어장치 운용 인력만으로 가동되는 현실을 직시해야 한다.

따라서 필자가 보기에는 수도권 인구집중의 주된 원인이 공장건설 때문이라는 사실도 검증의 여지가 많은 불분명한 주장에 불과하다. 실제로 1990년대 중반 이후 경기도의 제조업 고용은 거의 정체상태였지만 인구는 급속히 증가하는 양상을 보인 점도 이를 뒷받침한다.

셋째, 총량제 시행으로 국토의 균형발전이 이루어질 것이라는 기대와는 달리 오히려 외국인 투자가 위축되는 악영향이 나타나는 점이다. 많은 외국인 투자자들은 수도권에 공장설립이 어려울 경우 다른 지역에 투자하기보다는 차라리 투자를 포기하겠다는 의사를 표시하고 있다.

특히 첨단산업의 경우 수도권에 우수한 인력과 관련시설이 집중되어 있기 때문에 높은 물류비용을 부담하면서 지방에 투자할 필요성을 느끼지 못하고 있다. 즉 총량제로 말미암아 국토의 균형발전은 고사하고 투자위축에 따른 하향평준화마저 우려되는 형편이다.

외국인 투자자들은 투자입지로서 수도권을 매우 선호하는 경향을 보이고 있다. 이와 같은 현실을 무시하고 총량제와 같이 획일적이고 비탄력적인 규제를 지속하는 것은 소중한 외국인 투자를 다른 나라로 보내고 경제를 망치는 교각살우(矯角殺牛)의 우를 범하는 것과 마찬가지다. 말로만 외국인 투자유치를 부르짖을 것이 아니라 외국인이 투자하고 싶은 지역에 투자할 수 있도록 보장해주는 실질적인 노력이 필요한 때다.

재량권남용이 불신을 키운다

원활한 제도운영을 위해 행정기관의 재량권은 필수다. 진부한 법과 제도로는 복잡다기하고 변화무쌍한 현실을 적절히 반영하는 것이 불가능에 가깝고 탄력적인 대응을 곤란하게 만들기 때문이다. 또한 세부적인 사항을 경직적으로 규제할 경우 발전의 장애물이 될 수도 있다.

구체적인 사례를 보면 다음과 같다. 초박막액정표시장치(TFT-LCD)와 같은 첨단부품의 경우, 법규 미비로 품목 분류가 잘못됨으로써 수입시 무관세 혜택을 받지 못해 수출품의 경쟁력을 저하시킨 경우도 있었다. 또한 섭씨 및 화씨 겸용온도계의 경우, 간단한 스위치 조작만으로 작동 모드를 전환할 수 있음에도 불구하고 법규상 화씨온도계의 사용이 금지되어 유통되지 못하고 있다.

그렇다고 행정기관에 과도한 재량권을 주는 것도 만사는 아니다. 외국인 투자업체가 한국에서 영업을 하면서 공통적으로 지적하는 불만 중 하나는 법규가 명확하지 않은데다, 행정기관의 재량권 남용이 심하다는 것이다. 실제로 우리나라의 각종 법령에는 「적절한」 또는 「적당한」과 같은 모호한 표현이 많고, 「기타 필요한 경우」와 같이 지나치게 포괄적으로 적용될 수 있는 문구가 많이 사용되고 있어 재량권이 남용될 여지가 많다.

공무원의 재량권 행사방식에 대해 외국인이 불만이 많은 데는 이유가 있다. 우선 공무원들의 사고방식이 지나치게 경직적이라는 것이다. 여기에는 보수적인 관료사회의 분위기와 함께 관료임용이 고시제도에 의존하다 보니 진보적인 교육을 받은 인재들의 공직진출이 어려운 점이 작용하고 있다.

다음으로는 공무원들이 국내외 최근 사례에 대한 치밀한 조사와 심층적인 분석이 부족하다는 점이다. 기술의 진보, 새로운 경영기법의 출현 등으로 시장상황은 그 어느 때보다 급변하고 있으나 변화를 수용하고 대응하기 위한 공직사회의 통찰력과 노력이 만족스럽지 못한 것이다.

행정기관의 재량권이 과도하기 때문에 나타나는 폐해는 또 있다. 담당부처에 따라 상이한 법규 해석과 이에 따른 행정의 일관성 손상, 담당공무원의 사후면책을 위한 관계기관 의견 조회, 불필요한 자료제출 및 과도한 보완 요구, 소극적인 업무처리 등이 그것이다.

외국인들이 호소한 고충사례에서도 이러한 양상이 확인된다. 지방공단에 소재한 한 외국인 업체는 공장의 증개축과 관련해 담당기관별로 행정해석이 상이해 어려움을 겪었다고 호소해왔다. 신발용 접착제를 생산하는 또 다른 업체는 생산품목인 고무풀이 소방법상의 어느 품목에 해당하는가에 관해 기관마다 판정이 달라 애로를 겪고 있다.

화물자동차 형식승인과 관련해서도 고충이 있다. 한 외국인 투자업체는 법규상 형식승인이 가능하다는 규정에 의거, 새로운 화물자동차 형식승인을 얻고자 담당부처에 의견을 구했으나 도로파손의 우려가 있다는 관련부처의 우려에 부딪쳐 사업추진에 난항을 겪고 있다.

선진국에서는 정부와 관련된 법률문제에 봉착할 경우 우선 변호사의 의견을 구하는 것이 상식이다. 하지만 한국에서는 이러한 상식과 관행이 통하지 않는다. 변호사도 공무원의 재량권에 속하는 것은 알기 어렵기 때문에 담당부처의 공무원을 접촉하도록 권유하는 실정이다. 이러한 후진적 관행의 타파와 투명성, 명확성, 신뢰성과 같은 범세계적 기준의 확립은 외국인 투자유치를 위한 필요조건이다.

모호한 법규정을 더 명확히 하고 행정기관의 재량권 오용과 남용을 축소하는 노력이 절실히 요청된다.

통계로 본 2001년 외국인 투자

산업자원부에 따르면 2001년도 외국인 직접투자액은 119억 달러로 전년비 24.4% 감소한 것으로 나타났다. 이에 따라 당초 목표치인 150억 달러에도 크게 못 미쳤다.

또한 최근 UNCTAD에서는 보도자료를 통해 2001년도 전세계 외국인 직접투자가 세계경제 침체와 국제 인수합병 부진에 따라 전년에 비해 40% 급감했다는 통계를 발표했다. 세계추세와 비교해보면 2001년 한국의 외자유치 감소세가 상대적으로 그리 크지 않았다.

2001년 한국과 전세계 외국인 투자 통계를 살펴보면 몇 가지 특징이 나타난다.

첫째, 한국은 3년 연속 100억 달러 이상의 외자유치에 성공하고, 누계로 1만 1,000개 이상의 외국기업을 유치하는 데 성공했다. 이는 세계경제가 극심한 침체를 보였고, 특히 미국의 9·11 테러라는 엄청난 충격에도 불구하고 거둔 성과이기 때문에 더욱 돋보였다.

둘째, 일본경기의 장기침체 지속으로 일본으로부터의 투자가 2000
년 25억 달러에서 2001년에는 8억 달러로 급감했다. 반대로 미국으로
부터의 투자는 2000년 대비 33.1% 증가한 39억 달러를 기록했다. 한
국은 부품, 소재 수입 때문에 매년 대규모 대일무역적자를 보이고 있
다. 한일국교수립이 이루어진 1965~2000년까지 누적적자규모는
1,630억 달러에 달한다.

이 문제는 일본의 부품, 소재기업들을 한국으로 유치하면 쉽게 해
결할 수 있는 것이나, 한국의 노사분규 등으로 일본기업의 투자의욕
이 좀처럼 살아나지 않고 있다.

일본측 통계(신고기준)에 따르면, 2001년에 한국은 일본 전체 해외
투자의 1.7%인 5억 5,900만 달러를 유치한 반면, 중국은 4.6%인 14억
8,300만 달러를 유치한 것으로 나타났다. 한국은 일본과의 지리적 인
접성과 대규모 대일무역적자에도 불구하고 일본자금의 유치에는 실
패하고 있는 것이다. 일본이 경기침체로 인해 비록 해외투자가 줄어
들고는 있지만, 2001년 해외투자액은 325억 달러였던 점을 감안한다
면 투자의 물꼬를 한국 쪽으로 돌리기 위한 가시적인 노력은 여전히
필요하다.

셋째, 중국은 2001년 468억 달러의 외국인 직접투자를 유치함으로
써 개도국 중 제1의 투자처로 부상했다. 더욱이 많은 연구기관들은 중
국의 WTO 가입으로 2002년에는 외국인 투자가 더욱 힘을 받을 것으
로 분석하고 있다. 실제로 일본무역진흥회(JETRO)에 따르면, 일본 초
국적기업의 4분의 1가량이 대중국투자를 늘렸거나 늘릴 의향이며, 5
분의 1은 생산기지를 중국으로 이전할 계획이라고 한다.

중국은 외자유치에 있어서 한국의 강력한 경쟁자다. 중국과 양적으
로 경쟁하는 것은 승산이 없다. 우리나라의 외자유치 전략도 질적인

측면에 좀더 초점을 맞춰야 한다. 이러한 점에서 지식근로자 양성, 디자인 산업 육성을 통한 차별화된 이미지 구축, 고부가가치 산업으로의 개편, 다국적기업의 지역본부 유치 등이 우리가 지향해야 할 방향이다.

한편, 한국의 외국인 투자 통계작성 방식도 짚어볼 일이다. 예를 들면 외국인 투자통계가 한국에서는 신고기준으로 작성되는 반면, 국제기구에서는 도착기준으로 발표하는 것을 들 수 있다. 양자는 우리나라에서 현격한 차이를 보인다. 2001년 1~9월 중 외국인 투자는 신고기준으로는 68억 달러인 반면, 도착기준으로는 25억 달러에 그쳤다.

외국인 투자 신고는 단지 투자의향일 뿐 실제로 투자가 진행되는 것은 아니다. 투자계획은 경제전반의 상황이나 기업의 내부사정 등으로 얼마든지 바뀔 가능성이 있다. 심지어 투자신고는 이루어졌지만, 실제 투자는 몇 년 간 이루어지지 않는 경우도 많다. 따라서 도착기준으로 외국인 투자통계를 작성하는 것이 더 안정적이고 정확한 측정기준이 된다.

통계와 관련된 또 다른 문제는 외국인 투자기업을 국가별로 분류하는 데서 나온다. 해외투자자의 실질적인 국적이나 본사의 위치 등은 고려되지 않고 법인의 서류상 국적만을 기준으로 삼아 통계가 작성된다. 오늘날과 같이 세계화가 심화되고, 초국적 기업이 세계경제를 주도하고, 첨단금융기법이 빈번히 활용되는 경제환경에서 이와 같은 형식적인 분류는 무의미할 수 있다.

예를 들면 프랑스에 본사를 두고 있는 대형 할인매장 까르푸는 한국통계에서 네덜란드 기업으로 분류되고 있다. 조세 피난처를 활용하기 위해 프랑스 본사가 네덜란드에 서류상 법인을 세웠기 때문이다. 이 결과 주한 네덜란드 대사관에서는 도대체 우리가 모르는 네덜란드 기업들이 이렇게 많이 한국에 투자했느냐는 웃지 못할 이야기가 나온다.

외국인 투자를 공장설립형 투자와 인수합병(M&A) 투자로 분류하는 방식도 문제다. 한국방식에 따르면 한국 내 외국인 투자법인이 재투자 형식으로 공장이나 사업부문을 취득할 경우 이는 공장설립형 투자로 분류되게 되는데, 국제통계에서는 인수합병으로 분류된다. 이것도 한국의 외국인 투자 통계작성 방식에 익숙하지 않은 독자들에게는 오해의 소지가 매우 많다.

우리는 앞서 국제통계와 한국통계를 비교하면서 2001년도 우리 실적이 성공적이라고 자평했다. 하지만 한국통계가 작성되는 이면을 들여다보면 자신감이 떨어지게 된다. 주지하듯이 통계는 의사결정을 위한 나침반이다. 실제와 동떨어진 무의미한 통계, 경제적 상황을 반영하지 못하는 통계는 필요없다. 이러한 점에서 외국인 투자관련 통계작성방식도 재검토해야 하지 않을까.

다국적기업의 지역본부를 유치하자

다국적기업의 지역본부를 얼마나 유치했는가는 해당국의 세계화 정도를 보여주는 훌륭한 지표다. 다국적기업은 일정 지역을 관장하는 거점을 선정함에 있어 엄격한 기준을 적용하기 때문이다. 그들은 기업경영환경이 좋고 외국인이 생활하는 데 불편함이 없는 국가를 지역거점으로 활용한다.

다국적기업의 아시아 본부를 국가별로 비교해보면 홍콩이 944개, 싱가포르가 220개, 중국 상하이가 40개를 유치하고 있음에 비해 한국은 겨우 2개를 유치하는 데 그치고 있다.

홍콩과 싱가포르가 지역거점으로 인기인 것은 시장이 크기 때문이 아니다. 영어사용이 편리하고, 금융 등 기업경영에 필요한 자원을 조달하기 용이하며, 교통·물류 등 사회간접자본이 앞서 있고, 세율이 낮고 세제가 단순하기 때문이다. 또한 교육·주거·의료·여가시설 등의 측면에서도 외국인이 생활하는 데 불편함이 없는 점도 크게 작용하고 있다. 특히 정부가 투명하고 효율적인 행정 서비스를 제공하는 한편, 외국인 직접투자 유치에 적극 나서고 있다.

다국적기업의 지역본부를 유치하는 것은 대외신인도 제고, 외국인 직접투자의 증가, 기업경영환경의 개선 등 여러 가지 긍정적인 효과가 있다. 다국적기업은 기업경영능력·기술·정보·조직 등 모든 면에서 세계적으로 가장 앞서 있는 기업들이다.

한 마디로 우리가 보고 배울 점이 많은 기업들이고, 우리가 인식하지 못하는 약점을 지적할 수 있는 기업들이다. 기왕에 외국기업을 유치하려면 우리의 본보기가 될 기업들을 유치하는 것이 파급효과를 극대화할 수 있는 길이다.

외국인 직접투자에 관한 한 우리보다 한 발 앞서 있는 홍콩·싱가포르 등을 따라잡기 위해서는 특별한 노력이 있어야 한다. 첫째, OECD가 권고하는 유해한 조세경쟁을 촉발하지 않는 범위 내에서 고세율 정책을 저세율로 전환해야 한다.

한국의 최고 개인소득세율은 36%로 싱가포르 26%, 홍콩 27%에 비해 현저하게 높다. 더욱이 최고소득세율이 부과되는 기준소득도 8,000만 원부터로 싱가포르의 3억 원에 비해 매우 낮다. 심지어 한국에서 일하는 고액외국인 근로자 중 일부는 높은 세율 때문에 형식상 싱가포르에서 급여를 받는 경우도 있다고 한다.

이뿐이 아니다. 법인세율과 관세율도 경쟁국에 비해 높다. 한국의 최고 법인세율은 27%로 싱가포르의 24.5%, 홍콩의 16%에 비해 높으며, 일반공산품의 관세율도 한국은 8%임에 비해 싱가포르는 1%, 홍콩은 영세율이다.

둘째, 경쟁국에 비교한 한국 특유의 마케팅 포인트를 개발해야 한다. 중국은 넓은 시장과 높은 성장성, 그리고 낮은 임금이라는 매력을 갖고 있다. 또한 외국인, 외국기업에 대해 비교적 개방적인 사회 분위기도 작용하고 있다. 이것은 중국 상하이가 세율, 생활여건 등 객관적인 측면에서는 우리보다 나을 것이 별로 없음에도 불구하고 세계유수의 기업들이 앞다투어 진출하는 데서도 입증된다.

홍콩과 싱가포르는 앞선 금융시장과 학교, 병원, 영어, 여가 등의 생활여건이 탁월하고, 무엇보다 국민들의 의식이 개방적이다. 일례로 외국인 학교 수를 비교해보더라도 한국은 23개에 그치고 있음에 비해, 싱가포르 26개, 홍콩 51개, 중국 25개로 우리보다 많다. 자녀의 교육여건이 나쁘면 부임하기 꺼려하는 것은 외국인도 우리와 다를 바 없다. 그렇다면 한국의 매력 포인트는 무엇인가.

우리나라의 가장 큰 장점은 지경학적(地經學的) 위치다. 우리나라는 동북아의 관문으로서 서울을 중심으로 반경 1,200km 내에 7억의 인구와 5조 3,000억 달러의 소득이 집중되어 있다. 자본과 기술의 일본,

〈도표 16〉 비즈니스 환경 비교

구 분	싱가포르	홍콩	중국 상하이	한국
다국적기업 아시아본부(개)	220	944	40	2
법인세율(%)	24.5	16	30(푸둥*은 15)	15~27
개인소득세율(%)	2~26	2~27	5~45	9~36
일반공산품 관세율(%)	1	0	12	8
경제자유도 (미국 헤리티지 재단)	2	1	121(중국)	38
외국인 학교(개)	26	51	25	23

자료: 〈조선일보〉, 2002. 7. 13.

*푸둥(浦東)은 상하이(上海)의 상징이자 산업·금융의 중심으로 상하이를 동서로 가로지르는 황푸(黃浦)강의 동쪽 지역을 가리킨다. 그 동안 금융/무역구와 수출가공구 등을 중심으로 발전했으나 최근에는 소프트웨어 등 정보기술(IT) 분야가 급성장하고 있다. 2001년 3월 설립된 푸둥 소프트웨어 단지에는 모토로라, NEC 등 다국적 기업을 포함해 100여 업체가 입주를 완료했다.

광대한 시장을 가진 중국, 그리고 자원의 보고 러시아로 가는 길목에 한국이 위치하고 있는 것이다. 지경학적 측면에서 보면 싱가포르는 너무 변방에 위치해 있고, 홍콩은 중국의 일부라는 약점이 드러나게 된다.

이러한 매력을 현실화시키려면 우리 스스로 뼈를 깎는 노력이 전제되어야 한다. 전투적인 노조, 부패, 외국인 혐오증, 회계의 불투명성, 무능한 공무원, 후진적인 경영관행, 불필요한 규제 등이 남아 있는 한 지역거점 국가로 도약하기는 백년하청이다.

영어로 비즈니스를 할 수 있는 인력양성도 절실하다. 또한 지나친 자존심과 폐쇄적인 의식구조를 좀더 개방적인 것으로 바꿔 외국인과 함께 살고, 일하는 데 거부감이 없어야 한다. 이 모든 것을 단기간에 해낼 수는 없다. 지나친 조급증을 버리고 장기적 안목을 갖고 꾸준히 추진하는 자세가 필요하다.

제3부

기업경영의 세계화 사례

경쟁촉진과 외국인 직접투자 | 수출에 기여하는 외국계 대형할인점

외국인 투자, 유통산업 선진화에 필수 | 외국인 투자, 수출확대의 역군

부패와 외국인 직접투자 | 비뚤어진 접대문화

수그러들지 않는 외국자본에 대한 적대감 | 불투명성과 외국인 투자

은행의 국제경쟁력 | 제일은행의 교훈 | 인수·합병과 외국인 투자

양파 같은 한국의 규제 | 규제완화와 투자유치 | 기술발전과 정보의 역할

디자인 한국을 만들자 | 기술이 경쟁력이다

경쟁촉진과 외국인 직접투자

한국경제는 외국인 직접투자 증가로 세입증가, 고용창출, 구조조정 촉진 등 직접적인 이득을 많이 얻고 있다. 그러나 아직도 많은 국민들은 외국인 투자에 대해 비판적이다.

이러한 우려의 상당 부분은 외국인 투자로 인해 우리 기업들이 국내시장에서 쫓겨날 것이라는 「구축효과(crowding-out effect)」 때문이다. 즉 효율적이고 경쟁력 있는 외국기업들이 한국에 진출함으로써 국내기업의 도산이 증가할 것이라는 우려다.

여기에는 외국기업의 진출로 인해 국내기업이 도산할 경우, 외국기업들은 독점을 이용해 횡포를 부릴 것이라는 우려가 깔려 있다. 비록 현재 국내시장이 재벌 중심의 과점상태에 있어 시장기능이 원활히 작동하고 있지 못하더라도, 이것이 외국기업의 독점으로 대체된다면 그 폐해가 더욱 심해질 것이기 때문이다.

최근 일본경제연구센터가 일본기업을 대상으로 실시한 조사에 따르면, 응답한 기업의 37.7%가 세계화로 경쟁이 심화되어 기업경영에 부정적인 영향을 받고 있다고 한다. 여기에서 세계화는 일본에 대한 외국인 직접투자의 유입을 의미한다는 점에서 일본에서도 우리와 마찬가지의 우려가 있음을 보여준다.

이러한 우려가 일부 타당성이 있기는 하지만, 한국의 경우에는 사정이 다르다. 외국인 직접투자는 구조조정 차원에서 한국정부에 의해 주도되었고, 해외매각된 기업 중 상당수는 비효율적 경영으로 적자가 누적되어 독자생존이 의심받아왔다. 외국인 직접투자가 독점을 초래하기보다는 경쟁을 촉진하는 효과가 클 것으로 기대되는 이유는 다음과 같다.

첫째, 외국인 직접투자로 인해 높은 진입장벽에 안주하며 담합을 추구하던 국내기업들의 행태가 바뀔 수 있다. 한국의 경우 협소한 국

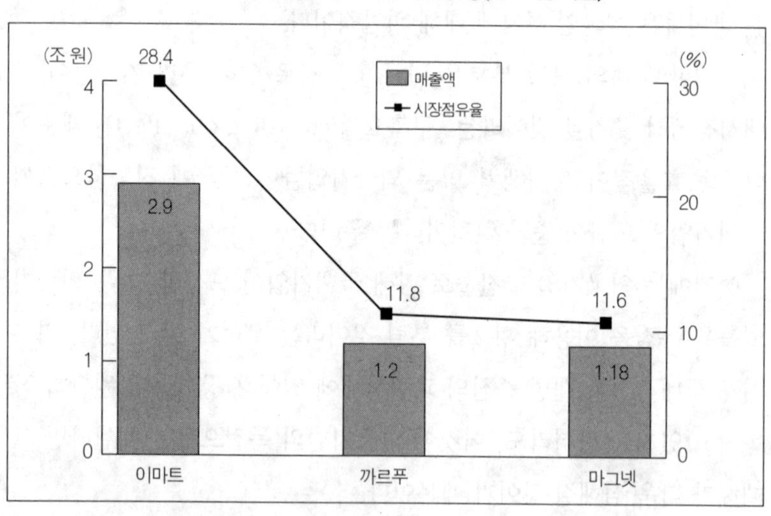

〈도표 17〉 할인점 상위 3사 매출현황(2000년 기준)

자료 : 체인스토어협회,《2001 유통업체연감》, p. 79, 2001.

내시장을 소수의 기업들이 독과점에 의해 지배함으로써 경쟁이 사실상 제약되는 경우가 많았다. 특히 재벌이나 공기업들의 시장지배력이 큰 산업의 경우에는 실질적으로 신규진입이 어려웠다. 이러한 산업의 경우에는 외국기업들이 시장에 진입함으로써 경쟁이 촉진되는 효과가 크게 나타날 수 있다.

둘째, 경쟁 패턴이 바뀔 수 있다. 외국기업들은 가격경쟁보다는 기술이나 품질을 무기로 경쟁하기 때문에 국내기업들에게도 이러한 측면에서의 경쟁력을 자극하게 된다. 따라서 외국인 직접투자는 제살 깎아먹기식의 출혈가격경쟁에서 벗어나 기술 · 품질 · 디자인 등 좀더 성숙된 방식으로 경쟁하는 계기가 될 수 있다.

셋째, 설사 외국기업의 진입으로 독점이 일어나더라도 공정거래법 등 충분히 규제할 수 있는 장치가 있다. 즉 단일기업의 시장점유율이 50%를 상회하거나, 상위 3사의 시장점유율이 75%를 상회하는 경우에는 시장지배적 사업자로 간주되어 여러 가지 규제를 받게 된다. 이처럼 경쟁을 촉진하고 독점을 규제하는 국내법 절차는 세계 각국이 모두 인정하고 있다.

그간의 한국경험을 보더라도 외국인 직접투자는 경쟁촉진을 통해 한국기업들의 경쟁력 강화에 기여했다. 예를 들면 월마트 등 외국계 대형할인점의 진출에 따라 유통산업의 경쟁력이 높아진 것을 들 수 있다. 당초 외국계 대형할인점이 한국에 진출할 경우, 국내유통산업이 통째로 넘어가는 것이 아니냐는 우려가 팽배했지만, 결과는 반대로 나타났다.

유통단계의 축소, 유통중간 마진의 감소 등으로 우리나라의 가격혁명을 주도했을뿐더러, 이마트와 같은 경쟁력 있는 토종 할인점이 등장하는 계기도 되었다.

현재 이마트는 한국시장에서 1위를 차지한 것은 물론, 중국으로까지 진출해 높은 성과를 올리고 있는 것으로 알려져 있다.

자동차산업의 경우도 마찬가지다. 프랑스의 르노가 인수한 삼성자동차의 경우에도 공격적인 마케팅을 펼치면서 자동차 시장의 경쟁을 촉진하고 있다.

국내자동차 시장이 사실상 현대-기아에 의해 지배되고 있는 상황 속에서, 르노삼성차의 돌풍은 국내자동차 회사로 하여금 안전 · 내구성 · 편의장치 등에 대한 관심을 높이는 계기가 되고 있다.

이처럼 경쟁촉진의 혜택은 고스란히 소비자에게 돌아오고 있다. 할인점의 등장에 따른 가격혁명이 대표적인 예이고, 자동차 산업의 경우에도 더 나은 서비스와 품질 개선 등으로 나타나고 있다.

외국기업의 진출에 따른 경쟁촉진은 기업의 경쟁력 향상을 위한 촉매제 역할을 할 뿐 아니라 소비자에게도 가격과 품질 면에서 만족도를 높여 실질적인 혜택으로 돌아오고 있다.

수출에 기여하는 외국계 대형할인점

외국계 대형할인점이 한국의 유통산업 발전을 선도하고 있다. 경쟁 촉진과 유통산업의 효율성 제고를 통해 가격을 낮추는 한편, 최첨단 경영기법, 물류관리, 재고관리 등의 도입을 통해 업계 전반에 자극제가 되고 있다.

뿐만 아니라 외국계 대형할인점들은 한국상품의 수출창구 역할도 톡톡히 하고 있다. 특히 농산물의 경우에 두드러진다. 미국계 대형할인점인 한국코스트코(costco)는 최초로 미국 본사에 제주도산 감귤을 대량으로 수출하는 개가를 올렸다. 수출된 감귤은 코스트코의 엄격한 품질관리기준에 따라 미국식약청(FDA)에서 승인된 방법으로 특별히 재배된 것이다. 미국 코스트코 본사에서 파견된 외국인 감시관이 제주에 상주하면서 재배 전과정을 감독했다.

이와 같이 완벽에 가까운 품질관리에 코스트코의 마케팅 역량이 가미됨으로써 미국 소비자들의 호응을 얻는 데 성공할 수 있었다. 코스트코는 5,000만 달러 이상의 한국제품을 전세계 자체 매장으로 수출하고 있다.

또 다른 예로 한국까르푸는 2002년 초 경기도산 배 70톤을 프랑스로 수출해 현지 219개 까르푸 매장에서 절찬리에 판매했다. 이는 프랑스로 농산물을 수출한 단일계약으로는 최대금액이며, kg당 2.7유로로 유럽산 배에 비해 가격이 높음에도 불구하고 현지 소비자의 높은 호응을 받았다는 점에서 의미가 있다. 이러한 성공을 바탕으로 한국까르푸는 2002년 중에 한국산 배 150톤을 추가로 프랑스 현지 매장에 수출할 방침이라고 한다.

미국의 세계적인 대형할인매장인 월마트도 전세계 매장에 한국상품을 적극적으로 수출하고 있다. 2001년 한국 월마트는 전세계 4,500개 매장에 약 4억 3,000만 달러의 한국 상품을 수출했다. 이는 2000년에 비해 거의 2배 정도 증가한 수치다.

그렇다면 외국계 대형할인점들이 한국상품의 수출창구로 급부상하고 있는 요인은 무엇인가. 첫째, 이들 대형할인점은 전세계에 걸친 영업망을 활용해 각국의 상품별 가격 및 패션 동향, 소비자 기호 등에 관한 최신 정보를 활용할 수 있는 이점을 갖고 있다.

다양한 상품정보와 각국에서의 비즈니스 경험을 가진 외국계 경영진들이 바로 수출품목을 발굴하고 상품화하는 주역들이다. 국내제조업체들이 뛰어난 상품제조능력에도 불구하고 최신 시장정보나 소비자 동향에 둔감하고, 수출활동을 위한 경험이나 지식이 부족한 것을 보완하는 역할을 바로 이들이 하고 있는 것이다.

둘째, 대형할인점들의 전세계에 걸친 자체 유통망도 빼놓을 수 없다. 예를 들면 월마트는 전세계에 4,414개의 자체 매장을 갖고 있고, 까르푸는 730개, 코스트코는 7개국에 389개를 각각 갖고 있다. 유망 수출품목을 발굴하더라도 판로가 없다면 시장에 진입하기 어렵지만, 이들은 자체 영업망을 십분 활용할 수 있는 전략적 우위를 갖고 있다.

셋째, 대형할인점들이 갖고 있는 강력한 브랜드 이미지도 수출증대에 한몫 하고 있다. 소비자들이 특정 브랜드에 대해 갖고 있는 신뢰성은 구매의사 결정에 중요한 요소임은 주지의 사실이다. 많은 경우 대형할인점에 전시된 것 자체만으로도 마케팅을 위한 별도의 비용이 필요치 않게 된다. 또한 국내업체들이 이들을 활용하지 않고 직접 수출을 할 경우, 바이어와의 협상력 결여에 따른 저가수출을 감안한다면 그 효과는 더욱 커진다.

더욱이 국내 제조업체들이 이들 외국계 대형할인점과의 거래관계를 통해 스스로 국제 비즈니스에 친숙해지는 효과도 무시할 수 없다. 외국인들이 선호하는 제품 스타일과 세계시장 동향에 대한 정보를 얻게 되고, 외국인과의 사업경험을 쌓는 것은 장차 세계시장에서 경쟁하기 위한 좋은 학습기회를 제공한다.

실제로 국내의 많은 중소기업들이 점차 글로벌화되는 경제환경 속에서 어려움을 겪고 있다. 영어에 능통한 직원이 없고, 세계시장동향에 관한 정보접근이 어렵고, 수출입 등 국제 비즈니스에 관한 경험부족 등이 단적인 예다. 이러한 점에서 외국계 대형할인점의 국내진출은 중소기업들의 세계화를 위한 중요한 촉매제가 되고 있다.

외국인 투자, 유통산업 선진화에 필수

제조업의 경쟁력은 과거에 비해 크게 향상되어 이제 선진국과 견주어도 손색없는 제품들이 많이 생산되고 있다. 하지만 국내 유통산업의 경우는 사정이 다르다.

유통산업은 생산과 소비를 연결시키는 파이프로서, 생산자의 「출구」에서 소비자의 「입구」까지를 담당한다. 경제의 서비스화와 전세계적인 유통혁명으로 중요성이 날로 높아지고 있음에도 우리 유통산업의 낙후성은 경제 전체에 비용을 유발시키는 요인이 되고 있다.

1996년 이후 정부의 적극적인 규제완화와 시장개방 정책에 힘입어 외국의 대형할인점이 진출하는 등 유통부문에서 급격한 변화가 진행되고 있다. 2000년 현재 전국적으로 대형할인점은 164개에 달하는데, 이 중 외국계가 거의 30%에 육박하는 수준으로 성장했다.

그러나 최근 외국인투자옴부즈만사무소에 접수된 사례를 보면, 외국인의 유통업 투자와 관련해서는 아직도 개선의 여지가 많아 보인다. 외국인 투자법인인 T사는 2000년 서울지역에 대형 할인매장을 신축하기 위해 관련구청에 심의를 신청했다. 그러나 관련구청은 교통혼잡 유발을 이유로 건축심의서를 반려, 이에 불복한 동사는 행정심판을 청구해 2001년 2월 「반려처분이 부당하다」는 재결통보를 받았다. 그러나 관련구청은 여전히 인근 중소상인의 반발을 우려해 반대입장을 견지했다. 지루한 공방이 오간 끝에 결국 신축공사가 이루어지기는 했지만, 지방정부에 대한 불신은 상처로 남았다.

　미국의 세계적인 유통업체 W사가 새로운 매장을 신축하는 과정에서도 유사한 일이 발생했다. 2000년 9월 할인점을 신축하기 위해 해당 시청에 교통영향평가 심의를 요청했으나, 시측으로부터 교통정체 완화를 위한 추가차선 확보 등의 보완요구가 있어 이를 수차에 걸쳐 충족시켰음에도 결국 부결되었다. 이것은 국내의 대형할인점이 아무런 반대 없이 같은 지역에 입점했던 것과는 극명한 대조를 이루는 것이었다.

　이처럼 인·허가권을 가진 지방자치단체가 여러 가지 이유를 들어 외국의 대형할인점이 해당지역에 입점하는 것을 꺼리는 이유는 명확하다. 민선자치단체장들이 표를 의식해 지역 중소상인의 반발을 지나치게 고려한 결과다. 그러나 대다수 일반 주민들은 이들 업체의 입점을 환영하고 있다. 외국계 대형할인점이 진입함으로써 경쟁이 촉진되고 가격이 인하되는 등 소비자들이 직접적인 혜택을 받기 때문이다.

　외국계 대형할인점들은 구매력을 바탕으로 제조업체로부터 가격인하를 유도하고, 높은 생산성을 바탕으로 유통 마진을 낮추며, 경쟁을 촉진하는 등 소비자에게 유리한 방향으로 유통혁명을 주도하고 있다. 실제로 슈퍼마켓과 백화점의 마진율은 1995년 17.8%와 24.2%에서 1998년 13.6%와 21.7%로 각각 크게 낮아졌으며, 유통업체 수 증가,

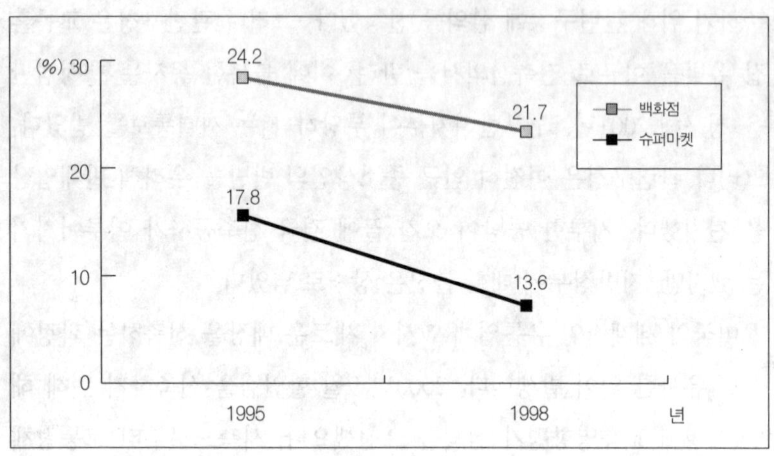

매장의 대형화, 가격할인 등이 촉진되고 있다. 또한 국내업체들은 자연스럽게 외국업체로부터 상품화계획(merchandising), 재고관리, 판매시점관리 시스템 등의 선진기법을 학습하는 기회를 갖게 되었다.

　현재 외국인들은 대형할인점뿐만 아니라 의약품 등의 유통 분야에서도 한국진출을 모색 중인 것으로 파악되고 있다. 여러 가지 순기능을 하고 있는 외국인의 유통업 투자를 더욱 활성화하기 위해서는 인·허가권을 가진 중앙정부나 지방자치단체가 절차와 규정을 합리적으로 적용할 필요가 있다. 그것이 다수국민과 소비자에게 더 많은 혜택을 주고 경제의 선진화에 기여하는 길이기 때문이다.

외국인 투자, 수출확대의 역군

한국은 세계경제사에 기록으로 남을 높은 경제성장을 단기간에 이루었다. 수출은 「한강의 기적」을 일군 일등공신이었으며, 현재도 한국경제의 견인차 역할을 톡톡히 하고 있다.

외국인 투자는 유치국 경제에 여러 가지 긍정적인 영향을 미치며, 수출증대도 그 중의 하나다. 산업연구원 보고서에 따르면, 한국 내 외국계 제조업체의 1999년 수출액은 213억 달러로 당해 연도 한국 전체 수출의 15%를 차지했고, 무역수지 흑자는 43억 달러였다.

비판론자들은 외자유입에 따른 국내시장에서의 경쟁격화와 이에 따른 국내기업의 퇴출을 우려하고 있다. 그러나 외국기업들이 내수시장을 장악하는 것보다는 수출에 크게 기여하고 있다는 점을 위의 통계는 확인시켜주고 있다.

그렇다면 외국인 투자가 유치국의 수출확대에 기여하는 힘은 어디에서 나오는가. 첫째, 외국기업은 일반적으로 국제 네트워크, 마케팅

|역수출에 나서는 다국적기업들|

● 한국쓰리엠

한국지사에서 자체 개발된 제품들이 인기를 끌면서 본사의 인정을 받아 다른 지역의 쓰리엠 지사에 역수출된 케이스. 올이 굵은 수세미와 고운 수세미를 양면에 접착한 「삼중 양면 수세미」(1997년 출시), 손을 베거나 엉키기 쉬운 기존 제품의 문제점을 해결한 「후레쉬 매직 랩커터」(2001년 출시) 등이 역수출된 제품들.

● 유니레버코리아

본사의 반대를 무릅쓰고 2000년 11월 「도브 샴프」 독자개발. 국내시장 점유율 1위를 기반으로 대만 · 싱가포르 · 홍콩 · 일본 등 아시아 지역에 역수출돼 폭발적 인기를 끌고 있으며, 본사에서는 연말까지 전세계적으로 출시할 계획.

● 한국후지제록스(복사기)

1994년 자체 개발한 「타이거」가 역수출된 것을 시초로, 올 2월에는 프린터, 복사기, 스캐너, 팩스 등을 하나로 통한한 신개념의 사무실용 디지털 복합기 2개 기종 출시. 현재 일본본사를 통해 아시아 지역에 수출하고 있으며, 곧이어 후속 모델을 출시해 전세계 시장에 공급할 예정.

● T.G.I.프라이데이스 한국법인

고추장과 김치를 넣어 만든 퓨전 요리 「씨푸드 김치필라프」를 본사 메뉴에 등록해 미국과 멕시코 지역에 역수출하는 데 성공.

(〈한국일보〉, 2002. 7. 8. 참조)

기법, 국제거래 경험 등 수출을 위한 기반 면에서 국내기업에 앞서 있다. 어떤 기업이 성공적인 수출자가 되려면 훌륭한 제품을 만들어야 하는 동시에, 시장정보, 마케팅, 물류, 부가 서비스 등도 조화를 이뤄야 한다. 이러한 점에서 다국적기업과 같은 외국회사들은 자체의 국제영업망을 활용할 수 있기 때문에 더 많은 수출기회를 찾을 수 있게 된다.

둘째, 외국인 투자는 자유무역의 가장 강력한 옹호세력이며, 투자유치국은 적어도 외국기업이 모국과 갖고 있는 네트워크의 덕을 볼 수 있다. 모국의 본사는 한국 자회사에서 생산하는 제품의 자국 내 수입장벽 철폐를 위해 로비를 펼치게 되고, 동일제품을 생산하는 국내기업은 자유무역의 혜택에 무임승차할 수 있다. 그간의 통상마찰 경험을 보더라도, 선진국의 보호주의 정책은 수입억제로 인해 손해를 보는 해당국 기업들의 정치적 압력에 의해 완화되는 경우가 많았다.

셋째, 외국인 투자기업은 수출과 관련해 국내기업에게 간접적으로 긍정적인 영향을 미친다. 외국인 투자기업과 거래하는 국내공급업체는 거래과정을 통해 간접적으로 외국인이 선호하는 디자인, 유행, 포장, 제품의 질 등에 관한 정보를 입수할 수 있다. 또는 외국회사에서 일하던 인력이 국내기업에 채용될 경우, 그가 갖고 있는 시장정보와 수출 노하우를 손쉽게 획득할 수도 있다.

외자유치, 그 중에서도 특히 다국적기업의 지역본부를 유치하는 것은 한국의 교역상대국과 좀더 밀접한 경제적 협력관계를 유치하는 데 많은 도움을 줄 것이다. 다국적 기업은 사업범위가 다양하고, 전세계에 걸친 영업망을 갖추고 있기 때문에, 국제 네트워크에의 접근을 용이하게 함으로써 민간 차원의 통상외교에도 일조할 것이다. 또한 이들을 유치함으로써 대외신인도와 국가위상을 높이고 외자유치의 전기를 마련할 수 있을 것이다.

하지만 한국에는 2개의 다국적기업만이 지역본부를 두고 있다. 이는 홍콩의 944개, 싱가포르의 220개에 비해 저조하기 짝이 없는 것이다. 이들을 유치하기 위해서는 영어소통능력의 향상, 금융 및 서비스산업의 선진화, 생활여건의 개선 등이 전제되어야 한다. 단기적인 성과에 연연하기보다는 국가개혁이라는 장기적인 비전하에 접근하는 원대한 계획이 필요한 때다.

부패와 외국인 직접투자

연이어 터지는 부패사건으로 온 나라가 시끄럽다. 사건의 주인공만 바뀌었을 뿐 수십 년 전에나 벌어졌음직한 일들이 똑같이 반복되고 있다. 혹자는 이에 대해 우리나라의 부패문제가 실제로는 심각한 수준이 아니고 민주화와 여러 가지 제도개혁으로 인해 그 동안 크게 개선되어왔다고 주장한다. 그러면서 요즈음 벌어지고 있는 부패사건들은 과거 권위주의 시대였다면 소리없이 덮여졌을 것들이라고 말한다. 과연 그럴까.

국제투명성기구(Transparency International)가 발표한 「뇌물공여지수(Bribe Payers Index) 2002」에 따르면 21개 주요 수출국 가운데 국제교역에서 우리나라의 뇌물제공 가능성이 4번째로 높은 것으로 평가됐다. 우리나라는 러시아·중국·대만에 이어 4위를 기록했다. 이는 지난 1999년 19개 수출국을 대상으로 처음 실시된 뇌물공여지수 조사에서 중국에 이어 2위를 한 것에 비해서는 조금 개선된 것이지만, 이번 조사에 러시아가 처음 포함된 것을 감안하면 대만과 순위바꿈을 한 것에 불과하다. 더구나 우리나라는 OECD의 「뇌물방지협약」을 비준한 15개국 중에서 뇌물공여 가능성이 가장 높은 것으로 평가됐다.

오늘날과 같이 개방화·자유화된 시대에도 부정부패가 근절되지 못한 것은 큰 문제가 아닐 수 없다. 우리끼리 살아가는 시대가 아니라 세계와 교류하지 않고서는 살아갈 수 없게 되었기 때문이다. 2001년도를 기준으로 우리나라는 수출입을 합친 교역규모 2,915억 달러로 세계 13위, 외국인 직접투자는 누계기준으로 766억 달러에 달했다. 우리의 국민소득을 감안한다면 세계와의 교류는 생존의 전제조건이라 하지 않을 수 없다. 무역과 외국인 투자라는 경제의 두 축이 유지되려면 범세계적 기준을 받아들여야 한다.

부정부패와 같은 후진적인 관행이 남아 있는 한 세계화를 올바로 수용하고 국가발전의 동력으로 삼기는 불가능하다. 자칫 한국이 세계의 외면을 받게 된다면 그야말로 큰 문제가 아닐 수 없다.

부패에 따른 경제적 손실은 상상을 넘는 규모다. 한 연구에 따르면 개도국에 대한 해외직접투자에서 투자금액의 약 5%가 뇌물로 제공된다고 한다. 2000년에 개도국으로 유입된 투자가 2,402억 달러니 약 120억 달러에 달하는 천문학적인 돈이 부패한 정치인이나 공무원의 수중으로 사라진 것이다. 아울러 부패로 인한 중국의 경제적 손실은 GDP의 13~17%에 달한다는 충격적인 분석도 있다.

국내 기업활동에서의 뇌물수수 및 부패관행은 외국기업의 국내투자에 저해요인으로 작용한다. 만일 외국인 투자기업이 이러한 관행을 따르지 않을 경우 영업활동상 애로를 겪게 된다. 외국인 투자기업에 근무하는 한국직원들은 특히 CEO가 외국인인 경우 이러한 한국적 관행을 이해시키기 어렵고 투명성을 강조하는 외국기업의 회계 시스템상 접대비·촌지·떡값 등의 처리가 어렵다는 고충을 호소한다.

이같이 부정부패는 외국인 투자에 직접적으로 영향을 미친다. 부패의 만연은 비용을 높여 외국인 투자를 쫓아내는 작용을 한다. 기존 외국인 투자자의 추가투자를 망설이게 하고, 신규 투자자의 외면을 불러오게 된다. 부패는 기업 처지에서 보면 세금과 다를 바가 없고 사업의 정상적인 추진을 어렵게 만드는 요인이기 때문이다.

특히 미국계 기업의 경우 1974년 제정된 해외부패방지법에 따라 외국공무원에게 뇌물을 공여하거나 뇌물성 접대를 하면 형사상 처벌을 받게 된다. OECD 또한 국제거래에서의 부패관행을 척결하기 위해 외국공무원에 대한 뇌물공여를 형사처벌하는 뇌물방지협정을 1998년 12월 31일부터 발효시켰다. 우리나라 역시 이 협정에 서명하고 국내법을 제정한 것은 물론이다.

우리 사회에서 부패가 근절되지 않는 가장 큰 이유는 인정과 연고를 중시하는 유대관계 때문이라고 생각한다. 인정은 혈연 중심의 폐쇄적 농경사회에서는 한민족을 뭉치게 하는 요소로 작용했다. 그러나 인정과 연고에는 객관성과 원칙이 결여되어 있어 신뢰와 계약을 우선시하는 국제사회에서는 통하지 않는다. 개방경제에 맞게 원칙과 보편성을 중시하는 상호관계가 요구되는 시대다.

비뚤어진 접대문화

20 01년 미국 투자회사 칼라일 그룹 서울사무소의 한국계 미국인 직원이 서울에서 「왕처럼 살고 있다」고 떠벌리는 E메일이 공개돼 국제적으로 망신 산 일이 있었다. 그는 E메일에서 『여러 은행의 임직원들로부터 거의 매일 골프와 저녁 술대접 등 향응을 받고 있다』고 자랑했다. 우리 접대문화의 어두운 면이 여실히 드러난 순간이었다.

접대비란 기업회계나 세무회계에서 기업의 원활한 운영을 위해 필요한 교제비 · 기밀비 · 사례금 등 이와 유사한 항목의 지출금을 말한다. 서양기업들도 비즈니스상의 에티켓으로 가벼운 감사의 표시나 인간관계의 유지 등을 위해 접대를 하고 있으나, 엄격한 내부 윤리기준을 정해 과도한 접대는 억제하고 있다. 그러나 우리의 경우는 뇌물로 간주될 정도의 과도한 접대문화가 횡행하고 있다.

한국에 진출한 외국기업들도 과도한 접대비 지출에 불만이다. 은근히 접대를 기대하는 한국거래처와의 접대가 거래를 성사시키기 위한 필수 코스로 인식되는 한국의 비즈니스 문화에 대해서도 고충을 토로한다. 접대가 사업상의 반대급부로 되돌아오게 되면 그것은 사실상 뇌물과 다를 바 없다. 이와 같은 불투명한 거래관행과 부패는 원가를 상승시키고 시장경제원리의 작동을 방해해 결과적으로 국가경쟁력을 해치는 원인이 되고 있다. 외국인 투자유치에도 여러 가지 악영향을 미침은 두말 할 필요가 없다.

첫째, 과도한 접대비는 높은 세율과 마찬가지로 외국인 투자를 전체적으로 위축시킨다. 기업의 총부담이라는 측면에서 보면 접대비는 높은 세율과 매한가지이기 때문이다. 싱가포르가 멕시코 정도로 부패가 심화된다면, 법인세율을 무려 50% 포인트 올린 것과 같은 정도로 외국인 투자가 감소할 것이라는 연구결과도 발표되었다. 조세감면과 같은 인센티브도 중요하지만 접대비, 각종 회비, 기부금 등과 같은 부대비용을 전반적으로 줄일 필요가 있다.

둘째, 과도한 접대비는 특히 외국인 직접투자에 악영향을 미치게 된다. 외자유치는 크게 보아 국제금융기관으로부터의 차입, 포트폴리오 투자, 외국인 직접투자로 구성된다. 이 중에서 외국인 직접투자는 회사경영상 현지인과의 접촉빈도가 다른 형태의 외국자본에 비해 높기 때문에 부패로 인한 불이익에 가장 크게 노출된다. 외국인 직접투자는 투자 철수가 쉽지 않아 경제의 안전판 역할을 한다는 점에서 그 비중이 낮아지는 것은 심각한 문제가 아닐 수 없다.

셋째, 후광효과(halo effect)도 무시할 수 없다. 후광효과란 좋은 인상이 전반적으로 우호적인 평가를 이끌어내는 것을 말하는데, 외국인 투자의 경우 기존 투자자의 부정적 인식은 신규투자 유치에 걸림돌이 되기 때문이다. 한국의 경영환경에 실망한 외국인 투자자들이 본국의 잠재 투자자들에게 나쁜 평가를 전하면 누가 투자할 생각을 하겠는가. 문제는 또 있다. 한국지사의 과도한 접대비 지출을 이해하지 못하는 해외본사의 비리 의심도 전반적인 기업활동을 위축시킬 가능성이 있다.

우리의 접대문화도 이제는 바뀔 필요가 있다. 고급 룸살롱에서 거액을 들여가며 폭탄주를 돌리고, 노래부르기를 강요하는 방식은 세계기업들과 비즈니스를 해야 하는 글로벌 시대에는 맞지 않다. 이러한 점에서 선진기업들이 접대의 일환으로 오페라, 연극, 스포츠 등의 입장권을 선물하는 것은 본받을 필요가 있다. 기업의 비뚤어진 접대문화로 인해 향락, 퇴폐업소가 범람하는 것을 바로잡고, 우리 문화를 풍요하게 만드는 계기가 될 수 있기 때문이다.

수그러들지 않는 외국자본에 대한 적대감

2001년 삼성경제연구소에 근무하는 어떤 연구원이 영자신문 〈코리아 헤럴드〉에 「국내시장을 변모시키는 외국자본」이라는 제하의 기고문을 실은 적이 있다. 주요 골자는 외국자본의 진출에 따라 한국의 핵심산업이 넘어가고 있으며, 금융산업 기반도 와해되고 있다는 주장이었다. 한 마디로 외국인 직접투자가 한국경제의 불안정성을 심화시키고 있다는 것이었다.

이러한 주장을 접한 필자는 「물에 빠진 사람 구해줬더니, 보따리 내놔라」고 했다는 우리 속담이 떠올랐다.

삼성이 어떤 기업인가. 한국이 낳은 몇 안 되는 글로벌 기업으로 반도체·휴대폰 등을 생산하는 세계적인 거대기업이 아닌가. 만일 삼성이 세계를 무대로 활동할 수 없었다면, 과연 오늘날의 삼성으로 발돋움할 수 있었겠는가. 세계화의 수혜를 한몸에 받은 삼성그룹에서 연구소의 공식입장이든 연구원 개인 주장이든 간에 이러한 견해가 공공연하게 신문지상에 표출된 것은 실망 그 자체였다.

외국인 직접투자가 주는 장기적인 이점은 전혀 고려하지 않은 채, 한국의 허약한 금융 및 산업부문에 위협이 되고 있다는 주장은 끊임없이 제기되고 있다. 보호론자들은 세계화가 한국경제에 주고 있는 기회나, 한국경제의 회복에 기여한 공로에 대해서는 전혀 언급하지 않는다. 이는 무엇보다 외국인 직접투자의 이점을 수긍하고 이를 적극적으로 활용하려는 국제화된 의식이 부족하기 때문이다. 외국인 직접투자가 한국경제에 해롭다는 인식은 앞에서 언급한 삼성경제연구소의 기고문에서 나타난 바와 같이 다음과 같은 주장을 담고 있다.

첫째, 외국인들이 국내기업을 헐값에 사들여 한국 핵심산업을 잠식하고 있다는 주장이다. 외국인의 국내기업 인수가 어떻게 해서 한국기업과 금융기관을 잠식한다는 것인지 필자로서는 이해하기 어렵다. 그렇다면 외국인 직접투자를 적극적으로 유치해 경제번영을 이룩하고 있는 영국 · 싱가포르 · 중국 등의 사례를 어떻게 설명할 것인가. 이들 나라의 GDP 대비 외국인 직접투자 비중은 1999년에 영국 26.8%, 싱가포르 97.5%, 중국 30.9%였다. 이에 반해, 한국은 겨우 7.9%에 불과했다. 따라서 외국인 직접투자에 의해 한국의 핵심산업이 넘어가고 있으며, 성장기반이 잠식당하고 있다는 주장은 보호론자들이 만들어낸 허상에 불과하다.

또한 외국인의 국내기업 인수합병은 부실기업 구조조정을 촉진하고 있다. 감량경영과 핵심산업 위주로의 사업구조조정을 추진하면서 불필요한 사업부문을 매각하는 것은 필연적인 과정이다. 이것은 비효율적인 경영을 바로잡고 미연에 방지하는 시장 메커니즘의 작동으로 이해해야 한다. 예를 들면 부실의 늪에서 허우적대던 제일은행이 미

<도표 19> GDP 대비 외국인 직접투자 국제비교(1999년 기준)

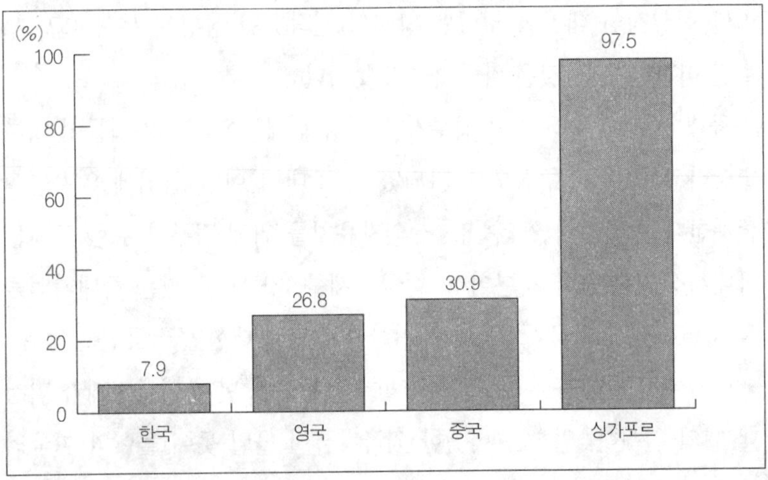

국의 뉴브리지 캐피털로 매각됐을 때 너무 헐값에 서둘러 팔았다는 비판이 비등했다. 그러나 제일은행 매각과 더불어 잉여인력 정리, 수익성과 투명성을 중시하는 경영관행이 도입되고, 한국의 신용등급이 상향조정되는 전기가 되었다. 해외매각이 지연되고 있는 대우차의 경우를 생각해보라. 매각이 지연된 불과 19개월 사이에, 정부부담은 천문학적인 숫자로 불어나 18.5억 달러에 달한다고 한다(<문화일보>, 2001년 2월 7일자).

우리는 다음과 같은 사실을 신중히 생각해봐야 한다. 만약 외국인들이 국내기업을 사들이지 않는다면, 누가 부실기업을 사들이겠는가. 1997년 금융위기로 온 나라의 기업들이 생존에 급급해 제앞가림하기도 바쁠 때 누가 부실기업을 인수하려 했겠는가. 설사 국내기업이 인수했다손 치더라도, 바닥까지 떨어진 국가신용등급은 어떻게 올릴 것인가. 정부가 나서 공적 자금을 쏟아 붓는다고 그 기업들이 살아날 수 있었을까. 그러면 온통 국가부채로 남아 우리 국민들이 뒷감당을 해야 하는데, 쉽게 받아들였을까. 외국인 직접투자 외에 부실기업을 처리할 현실적인 대안이 없었던 당시의 긴박했던 상황은 무시하고, 무조건 비판만 하는 것은 바람직하지 못하다.

둘째, 정부의 외국인 직접투자 유치정책 때문에 국내기업들이 역차별당하고 있다는 주장도 제기되었다. 도대체 어떤 산업에 역차별이 존재한다는 것인지 알 수 없다. 외자유치를 위해 정부가 취한 조치는 국내시장을 개방한 것뿐이다. 한국경제를 떠받치고 있는 국내기업들을 차별하면서 외국기업들을 유치한다고 믿을 대한민국 국민은 없다.

미국에서도 이와 유사한 일이 벌어졌다. 1980년대 미국경제가 휘청댈 때의 일이다. 일본을 비롯한 외국자금이 물밀 듯이 들어와 미국의 부동산을 마구 사들일 때, 미국민들 사이에서 외국인에 대한 반감이 크게 일어났다. 특히 널리 알려진 「일본 후려치기」와 같이 일본에 대한 반감이 컸다. 이러한 반감은 1989년 록펠러센터가 일본에 매각되었을 때 절정에 달했다.

그러나 당시의 일을 객관적으로 바라보면 이것은 심리적 과장에 불과했다. 1987년 외국인이 취득한 미국 부동산은 245억 달러로, 미국 전체 부동산의 0.25%에 불과했다. 어떻게 해석을 하더라도, 이처럼 미미한 숫자는 외국인이 미국을 사들이고 있다고 볼 근거는 되지 못한다. 미국에서 외국인 혐오증이 극에 달한 지 10년이 지난 후, 미국민들은 외국인의 미국 부동산 구입에 대한 공포심을 극복하게 되었다. 오히려 지역경제에 활력을 불어 넣는다는 긍정적인 시각으로 바뀌었다. 외국인들이 사들인 한국토지는 2001년 말 현재 총토지면적의 0.14%로 미미한 수준에 그치고 있다. 전체적으로 외국인 직접투자에 따른 국내기업 매각은 한국 경제규모와 비교해볼 때 극히 미미한 수준임을 이해할 필요가 있다.

셋째, 국부유출론과 같이 국민감정을 자극하고, 증거도 없는 잘못된 주장도 제기되었다. 하지만 이러한 견해는 외국인 직접투자에 따라 도입되는 선진기술과 경영기법은 완전히 무시하고 있다. 국내기업들도 외국기업과의 경쟁에서 살아남기 위해 새로운 기술과 경영기법을 흡수하는 데 안간힘을 쏟고 있다. 단기적으로는 어쩌면 선진기법으로 중무장한 외국기업과의 경쟁에서 국내기업들이 고전할 수도 있다. 하지만 긴 안목으로 본다면, 외국기업과의 경쟁을 일찍부터 하면서 힘을 길러야 선진기업과의 격차를 좁히고, 세계일류기업으로 도약할 수 있다. 온실 속의 화초처럼 외부와 격리, 보호된 국내기업은 시장이 개방되는 순간 허망하게 무너질 것이기 때문이다.

넷째, 외국 투자자나 외국기업들은 단기적으로 이윤을 뽑는 데만 신경을 쓰지, 장기적인 성장기반을 다지려는 노력은 하지 않는다는 주장도 있었다. 수익성 위주의 경영이 비난받을 일인지 곰곰이 생각해볼 일이다. 과거 우리 재벌들이 장기적인 성장이라는 미명하에 수익성을 무시하고 무책임하게 투자를 남발해 금융위기를 불러온 것이 아닌가. 공적 자금이라는 국민부담을 초래한 기업경영 방식이 과연 도덕적으로 용납될 수 있는 일인지 의문이 아닐 수 없다.

누가 뭐라 해도 수익성은 기업이 추구해야 할 제1의 덕목이다. 수익성이 없는 기업에게는 장기적인 성장도 없다. 왜 많은 벤처기업들이 무너졌는가. 장기적인 성장성이 아무리 좋더라도 당장 수익이 없으면 도산할 수밖에 없는 것이 냉혹한 시장경제원리다. 수익성 위주의 경영이 자리잡고 있는 오늘날의 현실도 이러한 외국기업의 행태가 결코 비난의 대상이 될 수 없음을 우리에게 말해주고 있다.

불투명성과 외국인 투자

외환위기 이후 우리 사회의 불투명성에 대한 비판과 반성이 고조되었고 이를 개선하기 위한 노력이 다각적으로 이루어져 왔다. 하지만 아직도 이에 대한 해외의 평가는 싸늘하기만 하다. 불투명성으로 인해 외국인이 한국에 대한 투자를 포기한 액수가 1997~99년 총 370억 달러에 달한다는 충격적인 연구결과가 그것이다.

이는 미국의 세계적인 회계·경영 컨설팅 회사인 프라이스워터하우스쿠퍼스(PwC)가 2001년에 각국의 경제와 시장의 투명성을 지수화해 발표한 내용이다. 이에 따르면 만일 우리가 싱가포르와 같은 수준으로 투명성을 높일 경우 추가적으로 매년 15조 원가량의 외국인 직접투자가 가능하다고 한다.

불투명성이란 국제시장에서 폭넓게 수용되고 있는 명확성, 정확성, 신뢰성, 이해의 용이성 등과 같은 특징이 결여된 상태를 의미한다. 우리나라의 전체적인 투명도는 조사대상 34개국 중 31위를 차지했으며,

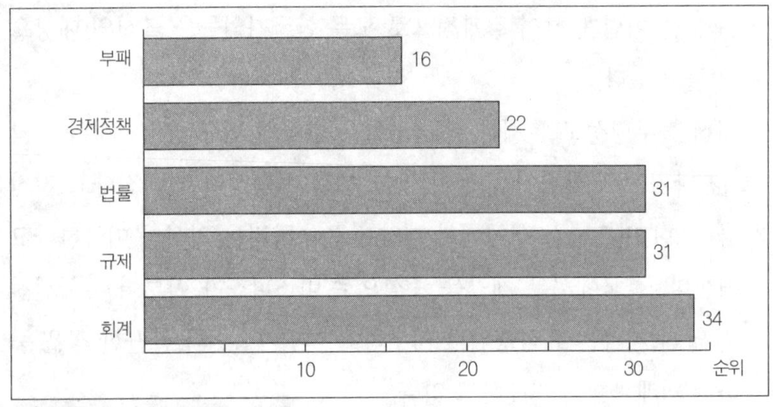

자료 : PriceWaterhouseCoopers, 2001. 4.

분야별로는 회계기준의 투명성이 떨어져 조사대상국 중 최하위를 기록했고, 이 밖에도 법(31위), 규제(31위), 경제정책(22위), 부패(16위) 등의 불투명성이 높게 나타났다.

우리는 한국적 관행에 익숙해져 불편함을 느끼지 못할 수 있지만 외국인 투자자의 입장에서 불투명성은 문제가 아닐 수 없다. 일례로 어느 외국인은 밝은 낮에 맑은 정신으로 사무실에서 중요한 사업결정을 하지 않고, 굳이 음습한 밤에 고급요정에서 술에 취해야만 비즈니스가 이루어지는 한국적 관행을 이해하기 힘들다고 토로했다.

사실 우리나라의 회계 시스템은 그 동안 외국인으로부터 불투명성이 높다는 지적을 많이 받아왔으며, 대우사태 등에서도 분식회계 관행은 여지없이 드러났다. 외환위기 이후 많은 개선이 이루어졌음에도 외국인들은 한국의 회계기준이 국제회계기준과 상이한 점, 회계보고서의 신뢰성과 투명성이 약한 점, 일관된 회계기준의 적용이 느슨한 점 등을 아직도 지적하고 있다. 심지어 한국 회계 시스템의 불투명성 때문에 기업가치의 3분의 1가량이 과소평가되고 있다는 지적이 끊이

질 않고 있다. 불투명한 회계 시스템은 기업 간 차이를 희석시키고 옥석 구분을 어렵게 하여 결과적으로 모든 한국기업들을 불신의 대상으로 만들고 있다.

법적 불투명성도 문제다. 외국인들은 한국의 법규정이 명확하지 않고, 지나치게 포괄적인 규정이 많아 예측 가능성이 떨어진다고 지적한다. 또한 비즈니스 세계에서 계약을 준수하려는 의식이 미약하다고 불평한다. 한국에서는 계약을 중심으로 비즈니스가 이루어지는 선진국과 달리 계약은 요식행위로 치부하고 이면약속이나 끈끈한 정을 중시하는 거래관행이 지배하고 있다.

계약을 했더라도 불리한 상황이 발생하면 계약은 무시하고 향응을 베풀거나 검은 뒷거래를 제의하는 낡은 관행이 불신을 사고 있다. 거금을 주고 변호사를 고용해 철저하게 검토·작성한 계약서가 지켜지지 않을 수도 있는 나라라는 사실을 외국인이 알게 되는 순간 비즈니스는 기대하기 어렵다.

한국은 규제개혁 또는 규제혁파를 위해 지난 문민정부 시절부터 많은 노력을 해왔고, 현 정부 들어서서 주요한 1차적인 규제들은 모두 철폐되었다. 하지만 아직도 보이지 않는 2차적인 규제들이 많이 남아 있어 기업경영을 어렵게 하고 있다. 일례로 중고 수입자동차의 경우를 보면 명시적인 수입관련 규제는 모두 철폐되었지만, 통관에 필요한 배기 가스 검사기준은 너무 엄격해 디젤 자동차의 경우에는 수입이 불가능한 형편에 있다.

결론적으로 경영자는 불투명성이 높은 국가에서 사업을 하는 경우 사전에 기대했던 경제적 기회를 충분히 활용하지 못하게 된다. 불신과 높은 위험이라는 벽에 부딪쳐 투자위축과 예기치 못했던 과도한 비용을 부담해야 하기 때문이다. 투자대상국을 선택할 수 있는 외국인 투자자가 기업경영 환경이 불투명한 국가를 꺼리는 이유가 바로 이것이다.

경영자가 교도소 담장 위를 걷는 것과 같이 불확실하고 위험한 처지에 있는 나라에서 외국인 투자유치를 기대하는 것은 연목구어(緣木求魚)일 뿐이다. 이제라도 정부는 외국인 투자유치를 위해 달콤한 유인책을 제시하기에 앞서 사회 각 분야의 투명성을 높이는 노력이 시급한 과제임을 깨달아야 한다.

은행의 국제경쟁력

「은행의 나라」 하면 떠오르는 국가는 스위스다. 스위스에는 은행이 많다. 최근 통계에 따르면 스위스에 진출한 외국은행을 포함해 현재 500여 개의 금융기관이 스위스에서 성업 중이라고 한다. 그러나 스위스의 은행들이 모두 국제적 은행인가 하면 그렇지 않다. 스위스 은행이 모두 대형은행인가 하면 더욱 그렇지 않다. 물론 스위스 은행 중에 세계 10대 은행에 들어가는 대형은행도 있지만, 중형·소형·지방은행·개인은행(private bank) 등 크기와 업종이 다양하다. 또한 최근 10년 동안 은행 간의 합병 바람이 불어 스위스 은행만의 특색이 많이 퇴색한 것은 사실이지만, 대부분 신용등급과 국제경쟁력 면에서나 일등급이라는 점은 누구나 인정하는 바다.

작은 나라 스위스의 은행들이 이렇듯 번듯하게 성업을 하는 이유는 무엇인가? 너무도 당연한 얘기이지만, 큰 은행은 큰 은행대로, 작은 은행은 작은 은행대로, 특수은행은 특수은행대로 국제경쟁력이 있기 때문이다.

이와는 대조적으로 우리 은행업계를 돌아보면 초라하기 짝이 없다. 외환위기 이후 우리 금융권에는 그야말로 태풍이 몰아쳐 은행 수는 약 30%, 은행종업원은 약 40%가 줄었다. 은행 수도 줄고 은행종사자도 줄었는데 우리 은행의 국제경쟁력이 향상되었다고 믿는다면 이는 오산이다. 산술적인 인원 및 경쟁사 감소로 일인당 생산성은 늘었겠지만, 국제경쟁력이 향상되었다고 볼 근거는 없다. 오히려 작금의 상황은 금융구조조정으로 107조 원의 공적 자금을 쏟아 부었음에도 불구하고, 기업구조조정의 부진과 금융시장의 불안이 계속되고 있다. 그 이유는 금융구조조정이 회계장부상의 건전성 회복에만 역점을 두었을 뿐, 은행 경영의 하부구조와 상부구조 모두 개선되었다고 보기는 어렵기 때문이다.

우리의 금융구조개선은 은행의 대형화에 맞추어진 것 같다. 2000년 말 한빛은행 등 4개 은행을 통합하는 금융지주회사 설립안이 확정되었으며 국민과 주택은행의 합병도 성사되었다. 정부도 은행의 경쟁력 강화를 위해 대형화와 합병을 적극적으로 유도하고 있다. 그러나 여기에서 한 가지 확실히 해야 할 점은 공적 자금으로 부실은행의 대차대조표를 청소해준다거나 은행들을 합병시킨다고 해서 반드시 은행의 경쟁력이 살아나는 것이 아니라는 점이다. 부실의 청산이 은행의 효율성으로 직결된다는 보장도 없고, 합병에 따른 시너지 효과가 검증된 것도 아니기 때문이다.

스위스 은행의 예에서 보는 바와 같이 은행이 전부 대형화될 필요는 없다. 은행이 작으면 안정성이 떨어질 수 있으나, 시장의 경쟁질서에 의해 개별은행 단위의 경영이 효율적으로 이루어지기 때문이다. 더 나아가 은행의 부실화에 의해 국가경제의 위기가 초래될 일은 없

다. 은행을 인위적으로 대형화하면 개별은행의 일시적 안정성은 보장
될지 모르나, 그것이 대형부실화로 연결될 때 국가경제의 위기로 발
전될 위험도 있는 것이다. 우리나라 은행산업의 문제점은 대형화되지
않아서 경쟁력이 떨어지는 것이 아니라, 자체의 경영이 비효율적이어
서 생산성이 떨어지는 데 있는 것이다. 즉 문제는 은행 내부에 있지
외부에 있는 것이 아니다.

이런 관점에서 한국에 진출한 외국은행을 경계의 시각으로 볼 것만
이 아니라, 금융산업의 경쟁력을 확보하기 위한 선의의 경쟁자로 보
는 시각이 필요하다. 우리의 텃밭인 국내에서 외국계 은행과의 건전
한 경쟁을 통해 경쟁력을 확보해야 국내은행이 살아남을 수 있기 때
문이다. 금융구조조정의 궁극적 목표가 금융기관이 신용을 평가하고
관리하는 능력을 확충해 이윤을 내도록 하는 것이라면, 무엇보다도
외국은행의 기업금융 노하우를 배워야 한다.

더욱이 우리나라는 소규모, 개방형 경제로서 외부조건의 영향을 크
게 받기 때문에 기업여신은 상대적으로 선진국보다 더 많은 위험에
노출되어 있다. 이와 관련해 외국은행이 한국의 경기변동과 관계없이
안정적인 외화대출을 하고 있다는 최근의 연구보고를 주목할 필요가
있다. 이는 한국 경제에 경기변동의 충격이 있을 때 외국은행이 국내
은행보다 이러한 충격을 더 잘 흡수하는 역할을 하고 있다는 말이다.
이러한 관점에서 실제로 외국은행의 진출은 국내경제에 도움을 주고
있다. 기업금융 분야에서 국내은행의 경쟁력 향상을 위해서라도 외국
금융기관을 유치하고, 경쟁을 통해 금융산업의 선진화를 추진해나가
야 할 것이다.

제일은행의 교훈

우리나라 은행에서 계좌를 개설하는 것은 너무나 쉽다. 하지만 선진국에서 은행 계좌를 개설하는 일이 쉽지 않다는 것은 외국에서 생활해본 사람이라면 대부분 아는 사실이다. 그러나 일단 은행 고객이 되면 국내에서와 같이 수많은 고객들 틈에서 대기표를 쥐고 기다리는 짜증스런 경험은 하지 않게 된다.

다시 말하면 선진국에서는 아무나 은행고객이 될 수 없고 신용이 있어야 고객이 되지만 일단 고객이 되면 제대로 대접을 받는다는 말이다.

이와 관련해 외자유치로 기사회생한 제일은행이 화제를 불러일으키고 있다. 소액계좌에는 유지수수료를 부과하겠다는 방침을 밝힌 데 이어 금융감독원이 주도한 산업은행의 현대전자 회사채 인수협조를 거절한 것이다. 글로벌한 관점에서 보면 화제가 될 일도 아니고 당연한 일이지만 우리 금융가에서는 화제가 되고 있다.

소액계좌 거절 방침이나 수수료 부과결정은 국내여론의 곱지 않은 시선을 받았지만 은행경영의 입장에서 보면 오히려 당연한 일이다. 은행경영에 대한 외부의 간섭이나 영향력 행사가 없다면 은행장은 자기책임하에 수익과 비용을 감안해 서비스의 질을 결정하게 될 것이다. 『음식점에 와서 물만 마시고 가는 손님과 식사를 하고 가는 손님을 똑같이 대우할 수는 없다』는 호리에(Horie) 행장의 발언이 공감을 불러일으키고 있다.

만기가 된 회사채 처리는 발행자인 기업과 인수자인 금융기관이 자율적으로 판단할 일이지 정부가 나서서 은행에 인수토록 할 일은 아니다. 시중은행 부실의 원인이 관치금융으로 야기된 부실대출 때문인 것은 삼척동자도 알고 있는 사실이 아닌가. 급기야는 이것이 해당기업에 정부가 보조금을 지원했다고 하여 미국의 무역대표부와 의회에서 문제삼고 있으니 어떤 선택이 옳았는지는 자명해진다.

위의 두 사실만 가지고 제일은행이 선진금융기법의 전도사 역할을 했다고 단언할 수는 없다. 다만 이런 변화가 외자유치로 인해 거듭난 은행의 몸부림에 그치지 않고 국내은행 전체의 자율경쟁으로 파급될 때 은행업계도 부실여신과 외부간섭의 고리를 끊고 제자리를 잡아갈 것이다.

이러한 일련의 변화 와중에서 은행의 입장에서는 고객이 어떻게 느끼고 있을지가 가장 중요한 문제다. 은행에 자금을 예치하고 거래하는 고객의 최대 주안점은 은행의 안정성이다. 정부 지시에 그대로 순응하고 공적 자금을 몇조 원씩 낭비하는 은행이나, 고객의 불편은 아랑곳 않고 며칠씩 파업하는 은행보다는 정부로부터 독립성을 지키려는 은행에 고객의 신뢰가 더욱 두터워질 것으로 생각된다. 제일은행이 1999년의 막대한 손실에서 벗어나 2000년 3,000억 원을 상회하는 순익을 기록한 것은 우연이 아니다.

하지만 제일은행의 사례가 우리에게 주는 보다 중요한 두 가지 교훈이 있다. 하나는 극히 소모적인 헐값매각 논쟁으로 제일은행의 매각이 계속 지연되었을 경우 사회적 비용과 재정부담이 엄청난 규모에 이르렀을 것이라는 점이다. 또 하나는 수익성 위주의 선진경영을 통해 우량은행으로 다시 태어난 제일은행으로 인해 그만큼 한국의 대외 신인도가 제고되었다는 점이다.

인수·합병과 외국인 투자

외국인 직접투자(FDI)를 통한 자금이동은 2000년에 1,271억 달러에 달했다. 이는 UNCTAD가 발표한 「세계투자보고서 2001」에 담긴 내용이다. 하지만 직접투자가 증가했다고 해서 반드시 다국적기업들이 새로운 공장을 건설했다는 의미는 아니다.

외국인 직접투자형태는 크게 해당기업을 인수하는 인수합병(M&A) 방식과 신규로 제조공장을 건설하는 공장신설형(greenfield) 방식으로 구분할 수 있는데, 최근 20년 간의 통계를 보면 외국인 직접투자의 증가는 주로 M&A 방식으로 이루어졌음을 알 수 있다. M&A는 1980~99년까지 연평균 42%의 높은 증가세를 나타내고 있으며, 2000년의 경우 직접투자액의 71%인 7,660억 달러가 이 방식으로 이루어졌다.

이같이 전세계적으로 M&A 열풍이 거센 이유는 빨라진 기술개발 속도에 대응해야 하고 통신·자동차·금융 등 규모의 경제를 달성해야 시장에서 살아남을 수 있는 업종이 늘어가는 등 시장환경이 급변하기 때문이다. M&A 방식은 이러한 시장환경의 변화에 신속한 대응이 가능하기 때문에 선호되는 것이다.

일반적으로 M&A는 인수자가 추가투자를 할 가능성이 크며 장기적으로는 공장신설형 투자와 마찬가지로 투자국의 생산확장에 기여한다. 인수되는 기업에게는 새로운 기술을 이전하는 기회를 제공하고, 특히 인수되는 기업이 구조조정을 하는 경우 경영효율성 제고에 효과가 크다.

우리 사회 일각에서는 이제 외환위기가 극복된 만큼 외국인 투자도 우리 기업을 외국기업에 넘기는 M&A 방식 투자보다는 공장신설형 투자를 선별적으로 받아들여야 하지 않느냐는 주장을 제기한다.

개도국의 경우 생산능력 증대 및 고용창출효과가 큰 공장신설형 투자가 더욱 긍정적인 것은 사실이다. 그러나 우리나라와 같이 구조조정을 일정한 시한 내에 끝내야 하는 예외적인 상황에서는 M&A가 더욱 효과적이다. 우리는 지금 민영화 계획에 의해 공기업의 정부지분을 매각하고 금융기관의 구조조정도 가능한 빨리 끝마쳐야 하는 상황이다. 기업구조조정도 노동문제에 발목을 잡혀 지지부진한 상태다.

하지만 산업자원부 통계에 따르면 우리나라의 경우 M&A에 의한 외국인 투자는 1999년의 경우 약 22억 달러로 전체 투자의 14%를 차지하는 데 그치고 있다. 이는 그 동안 M&A에 대한 관련법규가 미비했고 극히 소수의 기업사냥꾼에 의한 적대적 인수로 인해 M&A를 통한 FDI 방식에 부정적인 시각이 있어 시장이 활성화되지 못했기 때문이다. M&A 방식 투자 역시 우리 경제의 구조조정을 촉진하는 촉매역할을 할 수 있음을 이해하고 너무 부정적 인식을 가지지 말았으면 한다.

양파 같은 한국의 규제

우 리나라에서도 공장에서 대량 생산되는 일반맥주와 달리 소규모 맥주제조장(micro brewery)에서 만들어진 「하우스 맥주」를 즐길 수 있게 되었다. 이것은 2001년에 외국인투자옴부즈만사무소가 이룬 대표적인 성과다. 우리 사무소에서는 외국인 투자자로부터 소규모 맥주제조를 자유화시켜 달라는 고충을 접수한 이후 대 정부 건의, 관계부처 방문 및 설득 등 백방으로 노력한 결과 규제를 없앨 수 있었다. 하지만 처음에 고충을 제기했던 이 외국 기업인이 최근 새로이 제기한 고충은 이러한 우리 자신의 평가가 얼마나 순진한 것이었던가 반문하지 않을 수 없게 만들었다.

필자가 아는 어느 외국인 투자자는 한국의 규제를 빗대 양파와 같다고 꼬집었다. 벗겨도 벗겨도 계속 나오는 양파껍질처럼 규제가 겹겹으로 중첩돼 있다는 것이다. 소개하고자 하는 사례는 양파와 같은 한국 규제의 본질을 단적으로 보여준다. 정부가 「하우스 맥주」 제조

및 판매를 허용한 이후 이 분야에서 세계적으로 유명한 독일의 한 업체는 한국의 유명 호텔과 합작하여 이 사업에 착수했다. 독일 업체는 사업의 성공을 위해 맥주제조에 필요한 장비는 물론, 기술진·경영진 등 인력도 투입해 마침내 두 개의 하우스 맥주 매장을 서울에 열었다.

개업을 준비하면서 이들은 전혀 예기치 못한 규제에 봉착했다. 우선 매장에 설치해야 할 양조 탱크가 고객과 완전히 분리되어야 한다는 주세법 규정이 문제였다. 이 규정은 그 의미가 모호한 것도 문제지만, 무엇보다 대량생산 맥주를 염두에 두고 만들어진 규정이 「하우스 맥주」에도 그대로 적용되는 또 다른 문제점을 갖고 있다. 본래 이 규정은 대규모 맥주생산시설에서 철저한 위생관리를 위해 만들어진 것으로, 고객과 생산시설이 분리될 수 없는 「하우스 맥주」에도 무차별적으로 적용하기는 무리였다. 왜냐하면 이 규정을 만들 당시에는 「하우스 맥주」라는 개념조차 없었고, 더구나 이런 방식으로 「하우스 맥주」를 규제하는 나라도 없었기 때문이다.

이 외국인 투자자는 정부당국에 이를 설득했지만 소용이 없었다. 결국 그는 유리로 양조 탱크를 밀봉하는 방식으로 이 규정을 지켰다. 양조 탱크가 설치된 매장은 그 자체가 소비자를 끄는 「하우스 맥주」만의 독특한 매력인데, 유리로 밀봉된 양조 탱크로 말미암아 매장 분위기가 오히려 어색해져 버렸다. 또한 이 독일 업체가 매장 분위기에 맞춰 독특한 분위기를 자아내기 위해 특별 제작한 양조 탱크도 헛일이 되어버렸다. 이 회사의 한 관계자는 『세계 여러 나라에서 수많은 「하우스 맥주」를 운영하고 있지만, 한국처럼 양조 탱크를 소비자와 완전히 격리하도록 규제하는 나라는 본 적이 없다』고 불만을 터뜨렸다.

또 다른 장애물은 농림부의 우리 농산물 의무사용 규정이다. 이에 따르면 맥주제조에 사용되는 보리 중 최소 40% 이상은 농가 보호를 위해 국내산 보리를 의무적으로 사용해야 한다. 질 좋은 「하우스 맥주」 생산을 위해서는 향과 맛을 고려해 특별히 만들어진 고급맥아를 사용해야 하는데, 국산 보리로는 이것을 만들기 어려울뿐더러 아직은 시장이 협소해 맥아제조설비도 국내에는 없다. 뿐만 아니라 맥아를 수입할 경우 일정 수량을 넘으면 관세율이 10%에서 275%로 치솟기 때문에 사실상 사업확장은 꿈도 꿀 수 없다.

사업파트너인 국내 호텔측은 의무적으로 구입해야 하는 국산보리를 처리하기 위한 일환으로 제빵사업을 확장했다. 국산보리로는 질 좋은 「하우스 맥주」를 만들 수 없으니 빵을 만드는 방법으로 이를 활용하겠다는 생각이었다. 이 외국인 투자자는 한국에서 「하우스 맥주」 제조가 형식적으로는 자유화된 것이 사실이지만, 실질적인 의미에서는 아직도 진입규제가 있는 것이나 다름없다고 주장한다. 일정 규모 이상의 맥아수입이 고관세율 때문에 실질적으로 봉쇄되어 있고, 제빵시설이 없는 업체의 경우에는 의무구매한 국산보리를 마땅히 처리할 방안도 없기 때문이다.

정부는 수천 건의 규제를 없애고 자유화시켰다고 자랑하지만, 이 사례에서 보듯이 숨겨진 규제 때문에 애로를 겪는 기업들은 아직도 많다. 정부가 진정으로 「하우스 맥주」를 자유화시킬 의지가 있었다면, 실질적으로 사업을 제한하는 2차, 3차 관련규제까지도 말끔히 없애야 한다. 형식적인 자유화는 의미가 없다. 오히려 그 말을 액면 그대로 믿은 투자자의 반감만 키울 뿐이기 때문이다.

지금은 발상의 전환이 필요한 때다. 몇 건의 규제를 철폐했다는 식의 공무원 중심적인 관점으로는 한국경제의 발목을 잡고 있는 규제문제를 근본적으로 해결하기 힘들다. 이런 방식으로는 정작 중요한 핵심규제는 건들지도 못하고 건수를 채우기 위해 지엽적인 규제만 철폐될 가능성이 높다. 또한 규제개혁이 추구하는 궁극적인 목표인 시장경제의 신장은 물론, 민간의 자율과 창의도 활성화되기 어렵다. 이제는 시장의 관점에서 규제 문제에 접근할 필요가 있다. 무엇이 규제이냐, 어떤 규제를 철폐할 것이냐 등의 근본적인 문제를 공무원이 아닌 민간의 관점과 시각에서 바라보아야 한다.

특히 기업관련 규제의 경우에는 앞서 제시한 고충사례와 같이 건별 규제완화 방식으로는 실질적인 효과를 기대하기 어려운 경우가 많다. 이에 대한 대안으로 기업설립부터 공장가동, 영업 및 판매에 이르기까지 기업활동의 전과정을 추적해 관련되는 규제를 찾아내고 이의 존폐 여부를 검토하는 방식을 시도해봄직하다. 개별 법령을 검토해서는 각 부처에 흩어져 있는 숨은 규제를 찾아내기 어렵고, 그 규제가 꼭 필요한 것인지 판단하기도 어려운 경우가 많기 때문이다.

또한 진정한 규제개혁을 위해서는 규제를 받고 있는 당사자의 목소리에도 귀기울여야 한다. 규제로 인해 가장 고통받고 있고, 규제의 실체를 그 누구보다 잘 알고 있으며, 규제철폐의 강력한 후원자는 바로 규제대상인 기업과 국민들이기 때문이다. 이들의 적극적인 참여를 유도한다면 규제개혁은 새로운 힘을 얻을 수 있다. 이러한 점에서 기업의 입장에 서서 현장의 고충과 애로를 해결하는 데 앞장서온 외국인투자옴부즈만사무소와 같은 조직을 규제개혁에 적극적으로 활용할 필요가 있다.

규제완화와 투자유치

규제는 법률상 보장되어 있는 국민의 자유와 권리, 기업의 창의와 자율을 제약하는 것으로 법률상 근거를 갖고 있어야 한다. 국가안보, 사회질서의 유지, 미풍양속의 보호, 국민의 보건, 환경보호, 공공복리 등이 규제의 목적이며, 국민생활과 기업활동을 규율하는 기본골격이 된다.

따라서 한번 잘못 짜여진 틀은 고치기도 어렵거니와 규정된 틀 속에서 생활을 영위하고 기업활동을 해야 하는 국민과 기업은 엄청난 고통과 희생을 겪게 된다.

현행 외국인투자촉진법이 시행되기 전인 1998년 초로 기억된다. 어떤 신문에 아주 인상적인 만평이 실린 적이 있었다. 젊은 외국인 투자자가 한국에 투자하기 위해 관계부처를 들락거리다 보니 투자허가를 손에 쥘 무렵에는 어느덧 꼬부랑 노인이 돼버렸다는 것이었다. 그만큼 외국인이 우리나라에 투자하려면 요구하는 서류와 규제가 많았다는 점을 풍자한 것이다.

그러나 지금은 그 때와는 비교할 수 없을 정도로 규제가 개선된 것도 사실이다.

1998년 4월 발족한 규제개혁위원회의 발표에 따르면 2001년 말까지 4년 동안 중앙행정기관 소관 규제 1만 4,186건 중 8,121건(57%)이 폐지되었고, 나머지 6,065건도 그 내용이 개선되었다고 한다. 또한 248개 지방자치단체 소관 총 8만 5,921건의 규제 중 5만 2,970건(62%)을 정비했다고 밝히고 있다. 특히 외국인 투자기업들은 투자와 관련해 필요한 서류가 대폭 간소화되고 원스톱 서비스가 도입되는 등 매우 편리해졌다는 평가를 내리고 있다.

국민생활과 기업경영을 어렵게 만드는 불필요한 규제가 있는 반면, 불가피하게 규제를 시행해야 할 경우도 많다. 이러한 경우 반드시 필요한 것이 합리성을 갖추는 것이다.

헌법과 상위법률에 저촉되지 않는 적법성을 가져야 하며 지나치거나 부족하지 않는 적정성, 실제로 적용할 수 있는 현실성, 합리적인 이유 없이 특정 계층을 우대하거나 차별하지 않는 형평성, 집행책임자의 악용 가능성을 최소화할 수 있는 투명성, 관련 당사자의 경제적·시간적 부담을 최소화할 수 있는 효율성을 가져야 한다.

규제가 이러한 요건을 충족시킨다면 불평과 불만은 최소화하고 소기의 목적을 효율적으로 달성할 수 있게 된다.

아울러 지방자치단체가 관장하고 있는 규제를 개혁하는 노력이 한층 강화될 필요가 있다. 앞에서 언급한 규제개혁위원회의 자료에서도 알 수 있듯이 현실적으로 중앙행정기관보다 지방자치단체의 규제가 압도적으로 많기 때문이다.

이에 대한 심층적인 분석과 조사를 통해 불필요한 규제는 과감히

<도표 21> 규제개혁 현황(중앙행정기관 소관 규제)

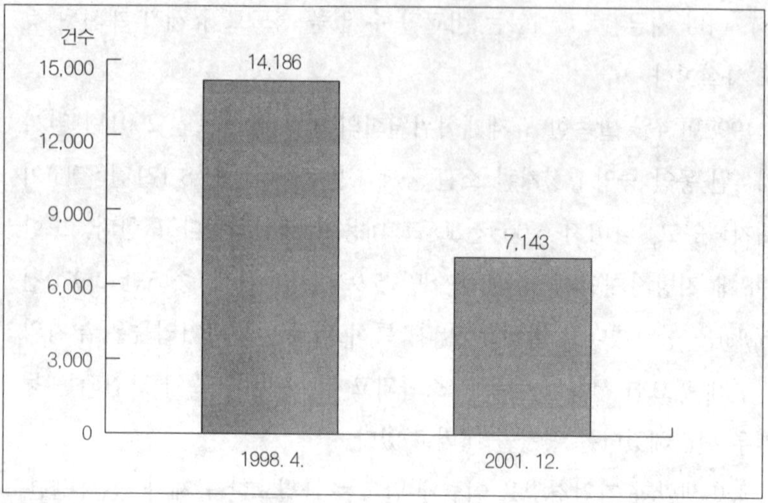

폐지하고, 필요한 규제도 기업과 일반국민의 입장에서 쉽게 이해하고 지킬 수 있도록 체계화할 필요가 있다. 더구나 우리와 외국인 직접투자 유치를 둘러싸고 경쟁을 펼치는 나라들이 규제완화에 적극 나서고 있는 점을 감안한다면 그간의 성과에 안주해서는 결코 안 된다.

규제완화를 위한 노력 못지않게 중요한 것은 일선에서 규제를 담당하는 공무원의 자세와 의식이다. 그런데 외국인 투자기업이 외국인투자 옴부즈만사무소에 제기한 고충과 이러한 고충을 다루는 각 부처 관료들의 반응을 분석해보면 지나치게 행정편의주의와 부처이기주의를 국익보다 우선시하고 있다는 느낌을 받는다.

또한 각종 이해관계집단의 반발이 두려워 제도개선을 회피하는 무사안일주의, 각국의 관련제도에 관한 철저한 조사연구를 게을리한 채 선진국, 특히 일본의 제도를 그대로 베끼는 모방주의에서 벗어나지 못한 사례도 쉽게 발견할 수 있다.

몸에 맞지 않는 옷이나 신발을 착용하고 국제경기에서 좋은 성적을 기대할 수 없다. 마찬가지로 합리성·현실성·타당성이 없는 규제가 우리 기업들의 발목을 잡고 있는 한 세계시장에서 효과적으로 경쟁하기는 어렵다.

외환위기 이후 외국인 투자에 대한 관련부처의 일처리가 적극적이고 유연하다는 평가를 받고 있다. 하지만 이 같은 자세가 일과성으로 끝나서는 곤란하다.

이러한 의미에서 외국인투자옴부즈만사무소와 같이 규제의 품질을 관리하거나 향상시킬 수 있는 조직의 역할을 더 활성화하는 노력이 필요하다. 불합리한 규제를 찾아내고 이를 개선하기 위해서는 기업현장의 불만에 귀를 기울이는 것이 가장 빠른 길이기 때문이다.

전문가를 동원하더라도 책상에 앉아 산더미같이 많은 규제 중에서 불필요한 규제를 찾아내기란 불가능에 가까울지 모른다. 더구나 세계 여러 나라에서 다양한 경험을 쌓은 외국인 투자자들로부터 한국의 불합리한 제도·규제·관행 등에 대한 의견을 들을 수 있는 기회는 실로 소중한 것이다.

외국인투자옴부즈만사무소가 한국에 투자한 외국인 기업들과 그 동안 쌓아온 유대관계와 신뢰는 외국인 투자유치 확대를 위해 그 무엇과도 바꿀 수 없는 소중한 자산이다. 외국인투자옴부즈만사무소와 같은 고충처리 조직을 잘 활용함으로써 규제개혁은 물론 제도선진화에도 활용할 수 있다는 것이 필자의 생각이다.

|양초생산업자의 청원|

양초를 생산하는 업자가 다음과 같은 요구를 정부에 한다. 『낮 동안 무료로 나라 전체를 밝히는 햇빛 때문에 촛불 장사를 해먹을 수가 없으니 모든 시민으로 하여금 창문을 비롯한 모든 구멍을 꼭꼭 막는 것을 의무화하는 법을 제정해달라. 이렇게 하면 양초 생산의 증가로 인해 고용을 늘릴 수 있을 뿐 아니라 정부의 세수도 늘어날 것이니 일석이조가 아닌가』

(프레데릭 바스티아, 「양초 제조업자들의 청원서」의 내용 중에서)

정부규제는 많은 경우 그 때문에 혜택을 받고 있는 소수 계층의 요구와 압력에 의한 사례가 많다. 경제학자 프레데릭 바스티아(1802~50)가 그의 우화책에서 예로 든 위의 글은 이러한 현실을 날카롭게 지적하고 있다. 정부가 국민의 후생이나, 경제적 효율성은 무시한 채 특정 계층의 이익보호를 위한 규제를 만드는 데 앞장서는 나라일수록 경제성장이 지체되고 경쟁력이 떨어진다. 더구나 세계와 경쟁해야 하는 오늘날과 같은 시대에 정부가 규제에 집착하여 경제적 자유를 말살해서는 생존 자체가 의문시된다.

학문적 업적과 유명세는 일치하지 않는 경우가 많다. 프레데릭 바스티아가 바로 그런 사람이다. 자유무역주의의 우월성을 가장 명쾌하게 설파한 운동가였던 그는 20세기 후반 세계 경제학의 주요 흐름인 오스트리아 학파의 이론적 기초를 마련했음에도 경제학자 중에서도 그를 아는 사람은 많지 않다.

기술발전과 정보의 역할

한국은 성공적으로 정보통신산업의 세계적인 강자로 등장했다. 300만 가구 이상이 초고속통신망을 사용하고, 반도체, 휴대폰, 개인용 컴퓨터는 한국의 주력수출상품으로 부상했다. 이 결과 GNP 중 정보통신산업의 비중은 1995년 13.7%에서 2000년에는 27.4%로 껑충 뛰었다.

한국경제가 디지털 시대에 성공적으로 적응하고 있는 원동력은 어디에서 찾을 수 있을까. 정부의 지원, 벤처 정신 등 여러 가지가 있겠지만, 외국인 직접투자도 빼놓을 수 없는 요인이다. 한국의 정보통신산업은 특히 핵심원천기술의 경우 해외에서 개발된 기술에 의존하여 성장해왔다.

이 과정에서 외국인 직접투자는 기술유입의 통로역할을 했다. 예를 들면 한솔엠닷컴은 세계적인 통신회사인 벨캐나다로부터 외자유치를 받았으며, 케이티에프(KTF)는 미국의 마이크로소프트로부터 이동통신 소프트웨어 분야에 투자유치를 받았다.

정보통신산업에서 핵심원천기술을 획득하는 방식은 여타 산업과는 다른 특징이 있다. 중화학공업의 경우에는 수입자본재 및 제품의 분해조립이 주요한 신기술 획득방식이었다. 그러나 정보통신산업에서는 이러한 방식으로는 기술이전이 일어나기 어렵다.

첫째, 정보통신기술은 암호화된 코드 형태로 모듈에 숨겨져 있다. 따라서 정보통신기술을 전통적인 방식인 분해조립으로 복제하거나 학습하는 것은 거의 불가능하다. 둘째, 빠른 기술발전도 후발주자가 시장을 침투하기 어렵게 만든다. 정보통신산업은 눈부신 변화와 발전의 와중에 있기 때문에 최첨단기술이 아니면 시장에서 받아들여지기 어렵다. 셋째, 지적재산권 보호 강화로 값비싼 로열티를 지불해야 하는 점도 후발주자의 등장을 어렵게 만든다.

정보화 시대로 진입하면서 외국인 직접투자는 정보소통의 주요 통로가 되고 있다. 중국의 경우가 대표적인 예다. 중국은 외국인 직접투자를 활용해 노동집약적 산업, 자본집약적 산업, 그리고 기술집약적 산업의 순으로 발전하는 전통적인 경제성장 경로에서 벗어나 단기간에 최첨단산업, 고부가가치 산업 등을 육성하는 데 성공하고 있다.

외국인 직접투자를 통해 정보 또는 기술이 이전되는 것은 두 단계를 거친다. 우선 모국의 본사에서 해외 현지법인으로 기술이 이전되고, 이 해외 현지법인은 현지 거래회사와의 거래와 납품 등을 통해 자연스럽게 기술을 전파한다. 하지만 외국기업에 대한 적대감이 강할수록 두번째 단계를 통한 기술이나 정보의 전파는 제약을 받을 수밖에 없다. 중국은 외국회사에 대해 우호적인 감정을 갖고 있기 때문에 두번째 과정을 통한 기술이전이 촉진되었다.

중국과 대조적으로 한국은 외국인 직접투자보다는 차관을 들여와

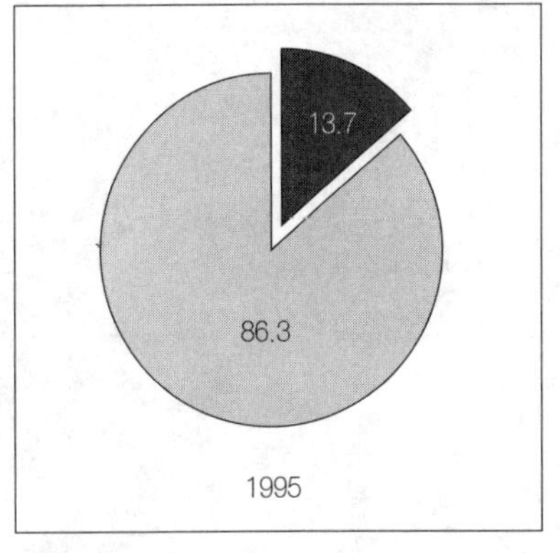

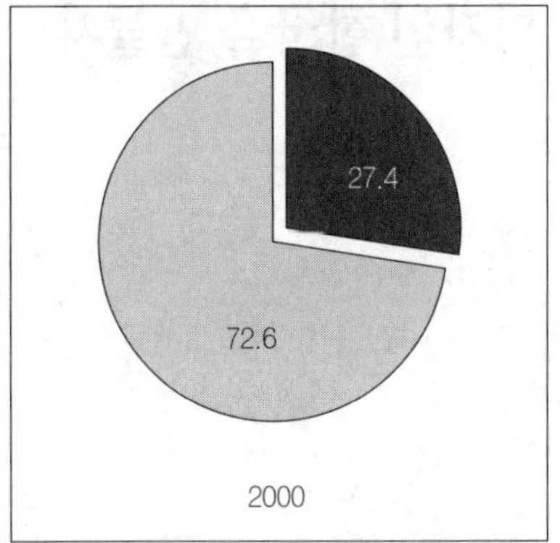

독자적인 경제성장을 추구했다. 특히 경영권만은 한국사람이 차지해야 한다는 집착을 가졌다. 결과적으로 한국은 일본의 뒤를 따르는 안행형(雁行型) 경제성장에 만족해야 했다. 해외에서 돈을 꿔와 우리 독자적으로 할 수 있는 사업이라는 것이 결국은 일본에서 유행이 지난 산업들일 수밖에 없었기 때문이다.

하지만 디지털 경제의 출현으로 차관도입을 통한 한국식 경제성장 전략의 유효성에 의문이 생기고 있다. 중요한 생산요소로 부각되고 있는 정보에의 접근 가능성이 뒤지기 때문이다. 제휴와 협력은 이제 생존을 위한 필수전략으로 인식되고 있다. 하지만 한국은 아직도 경영권에 지나치게 집착하는 경향이 있다. 한국이 외국인 투자의 이점을 제대로 살리려면 외국인 혐오증과 지나친 독립성을 버리고 외국과의 협력을 배울 필요가 있다.

디자인 한국을 만들자

디자인 전쟁이 본격화되고 있다. 선진제국은 디자인의 중요성을 인식하고 이를 육성하기 위한 야심찬 계획들을 추진하고 있다. 영국의 「Creative Britain」 프로그램이 대표적이며, 미국도 클린턴 정부 출범 이후 대대적인 디자인 진흥정책을 펼치고 있다.

독일은 이미 90년 전부터 「바우하우스 운동」을 통해 디자인 의식확산 운동에 주력해오고 있다. 뿐만 아니라 유럽의 선진국들은 이미 100여 년 전부터 디자인 전문대학과 대학원을 설립해 국가적 차원에서 대대적인 지원을 아끼지 않고 있다.

일반적으로 디자인은 목적을 갖고 이를 실현하기 위한 아이디어를 내서 구체화하는 행위를 의미한다. 즉 누구나 생각해낼 수 있는 아이디어라는 원석을 잘 가공하고 다듬어서 소비자에게 다가갈 수 있는 보석을 만드는 과정이다. 제품에 장식적인 요소를 더해 고유한 이미지를 만들고, 소비욕구를 불러일으키는 디자인의 역할은 중요성이 점차 높아지고 있다.

21세기에 한국이 선진국으로 도약하기 위해 가장 절실한 것은 모방과 복제에서 창조와 혁신으로의 이행이다. 획일화·대량생산의 산업경제가 퇴색되고 개성화·다품종소량생산을 특징으로 하는 지식기반경제의 도래가 그 배경이다.

한국만의 독창적인 산업, 고유문화에 기초한 상품개발과 그 시스템의 구축 없이는 결코 선진국이 될 수 없다. 이를 가능케 하는 것이 문화와 기술을 창조적으로 엮는 디자인이다. 재봉틀을 가정용으로 대량보급한 「아이작 싱거」, 소형화로 가전제품의 새장을 연 「소니」, 파격적인 외양으로 시장을 휩쓴 애플사 컴퓨터 「아이맥」 등이 디자인의 위력을 보인 사례들이다.

디자인은 외국인 투자와 관련해서도 중요성이 높다.

첫째, 디자인 경쟁력의 확보는 외국인 투자에 따른 파급효과를 극대화하기 위한 수단이 된다. 많은 경우 다국적 기업들은 생산기능을 비용 측면에서 유리한 국가에 배치하더라도 부가가치가 높은 디자인·설계 등과 같은 핵심기능은 본국에서 담당하고 있다.

한국의 디자인 역량이 획기적으로 개선되고 세계로부터 높은 평가를 받게 된다면, 생산뿐 아니라 디자인도 국내에서 담당함으로써 더 많은 부가가치를 획득할 수 있다.

둘째, 외자유치를 둘러싸고 경쟁관계에 있는 중국과의 차별화 수단이 될 수 있다. 13억에 달하는 거대한 내수시장, 저임의 질적으로 우수한 노동력, 중국정부의 지속적인 개혁·개방정책 등이 중국을 매력적인 투자처로 만든 원동력이다. 그러면 한국이 내세울 만한 강점은 무엇인가.

필자는 디자인 한국을 만드는 것만이 외자유치를 둘러싼 중국과의 극심한 경쟁을 우회하는 길이라고 생각한다. 또 중국경제가 발전할수록 디자인 등 생산지원 서비스에 대한 수요도 증가할 것이기 때문에 디자인 역량을 높이는 것은 양국의 동반성장을 위해서도 긴요하다.

셋째로 국가 이미지를 높일 수 있다. 한국은 국제적으로 가짜 유명상표, 모조품 등의 천국으로 악명이 높다. 근본적인 원인은 다름 아닌 디자인 능력의 부족에 있다. 모방과 복제를 대수롭지 않게 여기는 분위기, 제품생산기술은 선진국 수준이지만 디자인은 낙후된 현실이 지적재산권 보호에서 후진국으로 나타나고 있다.

이러한 점에서 디자인 능력의 개발이야말로 후진적인 국가 이미지를 벗고 비즈니스 입지로서 국제사회에 한국을 새롭게 인식시킬 수 있는 전기가 될 것이다.

디자인 강국을 통해 선진국으로 진입한 예로 이탈리아가 있다. 제2차 세계대전 후 프랑스와 독일의 생산하청기지 역할을 하던 이탈리아가 임금상승과 가격경쟁력 저하를 극복하기 위한 대안으로서 주목한 것이 바로 디자인이다.

1960년대 중반부터 시작된 「급진적 디자인(radical design)」 운동을 통해 밀라노를 세계적인 디자인 중심지로 만들었고, 선진국 도약의 계기가 되었다. 우리도 「디자인 한국」을 만들어 우리 상품의 수출경쟁력을 높이고, 경제의 고부가가치화를 촉진하는 한편, 국가 이미지를 높여나가야겠다.

기술이 경쟁력이다

세계의 주요 연구소들이 저마다 21세기를 주도할 신기술을 예측해 발표하고 있다. 그런데 이들 보고서의 결론은, 앞으로도 기술이 국가의 경쟁력뿐 아니라 기업의 존망을 결정짓는 가장 중요한 요인이라는 것이다.

이는 정보통신·생명공학 등 신산업이 주도하는 기술혁신의 속도가 빨라지고 신기술개발에 막대한 비용이 소요되고 있어 조금이라도 뒤지면 바로 경쟁에서 도태되고 마는 현실을 지적한 것이다.

그러나 예전처럼 로열티를 지불하고 기술을 도입하는 라이선스 방식은 기술 보유기업의 기피와 로열티 상승으로 갈수록 어려워지고 있다. 이에 따라 우리와 같이 원천기술이 부족한 국가로서는 기술도입 방식으로 자본과 기술이 함께 도입되는 외국인 직접투자에 주목하지 않을 수 없다.

외국인 직접투자에서는 크게 두 가지 형태로 기술도입 효과가 나타난다. 하나는 외국 모기업이 국내 투자기업에 직접적으로 기술을 공여함으로써 기술도입이 이루어지는 경우다. 다른 하나는 국내 투자기업에 대한 자본재의 투자를 통해 여기에 체화된 기술이 간접적으로 도입되는 경우다.

이와 같이 도입된 기술은 여러 경로를 거쳐 국내기업으로 파급되는 효과가 발생하는데, 국가경제 차원에서는 이 효과가 더욱 중요하다. 먼저 국내기업이 외국인 투자기업의 중간재를 구매해 완제품을 생산하는 과정에서 발생하는 효과가 있다. 이를 전방 연계효과라고 하며 듀폰 코리아가 자사제품을 이용한 국내기업의 신상품개발에 기술지원을 아끼지 않는 것을 예로 들 수 있다.

한편 외국인 투자기업이 국내 하청기업 또는 부품제공기업에 기술지원을 하는 과정에서 발생하는 효과가 있다. 이것은 후방 연계효과라고 하며 모토로라 코리아가 반도체의 위탁생산을 의뢰한 국내기업에 기술전수, 기술자 양성 등을 지원한 것을 예로 들 수 있다.

이 때 축적된 기술과 기술인력이, 우리나라가 세계적인 반도체 생산국으로 도약하는 밑거름이 된 것이다.

이 같은 기술이전효과를 극대화하기 위해 각국은 자국에 필요한 기술을 들여오는 외국 투자기업에 대해 조세상의 우대조치를 하고 있다. 우리나라도 마찬가지로 고도기술 수반사업에 대해서는 법인세·소득세 등 각종 조세를 감면해주고 있다.

하지만 이 같은 기술이전효과가 충분히 발휘되려면 효율적인 기술이전체계가 구축되어야 한다. 그렇지 못할 경우 저급기술만 유입되어 단순조립기지로 전락할 가능성이 있기 때문이다. 따라서 장기적 관점에서 산업정책과 투자정책의 공조가 필요하다. 즉 산업정책상 중점적으로 육성해야 할 기술을 선정하고 이러한 기술을 보유한 외국기업의

<도표 23> 특허권 등 사용료 국제수지 추이

투자에는 전략적인 지원을 아끼지 말아야 한다. 또 하나는 우리 기업의 기술흡수능력이 더욱 제고되어야 한다는 점이다. 이를 위해서는 고급기술인력의 양성, 산학연 공동연구체제의 구축이 시급히 이루어져야 할 것이다.

21세기 기술환경의 특징 가운데 하나는 선진국의 기술보호주의와 개도국의 기술자립주의가 대결을 벌이는 점이다. 이러한 환경하에서 기술자립을 통해 선진국에 진입하기 위해서는 투자유치에 있어 정부의 조정자적 역할이 더욱 요구되고 있다.

제4부

투자환경의 개선 사례

켈트의 호랑이, 아일랜드

유럽에서 한국과 공통점이 가장 많은 나라는? 필자에게 답하라면 주저 없이 아일랜드를 꼽고 싶다. 역동적인 사회 분위기, 수출 지향적 경제구조, 외세에게 고통받은 역사적 경험, 다혈질적인 국민기질 등이 우리와 닮았기 때문이다.

실제로 월드컵 기간 중 영국의 〈파이낸셜 타임스(Financial Times)〉지는 「화끈한 한국인, 예절바른 일본인」이라는 제목의 기사에서 「한국인은 아시아의 아일랜드인이라고 불릴 정도로 음주가무를 즐긴다」고 평가한 바 있다.

아일랜드는 어떤 나라인가. 지도를 보면 아일랜드는 영국 옆에 위치한 인구 340만의 작은 섬나라로서 유럽의 서쪽 끝에 위치한 변방국가다. 1800년 영국에 합병되었고, 1922년 독립했지만 아일랜드는 영국의 그늘에 가려진 채 1980년대까지만 하더라도 궁핍한 주변부의 섬나라에 불과했다.

아일랜드는 우리와 마찬가지로 부존자원이 없고, 기술이 낙후되어 있으며, 국내시장이 협소했기 때문에 경제발전을 위해서는 해외로 눈을 돌릴 수밖에 없었다.

그들은 국가의 사활을 걸다시피 외자유치에 총력을 기울였다. 우선 외국인 투자기업에 대해 유럽에서 가장 낮은 10%의 법인세를 적용했다. 여기에다 아일랜드에 투자하는 외국인 기업들에게 산업개발청(IDA)을 통해 토지·보조금·전기·용수 등의 문제를 일괄적으로 해결해주는 「원스톱 서비스」를 제공했다. 전기·사무실·임대료 등 모든 비용도 경쟁국에 비해 저렴한 파격적인 조건도 제시했다. 또한 교육투자를 늘려 양질의 노동력을 제공하고, 노사정 간 사회연대 계약을 체결해 임금인상을 억제했다. 한편으로 정보통신, 소프트웨어, 제약, 금융 및 서비스 등 경제의 선진화에 기여하는 산업을 선별해 유치하는 전략을 병행해나갔다.

결과는 대성공이었다. 「국제무역투자보고서 2000」에 따르면, 아일랜드 경제는 유럽연합 전체 국내총생산(GDP) 중 1% 남짓을 차지함에도, 유럽연합이 유치한 외국인 직접투자액의 5.7%를 차지한 것으로 나타났다.

이로써 아일랜드는 국민 1인당 외국인 직접투자 유치액 기준으로 15개 유럽연합 회원국 중 스웨덴에 이어 2위를 차지했다. 이 결과 아일랜드에서 활동하고 있는 다국적기업의 수는 1,200여 개에 달하고 있다. 이 중에는 델, 에릭슨, 휴렛팩커드, 아이비엠, 오라클 등 우리 귀에 낯익은 첨단 정보통신 기업들이 수두룩하다.

외국인 직접투자가 증가하면서 아일랜드 경제에는 근본적인 변화가 가속화되고 있다. 하이테크 산업을 중심으로 외국인 직접투자가 증가하면서 유럽의 변방에서 중심으로 거듭나고 있는 것이다. 유럽

사람들은 아일랜드 경제의 눈부신 성장을 빗대 「켈트의 호랑이」라고 부른다. 켈트족의 국가 중 경제가 가장 눈부시게 성장하고 있는 것을 나타낸 말이다. 실제로 아일랜드 경제는 1990년대에 걸쳐 연평균 8.5%의 경이적인 성장률을 기록해 유럽연합 평균 2.3%를 크게 앞질렀다. 불과 10년 전만 하더라도 아일랜드 경제가 이같이 놀라운 속도로 성장하리라고 예상한 사람은 거의 없었다.

이 결과 아일랜드의 수도 더블린에는 세계 어느 도시보다 BMW, 벤츠와 같은 고급차들이 자주 눈에 띈다고 한다. 그만큼 경제가 활기를 띠고 있다는 것이다.

그렇다면 아일랜드가 외국인 직접투자 유치에 성공할 수 있었던 요인은 무엇일까. 우선 아일랜드 교육의 질적 우수성을 지적하지 않을 수 없다. 스위스 국제경영평가원은 아일랜드의 교육경쟁력을 유럽뿐 아니라 세계에서도 최고수준으로 평가하고 있다.

실제로 교육 시스템이 국가경쟁력 향상에 어느 정도 도움을 주는지를 조사한 결과, 아일랜드는 세계최고라는 독일과 미국을 제치고 조사 대상 국가들 중 가장 높은 점수를 얻었다.

또한 25~34세까지 연령층 중 고등교육을 받은 사람의 비율을 조사한 결과 아일랜드는 31%로 서구 선진국 가운데 벨기에에 이어 2위를 차지했으며, 같은 연령층에서 과학이나 공학학위를 가지고 있는 비율도 5.7%로 비교 대상국들의 평균인 4.7%보다 높은 것으로 밝혀졌다.

둘째로 우수한 사회간접자본을 들 수 있다. 특히 아일랜드가 중점을 둔 것은 통신 인프라의 구축이었다. IT산업을 유치하기 위한 핵심적인 조건이었기 때문이다. 이 결과 아일랜드는 유럽에서 가장 진보된 통신망을 구축하는 데 성공했다.

아일랜드 소프트웨어 산업의 중심지인 수도 더블린은 미국과 유럽을 잇는 해저 광통신망의 유럽 쪽 관문에 직접 연결되어 주요 유럽 경로와 북미경로에 혼선 없이 빠르게 연결되고 있다. 유럽과 아일랜드를 잇는 해저 케이블 망과 국내 주요 도시를 연결하는 통신망은 현재 수요를 훨씬 뛰어 넘는 대용량을 제공하고 있으며, 향후 수요에 따라 용량을 10배로 증대시킬 수도 있다.

셋째로 각종 규제와 법규 등 제도정비 노력을 꼽을 수 있다. 이미 2000년에 세계에서 가장 진전된 것으로 평가받은 「전자상거래법 (Electronics Commerce Act 2000)」을 제정했으며, 통신사업에 관해서도 경쟁 촉진적이지만 과당경쟁을 방지할 수 있는 「통신규제법(Communication Regulation Legislation 2000)」을 제정했다.

이 같은 법규는 계약 지불, 과세, 지적재산권, 분쟁해결 등에 대한 명확한 정의와 처리절차를 규정하고 있어 다양한 형태로 진화하고 있는 전자상거래 관행에 대한 불확실성을 제거한 것으로 평가받고 있다.

아일랜드의 외자유치 성공요인을 요약하면 우수한 노동력과 실용적인 교육, 낮은 기업비용 및 세제혜택, 통신 및 물류체계 발달, 정부의 제도적 지원 등이다.

별다른 자원이 없는 아일랜드는 외자유치를 통해 IT기술을 적극 발전시키고 이를 여러 분야에 적용함으로써 산업 전반의 생산성 제고와 경쟁력 강화로 연결시키고 있다.

아일랜드는 외국기업에게 문호를 개방하고 다시 이들을 통해 세계로 진출하는 세계화 전략, 실패를 두려워하지 않는 혁신정신 등을 통해 21세기 신경제의 패러다임을 단적으로 보여주고 있다. 「동북아시아 비즈니스 중심지」를 꿈꾸는 우리로서는 아일랜드의 성공에서 교훈을 얻어야 할 것이다.

중미 외자유치의 모범국, 코스타리카

인텔, 마이크로소프트, 모토로라, 에이서 등은 모두 우리가 익히 알고 있는 세계적인 기업이다. 그러면 이들이 갖고 있는 또 다른 공통점은? 놀랍게도 중남미의 소국 코스타리카에 생산과 유통을 위해 엄청난 규모의 투자를 하고 있다는 사실이다.

코스타리카는 인구 382만 명의 중미 국가로 바나나·커피·관광이 경제를 지탱하는 작은 나라다. 최근 이 나라가 적극적인 외자유치를 통해 「남미의 실리콘밸리」로 불릴 정도로 놀랍게 변모하고 있다. 볼품 없는 농업국가였던 코스타리카를 남미의 수출거점으로 변모시킨 것은 다름 아닌 세계 유수의 다국적기업들이다. 전망에 따르면, 코스타리카의 2005년 총수출액은 157억 달러로 1998년에 비해 약 4배 증가할 것이라고 한다. 수출 급성장의 주역은 외국인 투자가 집중되고 있는 하이테크 산업이다.

세계적인 반도체 메이커, 인텔(Intel)이 무려 5억 달러를 코스타리카에 투자해 반도체 단지를 만들기로 결정한 것이 대표적인 사례다. 인텔사를 유치하는 데 중요한 역할을 한 것은 코스타리카 투자개발위원회(CINDE)다. 우리나라로 치면 외국인투자지원센터(KISC)에 해당하는 이 기구는 1982년에 설립된 비영리 민간단체로 외국인 투자자에 대한 상담, 정보제공 등의 업무를 담당하고 있다.

이 때문에 관료주의와는 거리가 멀고 정치적 이해관계에서도 비교적 자유로운 편이다. 이 기구는 민간조직이라는 이점을 십분 활용해 외국인 투자자가 필요로 하는 서비스를 신속·정확하게 제공하는 한편 전반적인 투자환경 개선을 위해서도 목소리를 높이고 있다.

인텔로부터 투자를 유치하는 데 유연하고 능동적인 이 기구의 특성이 유감없이 발휘되었다. CINDE는 인텔이 해외투자를 계획하고 있으며, 코스타리카도 후보지역으로 올라 있다는 정보를 입수하자마자 특별팀을 가동해 투자유치에 총력을 기울였다.

그들은 외국인 투자자가 코스타리카에서 공장을 새로 세우고 기업경영을 할 경우 다른 나라와 비교해서 밟아야 할 절차나 허가가 얼마나 간단·투명·신속한가를 집중적으로 홍보했다.

이러한 열성 덕분에 코스타리카는 특별한 인센티브를 제공하지 않고도 인텔을 유치하는 데 성공할 수 있었다. 당시 인텔에서 코스타리카 투자업무를 담당했던 마이크 에드워드는 다음과 같이 회고한다. 『코스타리카 정부가 우리에게 제시한 인센티브는 다른 나라와 비교할 때 그리 인상적이지 않았다. 그러나 그들이 보여준 신속한 반응과 성실한 자세는 매우 인상적이었다.』

이 밖에도 코스타리카가 지역투자거점으로 부상할 수 있었던 요인으로는 여러 가지가 있다. 첫째, 지리적 이점을 잘 활용했다. 대평양과 대서양에 모두 접근 가능한 항구, 미국과의 지리적 근접성이 그것이다. 특히 4,000개 규정상품 수입시 무관세 조항을 담고 있는 미국의 「카리브만경제회복법(CBERA)」의 혜택을 톡톡히 보고 있다. 또한 코스타리카는 WTO와 중미공동시장의 정식 회원국으로서 자유무역지대를 창설하는 데 주도적인 역할을 하고 있다. 몇 년 간에 걸친 역내 경제통합 노력 덕분에 코스타리카 경제는 이제 안정적인 성장궤도에 진입하고 있다.

둘째, 정부의 외국인 직접투자 유치를 위한 정책적 뒷받침이 있었다. 경제정책의 측면에서 코스타리카는 1980년대 이래 집권한 대통령들이 모두 과감하게 기업경영환경을 개선하는 데 주력해왔다. 현 대통령인 로스리게스, 전임 대통령인 피구에레즈는 모두 경제학 박사로 경제를 잘 이해하고 있는 인물들이다. 자유무역을 전폭적으로 지지하는 정책 선택, 투명한 무역법, 정부 개입의 최소화 등이 모두 외국인 직접투자를 끌어들이는 요인들이다.

셋째, 투자 친화적인 여건조성에도 노력했다. 최저 교육투자액을 GNP의 6%로 규정한 법률을 채택해 교육기반 강화에 주력하면서, 특히 기술교육에 역점을 두고 있다. 문맹률은 5%대로 역내 다른 국가에 비해 매우 낮으며, 고졸자와 대졸자의 컴퓨터와 영어실력은 매우 우수하다. 교통·에너지·통신·의료·교육 등 사회간접자본이 편리하게 갖춰져 있는 점도 외국인 투자자에게는 매력이 아닐 수 없다.

넷째, 주변국들에 비해 높은 사회적 안정도 중요했다. 세계은행은 코스타리카를 중남미 국가 중 「가장 안정적이고 튼튼한」 민주국가이며, 「가장 뛰어난 사회지표」를 나타낸 나라로 평가했다. 미국 국무부가 발간하는 국별 통상 가이드에서도, 코스타리카를 「민주적 가치와 정치적 자유, 인권보호, 권력분립과 헌법에 충실한 정부조직을 오랜 기간 동안 존중해온 나라」로 극찬을 아끼지 않고 있다. 특히, 국제기준에 충실한 노동법과 안정적인 노사관계는 투자처로서의 매력을 높이는 요인이다.

코스타리카는 중남미의 아일랜드로 불릴 정도로 외자유치를 통해 급속한 경제발전을 이루고 있다. 외국인 직접투자는 농업 중심의 코스타리카 산업지형을 첨단산업으로 급속히 변모시키고 있다.

외국인 직접투자가 산업구성, 경쟁방식, 기업조직문화 등 경제지형을 급격히 변화시키는 촉매제라는 점은 우리도 익히 목격하고 있는 바다. 선진경제로 도약하기 위해서는 더 많은 외국기업들을 유치하고, 이를 통해 변화를 촉진할 필요가 있다.

이해하기 힘든 규제

불필요한 규제는 기업활동에 지장을 초래하고 외국인 직접투자를 위축시키는 주된 요인이다. 정권교체가 이루어질 때마다 규제개혁은 단골 메뉴처럼 떠오르곤 했다. 그러나 그간의 요란한 규제개혁 작업에도 불구하고 이해하기 힘든 불합리한 규제는 아직도 도처에 버티고 있다. 외국인투자옴부즈만사무소에 접수된 고충을 보면 이러한 주장이 과장이 아님을 알 수 있다.

공중파 방송광고에 외국어 사용을 금지 또는 제한하는 규제 때문에 외국인 투자기업이 고충을 겪고 있다. 특히 다국적기업이 진출할 경우, 자신의 제품과 서비스에 대해 전세계적으로 구축한 통일된 이미지를 한국에서도 심고자 한다. 이를 위해 특별히 제작된 외국어 광고를 방송해야 할 경우도 있다.

하지만 우리나라 텔레비전이나 라디오에서 외국어로 광고하는 것은 쉽지 않다. 일정한 조건이 충족될 경우에만 외국어 사용이 가능하기 때문이다.

「방송광고심의에 관한 규정」에 따르면 「방송광고는 상품명, 기업명, 기업표어 등의 경우를 제외하고는 불필요한 외국어를 사용하여서는 아니되며…(22조③항)」, 「방송광고는 그 화면에 상품명, 기업명, 기업표어를 외국어로 표현할 때에는 한글로 병기하여야 한다(22조④항)」, 「방송광고에서는 외국어로 된 광고노래를 사용할 수 없다(23조①항)」고 규정하고 있다.

방송관련 규제를 총괄하고 있는 방송위원회에서는 소중한 우리의 문화자산인 한국어를 지키고 발전시키기 위해 외국어 방송광고 규제가 불가피하다는 입장을 견지하고 있다. 하지만 이것이 사실이라면 영화·팝송·드라마 등 일반방송에서는 왜 외국어 사용을 규제하지 않는지 의문이 아닐 수 없다.

한글자막과 함께 외국원어로 된 영화가 수시로 방영되고, 외국어로 된 팝송은 매일 홍수처럼 방송에서 쏟아져 나오고 있다. 또한, 최근에는 국민의 세계화를 지원하는 의도에서 뉴스도 외국어 음성다중 방송이 이루어지고 있기까지 하다. 한국시장에 진출하고자 하는 외국기업의 입장에서 볼 때 유독 방송광고에서만 외국어 사용을 규제하는 것은 차별이라는 오해를 일으키기에 충분하다.

방송심의에 관한 규정 제7조에서는 「방송은 인류보편적 가치와 인류문화의 다양성을 존중하여야 하며, 국제친선과 이해의 증진에 이바지하여야 한다」고 규정하고 있다. 방송에 대한 입장이 이러할진대 방송광고에서만 유독 이러저러한 구실로 외국어 사용을 규제하는 것은 국수주의적인 발상이 아닐 수 없다.

만일 어떤 외국기업이 대다수 한국사람들이 이해하기 어려운 외국어 방송광고를 하겠다면 이것을 굳이 법적으로 막을 필요가 있을까.

이윤을 추구하는 외국기업들이 한국 소비자의 입장은 무시한 채 매출 증대나 기업 이미지에 보탬이 되지도 않는 외국어 방송광고를 무분별하게 내보낼 리는 없지 않은가.

외국업체들은 「옥외광고물 등 관리법 시행령」에 대해서도 이해하기 어렵다고 목소리를 높이고 있다. 이 시행령은 「옥외 광고물에 흑색 또는 적색의 원색 사용을 바탕의 2분의 1 이하」로 규정하고 있다. 따라서 빨간색 바탕에 황금색 M자 문양의 간판을 달고 있는 맥도날드는 불법 간판이어서 철거하거나 색을 바꿔야 할 판이다. 이미 등록된 상표에 대해 정부가 변경을 하라고 요구하거나, 규제를 가한 사례는 전 세계적으로 유례를 찾아볼 수 없다. 나이키, 코카콜라 등의 세계적인 기업들도 적색 간판 규제에 걸리게 되는 문제에 직면하고 있다.

더구나 적색에 대한 기준도 지방자치단체별로 차이가 있는 등 일관성이 결여돼 있다. 서울시는 원색인 빨강색을 규제하는 데 반해 대구시는 적색류(원색 빨강이 20% 이상 포함)를 포함시키고 있다. 간판에 적색 사용을 규제하는 목적은 운전자의 시야 방해로 인한 교통사고를 예방하려는 것이라고는 하지만, 우리나라에서만 왜 이러한 규제를 해야 하는지 의문이 아닐 수 없다.

외국인 직접투자를 유치하기 위해서는 규제도 합리성과 객관성을 갖춰야 한다. 범세계적 기준에 비춰볼 때 자칫 조롱거리가 될 수도 있는 이와 같은 규제들이 계속 남아 있는 한 외국 투자자들이 한국을 외면하고 다른 나라로 떠날 수 있다. 세계화 시대에는 행정편의주의나 여러 가지 파장을 고려하지 않은 즉흥적인 발상에 기초한 규제가 예기치 않은 문제를 일으킨다. 규제를 만들고 집행하는 정부당국도 국내기업이나 내국인만을 염두에 둘 것이 아니라, 외국인과 외국기업을 배려하는 발상의 전환이 필요한 때다.

　세계화·정보화 등으로 경영환경은 급변하고 있는데, 제도와 법률은 이를 미처 따라가지 못해 기업활동에 지장을 초래하는 경우가 많다. 특히 외국인 투자업체의 경우에는 이러한 문제가 심각하다. 이를 보여주는 사례를 보자. 외국인투자옴부즈만사무소에 찾아온 한 외국인 투자업체 A사는 회사명을 영문으로 표기하는 방식 때문에 고충이 있다고 호소해왔다.

　A사의 한국어 정식명칭은 「한국 A」였는데, 외국에 수출할 때는 「A International」로 표기한 것이 화근이었다. 의약품을 생산해 주로 해외에 수출하고 있는 이 회사는 마케팅 목적상 한국을 빼고 대신 「International」을 회사 이름 뒤에 붙였다. 의약품을 수입할 경우에는 제조국 정부가 의약품의 안전성을 공인해 국내외 판매가 가능함을 허락한 「제조판매증명서」를 요구하는 국가가 많은데, 여기서 문제가 발생한 것이다. 이 증서를 발급하는 식품의약품안전청에서 A International로는 증명서 발급이 불가하고, Hankook A로만 가능하다고 했다. 식약청은 의약품의 경우 제품의 안전성 확보와 소비자 보호를 위해 제조회사를 엄격히 표시해야 하기 때문에 법적인 회사명 이외에는 사용할 수 없다고 설명했다. 만일 법률상 등재된 회사명과 다른 명칭을 가진 회사에 「판매허가증」을 발급했다가 문제가 생기면 어떻게 하느냐는 것이었다. 그 동안 해외시장에 A International로 알려진 이 회사는 걱정이 클 수밖에 없었다. 이러한 문제는 결국 한글로만 외국인 투자신고가 이루어지고 영문표기는 허용되지 않는 제도상의 맹점 때문에 발생한 것이다. 한글로 법인명을 신고하고 이를 영문으로 번역하다 보니 이와 같이 뜻하지 않은 문제가 생긴 것이다. 경제현실은 외국인 투자가 급증하고 있고 다른 나라와의 거래가 빈번하게 이루어지고 있음에도 불구하고, 우리의 제도는 과거 폐쇄경제 시대의 구태를 벗지 못하고 있다. 정부는 법령과 제도를 운용하고 개폐함에 있어, 주한 외국기업의 입장을 좀더 감안할 필요가 있다.

이제는 양에서 질로

1997년 금융위기 이후 외국인 직접투자 유치정책이 성공적이라는 데 이의를 달 사람은 많지 않다. 외국인 직접투자 유치 금액이나 유치기업 수라는 측면에서 괄목할 만한 성장세를 보였기 때문이다. 양적인 측면에서의 성공과 더불어 투자의 질적 측면에 대한 관심도 높아지고 있다. 우리나라를 동북아시아 비즈니스의 중심지로 육성하기 위한 계획과 다국적기업의 지역본부 유치가 외국인 직접투자정책의 핵심 현안으로 부상한 것이 대표적인 예다.

그러나 전체적으로 볼 때 우리 정부는 여전히 수량목표에 집착하고 있다. 매년 외국인 직접투자 유치목표액을 설정하고, 이 목표의 달성 여부에 따라 그 해 외국인 직접투자 정책의 성패를 평가하는 것이 이에 해당된다. 예를 들면 2001년 외국인 직접투자 유치액 119억 달러는 당초 목표액 150억 달러에 미달하는 것이었다. 그러나 이를 두고 2001년의 외국인 투자유치가 실패했다고 평가하기는 어렵다. 세계경기가 전반적으로 부진했다는 점, 9·11 미국 테러로 인한 충격, 일본의 경기침체 지속에 따른 투자위축 등을 감안하면 오히려 성공적으로 평가할 만한 실적이기 때문이다.

정부가 구체적인 사정을 감안하지 않고 당초 세운 양적 목표에 집착한다면 문제가 아닐 수 없다. 외부 경제여건 악화에 따른 자연적인 외국인 투자 감소를 무리하게 반전시키기 위해 인센티브와 지원이 남발될 경우, 경제 전체의 균형을 해치고 오히려 교란요인이 될 수 있다. 정부는 대불, 평동, 진사 등 지방 외국인 전용단지를 확장하고 있지만 정작 외국인들은 수도권에서 공장부지를 찾는 경우가 많다. 외국인 투자자의 수요는 무시한 채 전용공단의 면적만 늘릴 일이 아니다.

외국인 투자유치를 위한 인센티브, 즉 세제상의 지원도 재검토할 필요가 있다. 현재 고도기술 수반사업과 산업지원 서비스업에 투자하는 외국인에 대해서는 국세 및 지방세를 일정 기간 완전히 면제하는 제도가 시행되고 있다. 44개 분야, 578개 산업이 이의 적용을 받고 있다. 이것이 외국인 투자의 질을 높이는 역할을 하고 있기는 하지만, 산업이나 제품을 중심으로 세제지원을 하고 있기 때문에 경직적이라는 비판에 직면하고 있다.

영국이나 아일랜드처럼 투자안 하나하나마다 효과 분석을 하여 인센티브를 제공하는 탄력적인 유치전략도 시행해봄직 하다.

법규를 기계적으로 적용하는 방식으로는 외국인 투자유치를 효율적으로 하기 어렵다. 급변하고 있는 첨단산업, 경제환경을 감안할 때 한가하게 지원대상산업 리스트를 만들고 집행하는 것은 시대에 뒤지기 십상이다. 외국인 투자 건별로 엄격한 심사를 통해 우리나라에 많은 이득이 된다고 판단되는 투자계획에 대해서는 파격적으로 우대할 수 있는 시스템이 필요하다.

세제지원과 입지지원에 국한되어 있는 외국인 투자 인센티브도 좀 더 강화해야 한다. 보조금·금융지원 등을 도입해 우리나라에 긍정적인 파급효과가 큰 외국인 투자에 대해서는 더욱 다양하고 폭넓은 지원이 이루어질 수 있도록 해야 한다. 이러한 체계가 갖춰질 때 양질의 외국인 직접투자를 더 많이 유치할 수 있고, 유치금액에 치우친 정책도 치유될 수 있다.

사실 그 동안은 금융위기라는 급한 불을 꺼야 했기 때문에 찬밥, 더운밥 가릴 처지가 아니었다. 외국인 투자유치 금액은 국가경제의 존망을 좌우하는 중요한 문제였다. 하지만 이제는 경제도 안정되고 급한 불도 꺼졌다. 정해진 목표만 달성하면 된다는 고지점령식의 외국인 투자유치정책을 바꿀 때도 됐다. 우리 경제에 더 많은 보탬이 되고, 미래의 성장기반을 다져줄 업종과 업체를 더 많이 유치하는 데 관심을 가져야 한다. 이를 위해서는 우리의 투자유치 시스템과 조직도 한층 선진화될 필요가 있다.

세계화의 전제조건

외국인 직접투자의 급증에 따라 한국의 세계화가 급속히 진전되고 있다. 하지만 2002년 1월 발표된 미국 컨설팅 회사 A.T. 커니(A.T. Kearney)의 세계화 지수에 따르면 한국은 아직도 주요 선진국에 비해 가야 할 길이 멀다.

2000년을 기준으로 한국은 62개 조사대상국 중 31위를 기록했다. 이는 말레이시아 20위, 폴란드 27위에 비해 뒤지고, 일본 38위, 중국 53위보다는 앞서는 것이었다.

이 발표결과에 따르면 아일랜드가 1위를 차지해 세계화가 가장 진전된 국가로 나타났다. 강력한 친기업정책, 영어사용 인구, 집중적인 하이테크 기술인력 양성 등이 섬나라인 아일랜드를 가장 인기 있는 투자처로 만든 원동력이다. 뒤를 이어 스위스와 싱가포르가 2위, 3위를 각각 차지했다.

이들 국가는 모두 소규모 개방경제로서, 원활한 기업활동을 위해 필수적인 상품·금융·서비스 등의 거래에 대해 최대한의 자유를 보장하는 공통점을 갖고 있다.

그렇다면 세계화는 무엇을 의미하는가. 세계화란 경제·문화·정치·환경 등 인간생활의 다양한 측면에서 국가 간 장벽이 허물어지고 상호의존성이 높아져 점진적으로 통합되어가는 과정이다. 오늘날 세계는 어떤 국가도 국제교류에서 벗어나 자급자족을 추구해서는 생존이 어려운 국면에 이르고 있다. 이제 세계화는 선택의 문제가 아니라 생존과 번영을 위한 불가피한 선택이 되고 있는 것이다.

당장 우리나라만 하더라도 중동의 유가변동에 따라 경제가 크게 영향을 받고, 미국경기에 따라 국내경기도 좌우되며, 미국증시의 등락이 곧바로 한국증시에 영향을 주고 있다.

경제에 초점을 맞춰보면 지구촌의 세계화를 주도하는 것은 무역과 직접투자다. 우리나라는 수출을 통해 경제성장을 이룩했다는 점에서는 세계화 물결을 성공적으로 활용했다. 그러나 세계화의 혜택을 완전히 누린 것은 아니었다. 그것은 1997년 금융위기 전까지만 하더라도 세계화의 또 다른 축인 외국인 직접투자에 대해 지나치게 소극적인 자세로 일관해왔기 때문이다.

수출지향적 경제성장정책은 피폐한 경제를 일으키고 성장의 발판을 만드는 데 성공적이었지만, 부정적인 유산도 함께 물려주었다. 수입을 죄악시하는 편향된 인식, 국내시장 보호를 위한 여러 가지 제도적 장벽, 폐쇄적인 사고방식 등이 그것이다. 세계화 시대에는, 우리 시장은 보호하면서 교역상대국 시장을 두드리는 편향적인 자세는 용납되기 어렵다. 교역상대국과 호혜적인 경제관계를 구축하고, 동반성장을 모색하지 않는다면 돌아오는 것은 통상마찰뿐이다.

또한 모든 것이 개방되고 있는 시대에 수입품을 무조건 배척하는 자세는 공정한 경쟁을 통해 더 좋은 제품을 만드는 기회도 막는 일이다. 지금 우리나라가 세계적으로 경쟁력을 갖고 있는 반도체·자동차·가전제품·휴대폰 등은 우리가 세계시장에서 경쟁을 통해 일군 제품들이다. 국내시장에서도 열린 자세와 적극적으로 경쟁하겠다는 태도 없이는 이와 같은 세계적인 제품이 등장하기 어렵다.

지나친 규제와 각종 진입장벽 등으로 경쟁이 제약받는 「관치경제」도 수출주도형 경제성장정책이 낳은 부정적인 유산이다. 수출기업 육성을 위해 금융·세제·보조금 등이 소수에게 집중되었고, 시장을 통한 자유로운 경쟁은 크게 제약받았다. 이 때문에 정경유착과 부정부패, 금융부실이 누적되었고, 결국은 1997년 금융위기를 맞이하는 단초가 되었다.

1997년 금융위기 이후 우리 정부도 관치경제의 문제점을 인식하고, 경제정책기조를 근본적으로 바꿔 대대적인 규제개혁과 과감한 대외개방정책을 추진해왔다. 특히 정부가 외국인 직접투자 유치에 발벗고 나선 것은 세계화를 올바로 관리하고, 이를 제2의 성장동력으로 삼기 위한 중요한 정책전환이 아닐 수 없다. 세계화를 올바로 인식하고 이를 제대로 관리하기 위해서는 다음과 같은 노력이 선행되어야 한다.

첫째, 우리 국민들이 국수주의적인 태도를 버리고 더욱 세계화된 의식구조를 가질 필요가 있다. 몇 년 전까지만 해도 대부분의 우리 국민들에게 거리에서 또는 직장에서 외국인을 만나는 것은 아주 낯선 일이었다. 그러나 이제는 사정이 많이 달라졌다. 한국에서 활동하는 외국인 투자업체가 크게 증가했고, 이에 따라 외국인 경영자나 근로자도 크게 늘어났기 때문이다.

그렇다면 과연 우리 국민들은 진정으로 외국인들을 동반자로 받아들여 함께 일하고 생활할 자세나 인식이 되어 있는가. 그들을 아직도 우리와는 다른 낯선 이방인으로 보고, 차별하거나 냉대하지는 않는가. 일과 일상생활의 터전으로 한국을 선택한 외국인들이 이 땅에서 뿌리내리고 살도록 하려면, 우리 국민들이 그들을 이웃으로 받아들이고 너그럽게 포용해야 한다.

둘째, 정부·노동·농업부문 등에 아직도 남아 있는 두터운 보호장벽을 시급히 제거해야 한다. 다른 분야에 대한 개방정책은 커다란 진전을 보았지만, 이들 부문은 여전히 성역으로 남아 있다. 거세게 밀려드는 개방화의 압력에 대항해 이들 부문을 보호하려 한다면 국민들의 부담이 얼마가 될지 모를 일이다. 고비용 구조를 갖고 있는 기업이 경쟁력을 유지하기 어렵듯이, 국가경제도 마찬가지다. 무거운 짐을 지고 달리는 경주마는 쉽게 지쳐 경기에서 이기기 어려운 법이다.

비대하고 비효율적인 공공부문은 결국 높은 조세부담으로 귀착될 것이다. 또한 지나친 근로자 보호는 경직적인 노동시장과 기업의 노무비 부담 증가로 이어져 기업경쟁력을 저해하게 된다. 농업부문을 보호하기 위해 국민들이 지불해야 할 높은 농산물 가격과 교역상대국과의 통상마찰에 따른 피해도 얼마가 될지 모른다.

한국과 중국 간의 마늘분쟁이 대표적인 사례다. 한국이 2000년 6월 1일 세이프가드 조치를 통해 중국산 마늘에 315%의 고율관세를 부과하자 중국이 한국산 폴리에틸렌과 휴대폰 수입중단 조치를 취하면서 시작됐다. 당시 중국산 마늘 수입을 막아 얻을 수 있는 이득이 불과 800만 달러였지만 휴대전화와 폴리에틸렌의 수출감소 규모는 5억 달러로 집계됐었다.

1997년 금융위기 이후 개방을 통해 민간부문의 경쟁력은 몰라보게 개선되고 있다. 그러나 앞서 언급한 세 부문은 경제 전체의 효율성을 떨어뜨리고, 경쟁력을 저해하고 있다. 이 문제를 해결하지 않고서는 우리나라의 개방정책도, 규제개혁도 결국 좌초할 수밖에 없다.

정부, 노동, 농업부문은 막강한 조직력을 바탕으로 자신의 이익을 지키기 위해 정치권과 정부에 막대한 압력을 행사하고 있다. 어떤 세력도 정치생명을 걸지 않고서는 이들과 정면으로 맞서기 힘든 것이 한국의 정치현실이다. 국민들의 개혁에 대한 자각과 적극적인 성원 없이는 결코 이들 부문을 개혁하기 어렵다. 대처 총리가 집권한 후 강력한 노동조합과의 지루한 싸움에서 승리할 수 있었던 것도 결국은 영국 국민들의 성원 때문이라는 점을 상기할 필요가 있다.

우리나라의 세계화 정책은 지금 기로에 서 있다. 1997년 금융위기 이후 기업부문과 금융부문에 대한 구조조정은 상당한 진전을 보았다. 그러나 정부부문, 노동, 농업 등 정작 힘든 과제는 아직도 해결되지 못하고 미궁에 빠져 있기 때문이다. 임기 말이 다가오는 현 정부로서는 이를 적극적으로 추진하기 어렵고, 여야를 막론하고 대통령 후보들도 이 문제에 대해서는 함구하고 있다. 국민들도 권력형 부정부패에는 관심이 많지만, 미래 성장기반을 만들기 위한 시스템 개혁에 무관심하기는 매한가지다.

세계화는 피상적인 구호가 아니다. 고통과 개혁을 감내하면서 개방된 나라로 나아갈 것인가, 아니면 보호와 규제에 안주해서 과거를 답습할 것인가의 선택을 강요하고 있다. 민간부문의 힘만으로는 지속적인 성장이 어렵다는 사실은 일본이 잘 보여주고 있다. 일본은 소니, 미쓰비시 등 세계적인 기업들이 많지만, 국가 시스템 개혁을 못 해 장기불황에서 헤어나지 못하고 있다. 그 동안은 IMF라는 외세의 힘을 빌려 개방과 개혁을 추진했다면, 이제는 우리 손으로 스스로 선택할 순간이다.

대처 총리의 영국개혁

낮은 생산성, 인플레이션, 실업, 적대적 노사관계―1970년대 영국을 상징했던 단어들이다. 19세기 영국은 전세계 2%의 인구로 세계를 호령하던 초강대국이었다. 그러나 1970년대 영국은 「유럽의 병자」로 불릴 정도로 최악의 상황으로 전락했다. 급기야 1976년에는 IMF에 구제금융을 신청하게 되었다.

「철의 여인」 대처는 1979년 5월 총선에서 보수당이 승리함으로써 총리가 되었다. 총선 직전 영국국민은 「불만의 겨울」로 불리는 최악의 파업난을 겪어야 했다. 1978년 9월 포드자동차의 파업을 시작으로 학교·병원·공항·철도·화물차 등이 연쇄파업에 가담함으로써 영국국민은 노사분규에 치를 떨어야 했다.

대처는 집권 후 일련의 개혁을 단행했는데, 그 중에서도 노동개혁이 가장 빛나는 업적이다. 대처 집권 이전에도 노동개혁을 추진하려는 시도는 여러 번 있었지만, 노동조합의 거센 저항 때문에 좌절되곤

했기 때문이다. 주지하듯이, 당시 노조는 여론의 지지와 막강한 조직력을 바탕으로 영국사회를 주도했다. 노조는 파업으로 영국경제를 마비시키고 정부를 해산할 수 있다는 말까지 나왔다. 여기에는 핵심세력인 노동조합의 지원에 힘입어 등장한 노동당 정부(1974~79)의 노동보호정책도 작용했다.

결과적으로 영국경제는 잦은 파업과 경직적인 노동시장 때문에 경쟁력을 잃어갔다. 예를 들면 자동차 산업의 경우, 수많은 부품산업으로 이루어지는 산업의 특성상 일부 업체에서의 파업은 전체 산업의 생산중단을 가져오기 일쑤였다. 이런 일들이 여러 산업에서 연이어 나타나면서 영국경제는 점차 성장이 둔화되고 실업률은 높아만 갔다.

대처 총리는 이러한 영국병을 치유하기 위해 노조의 권한을 제한하고, 파업에 대한 노조의 책임을 강화하는 등의 노동법 개정을 단행했다. 노조가입을 고용의 전제조건으로 하는 클로즈드 숍(closed shop) 조항 폐지, 파업에 대한 노조의 면책요건 강화, 불법파업에 대한 노조의 책임강화, 노조 내부의 민주화 등이 주요 골자였다.

이러한 개혁조치에 대해 노조의 반발이 거셌음은 두말 할 나위가 없다. 대표적인 사건이 1984년 전국광부조합이 벌인 1년 간의 파업이었다. 영국의 석탄광산들은 제2차 세계대전 이후 석유 등 대체 에너지의 보급으로 채산성을 급격히 잃게 되었으나, 노조의 저항 때문에 폐쇄는 엄두도 내지 못했다. 하지만 1년 간에 걸친 노조의 거센 투쟁에도 불구하고 대처는 마침내 승리했다. 이 사건 이후 광산은 차례로 정리되었고, 노조는 급격히 힘을 잃게 되었다.

영국정부는 노동개혁을 위해 채찍과 함께 당근도 제시했다. 소득세 인하 조치가 그것이다. 개정 전 소득세율이 최저 33%, 최고 83%였던 것을 서유럽에서 가장 낮은 수준인 25%, 40%로 각각 낮췄다. 이는 세

후실질소득을 지지함으로써 노조의 임금인상 압력을 낮추고, 근로의
욕을 북돋는 한편, 노사 간 협력의 계기를 마련하기 위함이었다.

개혁의 성과는 놀라웠다. 대처 총리의 집권 10년 동안 제조업 노동
생산성은 6배 증가했고, 근로자의 노조가입률은 57.4%에서 46.0%로
떨어졌으며, 파업에 따른 근로자 1,000명당 노동손실일수는 1,270일
에서 166일로 뚝 떨어졌다. 이와 함께 외국인 투자가 급증했다. 투쟁
적인 노조 때문에 기피해왔던 해외 투자자들이 영국의 노동개혁을 높
이 사기 시작했다. 외국인 투자는 영국경제에 활력을 불어 넣었으며,
수출증가와 경제성장의 동력을 제공했다.

우리는 영국의 경험을 통해 진정으로 근로자를 보호하는 길은 노조
의 입지강화와 노동보호입법에 있는 것이 아니라 개혁과 경쟁력 제고
에 있음을 직시해야 한다.

지금 우리에게 가장 시급한 과제는 유연한 노동시장과 협력적인 노
사관계를 구축하는 것이다. 해외 투자자들은 한국의 투쟁적인 노조,
해고 등이 자유롭지 못한 경직적인 노동시장에 대해 불평하고 있다.
비단 이들의 지적이 아니더라도 국가경쟁력을 높이기 위해 노동개혁
이 필요함은 두말 할 나위가 없다.

한일투자협정에 부쳐

2001년 말 9차에 걸친 회담 끝에 한일투자협정 초안에 대한 합의서가 발표되었다. 이어 2002년 3월에는 김대중 대통령과 고이즈미(小泉) 총리가 지켜보는 가운데 양국 외무부장관의 한일투자협정 서명이 이루어졌다. 일본은 이미 협정의 발효를 위해 필요한 국내절차를 마쳤으며, 우리나라도 조만간 국내절차가 완료될 것으로 전망된다.

한일 간 투자협정은 투자보호와 투자자유화를 통해 양국 산업의 보완성을 높이고 경쟁력을 향상하는 데 목표를 두고 있다. 한국은 통신·인터넷·반도체 등 정보통신산업에서 세계적인 경쟁력을 확보하고 있는 반면, 일본은 기계류, 부품과 소재에서 탁월한 경쟁력을 보이고 있다. 양국 간 자유로운 투자를 보장함으로써 자원의 최적배분과 입지선택 기회의 확대로 인한 투자의 효율성 제고가 기대된다.

한국의 입장에서는 일본과의 투자협정이 장기적으로 대일무역적자

해소의 중요한 돌파구가 될 수 있다. 1965년 국교수립 이래, 2001년까지 누적 대일무역적자는 1,727억 달러로, 이 중 상당 부분은 부품소재의 대일의존 때문에 발생했다. 더욱이 한일투자협정을 계기로 가속화하고 있는 일본의 해외공장 이전을 위한 새로운 투자처로 한국이 부상하는 계기가 될 수 있다. 일본의 많은 제조업체들은 버블 붕괴 이후 10여 년에 걸친 극심한 국내불황과 저가 중국산제품의 공세에 따른 경쟁력 약화로 공장의 해외 이전을 고려하고 있다.

일본은 전통적으로 한국에 대한 주요 투자국이었다. 한국에 진출한 외국기업 수 면에서는 1위로 2,700개를 상회하고 있으며, 금액 면에서도 미국에 이어 2위로 2001년 말 기준으로 113억 달러에 달하고 있다.

게다가, 한일 양국은 동아시아 지역의 새로운 전략적 파트너인 중국의 부상에 공동대응할 필요성이 있다. 중국의 등장에 따른 세계시장에서의 경쟁심화와 통상마찰을 우회하기 위해서는 한일 간의 긴밀한 경제협력관계 구축이 선행되어야 한다.

양국 간 경제정책 조율을 통해 지역국가 간 환율안정을 기함으로써 아시아 통화전쟁의 가능성을 차단할 필요가 있다. 아울러 장기적으로는 동북아시아 경제권을 형성해 미국과 EU에 대항함으로써 동아시아 지역의 경제적 이해를 증진할 필요가 있다.

그러나 한일투자협정에 대한 비관론도 만만치 않다. 양자 간 투자협정은 외교관계가 없다거나 정치적으로 불안정한 경우 효과가 있는데, 한일 양국의 경우는 이에 해당되지 않는다. 또한 한국의 노사분규에 대한 실질적인 해결방안 없이 선언규정만 포함된 점도 문제다. 노사분규는 일본 투자자들이 가장 우려하는 것으로 이를 근본적으로 해결하지 않고서는 일본 자금을 유치하기 어렵다는 지적이 많다.

협력적 노사관계 구축은 한국경제의 안정적 성장을 위한 전제조건인 동시에 외자유치를 위한 가장 확실한 조치다. 1970년대 높은 실업률과 인플레이션으로 고통받던 영국도 대처 총리의 노동개혁에서 경제회생의 발판을 마련했음을 상기할 필요가 있다. 탄광촌이던 영국의 뉴캐슬이 외자유치를 통해 전자산업의 중심지로 거듭날 수 있었던 것도 바로 노동개혁이다.

이러한 점에서 정부는 불법적인 노사분규에 대해서는 엄정한 법집행을 통해 단호히 개입할 필요가 있다. 정부가 표를 의식해 불필요한 정치적 고려를 할 필요는 없다. 또한 국회에서는 주5일 근무제 도입 등을 위해 노동법을 개정함에 있어 과도한 노동보호입법이 경제 전체에 해가 될 뿐이라는 점을 명심해야 한다.

경영권 보호와 기업경영환경 개선이야말로 경제 번영을 통해 궁극적으로 노동자를 보호할 수 있다는 것은 그리 이해하기 어렵지 않다.

중국과 인도가 주는 교훈

중국과 인도는 광대한 국토, 거대한 인구, 장구한 역사 등 많은 공통점을 갖고 있다. 양국은 세계 4대 문명의 발상지이자, 주요 종교의 성지로 인류의 정신문명에 지대한 영향을 미쳤다. 또한 역사적으로 아시아의 두 맹주였다가 19세기 제국주의 침략으로 몰락해 식민지 또는 반식민지로 전락한 공통점을 갖고 있다.

현재 양국은 경제발전을 위해 많은 노력을 경주하고 있다. 중국은 1979년부터 고립정책을 포기하고 개방정책으로 전환했으며, 인도도 1991년부터 자급자족정책에서 탈피해 개방과 개혁을 추진하고 있다. 그 결과 양국 경제는 예전의 부진에서 벗어나 견조한 성장세를 지속하고 있다.

그러나 외국인 투자로 한정해본다면 양국 간에는 커다란 격차가 존재한다. 국제연합무역개발회의(UNCTAD)에서 발간하는 「세계투자보고서 2001」에 따르면, 2000년 인도의 외국인 직접투자 유치액은 23억

<도표 24> 중국과 인도의 외국인 직접투자 현황(2000년, 누계 기준)

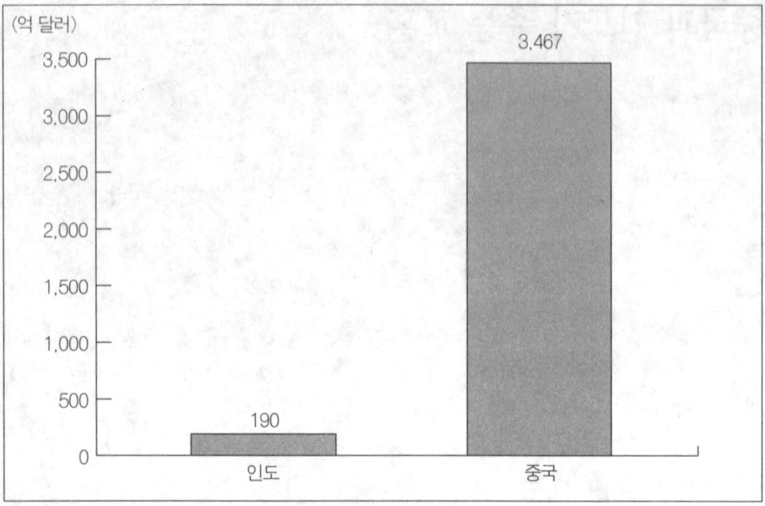

달러, 누적액은 190억 달러였던 반면, 중국은 각각 408억 달러, 3,467억 달러에 달했다. 그 결과 1998년 중국 내 외국기업의 수는 전체 중국기업의 16%를 차지했고, 중국 총산업생산의 24.7%, 중국 총자산의 17.6%, 그리고 총수익의 18.8%를 외국기업이 점유했다.

그렇다면 양국이 외국인 직접투자를 유치하는 데 이와 같이 커다란 차이를 보인 원인은 무엇인가. 첫째, 정부의 개방정책에 대한 의지에 차이가 있었다. 중국의 위대한 지도자 등소평은 『검은 고양이든 흰 고양이든 쥐만 잡으면 된다』는 실용주의적인 개혁개방 노선으로 경제발전을 이끌었다. 개혁개방의 과정에서 외자유치는 중국경제의 활력을 높이는 데 크게 기여했다.

반면에 인도정부의 개방정책은 전면적이지 못하고 도로 · 항구 · 통신 · 전기 등 사회간접자본만을 부분적으로 개방하는 데 그쳤다. 인도정부는 기본적으로 외자유치에 따른 국부유출을 우려해 수익성이 낮고 대규모 투자유치가 필요한 이들 사회간접자본 분야만을 개방한 것이다.

둘째, 지방정부의 역할에서도 차이가 있었다. 많은 경우 지방정부는 토지·환경·건축 등과 관련된 각종 인허가권을 갖고 있기 때문에 외자유치를 위해서는 지방정부의 협조가 필수다. 사회주의 국가인 중국에서는 공산당이 결정한 외자유치 정책이 중앙정부는 물론 지방정부에까지 일사불란하게 관철된다. 지방정부가 우수한 인력을 외자유치 부서에 우선적으로 배치하고, 투자유치에 대해 공무원에게 인센티브를 제공하는 파격적인 정책을 도입한 점도 외자유치에 기여했다.

이와는 대조적으로 인도는 영국의 식민지배를 200여 년 간 받으면서 민주주의 경험을 오랜 기간 쌓아왔다. 이에 따라 민주적 원리는 인도사회를 움직이는 중요한 원칙이 되었고, 지방자치제도도 확고하게 자리를 잡게 되었다. 중앙정부가 개방정책으로 노선을 바꾸더라도, 많은 지방정부들은 외자유치에 여전히 소극적이며, 중앙정부가 이를 통제할 수 있는 수단도 마땅치 않다. 여기에 덧붙여 지방정부에 넓게 퍼진 부정부패, 투자절차의 미확립, 공장건축 및 운영에 소요되는 예기치 못한 비용 발생 등도 외국인 투자자를 망설이게 하고 있다.

인도는 중국과 비교해 많은 장점을 갖고 있다. 영어로 의사소통이 가능한 많은 인구, 낮은 임금으로 채용할 수 있는 첨단 기술자, 발전된 정보통신산업 등이 그것이다. 그럼에도 불구하고 개방정책에 대한 자신감 결여, 정부의 약한 정책의지, 그리고 중앙정부와 지방정부 간의 불협화음 등이 투자처로서 인도의 매력을 감퇴시키고 있다. 아무리 좋은 외자유치 조건을 갖고 있더라도 이를 잘 엮어 보배로 만드는 것은 결국 정부의 지도력에 달려 있는 것 같다.

준조세와 외국인 투자

회비·성금·부담금 등 각종 준조세 때문에 한국에 진출한 외국 기업들의 불만의 소리가 높다. 명확한 징수근거가 없는 수수료·부담금 등은 물론, 가입하지도 않은 단체에서 각종 회비 고지서가 수시로 날아들어 부담스럽다는 것이다.

준조세는 「조세 이외에 기업이나 국민이 강제적으로 부담하는 금전 지급의무」로 정의된다. 따라서 설령 반대급부가 있더라도 수요자의 선택을 제한하는 것은 준조세로 파악된다. 준조세는 성금·기부금 등 자발적인 것과 함께 각종 회비·분담금·수수료·보험료 등 법적 근거가 있는 것을 모두 포함한다.

기업이 자발적 의사에 따라 다양한 형태로 이익을 사회에 환원하는 것은 바람직한 일이다. 그러나 이것이 반강제로 이루어지는 것은 마치 세율을 올린 것과 같이 기업의 경제활동을 위축시키게 된다. 기업들이 호소하는 현 준조세제도의 문제점에는 중복부과, 과중한 부담,

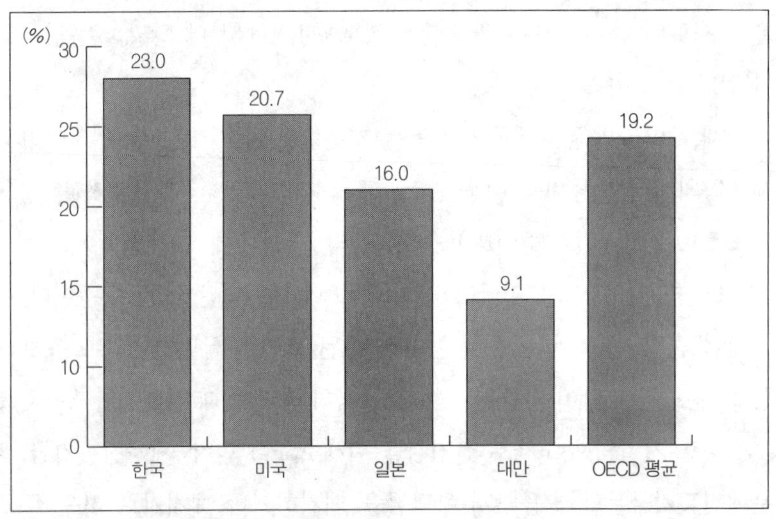

부과절차가 불합리하고 불투명한 점, 사용 내역의 미공개, 당초 입법 취지의 타당성 퇴색 등 여러 가지가 있다.

준조세 부담과 관련해 외국인 투자업체들이 제기하는 고충은 다음과 같다. 첫째, 630여 개에 달하는 법정 준조세 때문에 발생하는 직접적인 부담과 함께 전담직원 배치 등의 관리비용 지불이다. 더욱이 한국 사정에 익숙지 않은 외국인 경영자들은 무수한 명목으로 징수되는 준조세를 도무지 이해할 수 없다고 한다. 여기에는 그간 부처마다 경쟁적으로 설치한 각종 협회·공단·조합 등의 산하기관들이 각종 출연금·회비·수수료 등을 징수해 운영되는 것도 한몫을 하고 있다.

둘째, 법정복리비와 같은 준조세 때문에 근로자들이 받는 임금에 비해 기업이 부담해야 하는 추가적 고용비가 과다한 점도 문제다. 기업은 근로자 고용시 직접노동비용인 임금 이외에 교육훈련비, 법정복리비, 법정외복리비 등 간접노동비용을 부담하게 된다. 그런데 사업

타당성 검토시 통상임금 또는 직접노동비용만을 고려한 외국기업들은 실제로 사업을 하면서 과도한 간접노동비용 때문에 당황하는 경우가 있다.

실제로 미국 노동통계국의 자료를 기준으로 할 때 1999년 우리나라 제조업의 간접노동비용 비중은 23%로서 대만(9.1%), 홍콩(3.3%), 싱가포르(9.2%), 일본(16.0%) 등 우리의 경쟁국에 비해서는 물론, OECD 평균(19.2%)과 미국(20.7%)에 비해서도 훨씬 높은 수준이다. 이처럼 간접노동비용 비중이 높아진 주된 요인은 국민연금과 고용보험 등 준조세 부담이 외환위기 이후 급격히 증가한 데 기인한다.

정부도 기업의 준조세부담 경감을 위해 ASEM 회비, 체육진흥기금, 문예진흥기금부담금 등 3개 부담금을 폐지하거나 폐지키로 하는 등 노력을 경주하고 있다. 하지만 1998년 이후 공원원상회복 예치비 등 9개 부담금이 신설되고, 준조세 성격으로 기업에 부과되는 각종 부담금 총액은 오히려 매년 증가하고 있어 정부의 정책추진 의지가 의심받고 있다.

주지하듯이 세계화와 정보통신기술의 발전은 국가 간 자본이동의 무한한 가능성을 확장시키고 있다. 기업이 자선단체라도 되는 것처럼 각종 준조세 부담을 지우는 한국적 풍토가 지속된다면 외국기업 유치는커녕, 한국에서 영업하고 있는 국내외 기업마저 언제 이탈할지 모를 일이다.

각종 준조세는 경제활동을 방해하는 부작용이 큰 만큼 하루빨리 정비돼야 한다. 이를 위해서는 준조세부담의 적정성 확보, 각종 항목의 통폐합, 법적 근거의 투명성 확보, 사용내역 공개 등 획기적인 조치가 시급하다.

「고요한 아침의 나라」처럼 외국인들 사이에 한국을 지칭하는 용어로 자주 사용된 것도 없다. 이 말은 조선(朝鮮)이라는 국명을 그대로 영어로 번역한 말로 추정된다. 「동국여지승람(東國輿地勝覽)」에서는 조선의 뜻을 동쪽에서 해가 뜨는 광경을 형용한 것이라 했다. 이 용어는 미국의 천체물리학자였던 로웰(Percival Lowell)이 쓴 「Chosun : the Land of Morning Calm」(1888)에서 처음 사용되었으며, 이후 영국의 화가이자 여행자인 새비지랜도어(Arnold H. Savage-Landor)가 「Corea : Land of Morning Calm」(1895)을 쓰면서 확고히 자리잡게 되었다.

평화롭고 목가적인 풍경을 떠올리게 만드는 이 용어에 대해 한국사람들도 만족했기 때문에 별다른 이의 없이 100년 이상 애용되어왔다. 그러나 새비지랜도어가 책제목을 이렇게 정한 것에는 또 다른 이유가 있었다. 그가 체험했던 당시의 조선사회는 치열하게 식민지 쟁탈전을 벌이는 서구와는 물론, 급성장하고 있는 이웃 일본과 비교해서도 너무나 안이했고 정체되어 있었다. 그는 당시 급변하고 있던 동아시아 질서에 비추어볼 때 조선정부가 수구적인 태도를 버리고 적극적인 근대화에 나서지 않는다면 장차 다가올 재앙과 고통을 피할 도리가 없음을 걱정했다.

책 제목에는 정체와 나태의 지속을 의미하는 고요함을 벗어 던지고, 변화와 발전을 위한 시끌벅적함과 활기가 온 나라에 충만하도록 만들라는 은유가 내포되어 있다. 이러한 측면에서 최근 정부가 새로운 한국 이미지를 창출하기 위해 「The Business Hub of Asia」, 「Dynamic Korea」 등 새로운 용어를 의욕적으로 만들어 사용하고 있는 것은 바람직한 일이다.

혼란스러운 한글 로마자표기

6. 25전쟁 당시인 1951년 12월, 미 해병1사단은 함경남도 장진호의 험준한 협곡에서 중공군의 포위망에 걸려 수많은 희생자를 내며 죽음의 철수를 했고, 이 전투는 「초신 전투」로 미군전사에 기록되었다. 우리에게 낯선 「초신 전투」는 다름 아닌 장진호 전투다. 6·25 당시 미군은 일제가 만든 한반도 영문지도를 사용했다. 우리 지명을 제대로 표기한 변변한 지도 한 장이 없었기 때문이다. 이것이 함경남도에 있는 장진(長津)호가 일본어 표기에서 나온 영어 발음, 「초신(Chosin)」으로 둔갑하게 된 이유다.

1991년 12월 7일 아침, 하와이 진주만에서는 일본의 공습 50주년을 기념하는 행사가 열렸다. 이 자리에서 미국 해군의 전설적인 「미주리」함이 퇴역하고 새로운 군함이 선보이는 의식이 함께 거행되었는데, 새 이지스 순양함은 「초신 전투」를 기념하기 위해 그 이름이 「Chosin」으로 명명되었다.

잘못된 영문표기가 우리를 세계에 올바로 알리는 데 얼마나 장애가 되는지 보여주는 사례가 아닐 수 없다. 이러한 일이 과거에 국한된 것은 아니다. 정착되지 않은 한글 로마자표기법 때문에 아직도 외국인과의 의사소통과 정보교류에 많은 혼란이 벌어지고 있다.

세계화와 정보화로 언어와 국적을 달리하는 사람들 간의 교류가 과거 그 어느 때보다 빈번해진 오늘날, 신속하고 정확한 의사소통을 위한 수단으로서 로마자표기법의 중요성은 매우 높다. 로마자표기법은 외국인을 위한 인명, 회사명, 지명 소개에서부터 자국의 역사 및 문화 소개, 그리고 로마자를 이용한 자국어 발음표기, 전보 및 텔렉스 수발신 등에 활용되고 있다.

한글의 로마자표기는 선교사들에 의해 처음 시도되었다. 일제하인 1938년, 당시 대학원생이던 맥큔(McCune)과 라이샤워(Reischauer)가 논문작성을 위해 체계적인 한글 로마자표기법을 만들었다. 해방 이후 정부와 국내외 학자들에 의해 무려 40여 개에 달하는 한글의 로마자표기법이 양산된 바 있다. 정부도 수차에 걸쳐 로마자표기법을 공고했지만, 아직까지 정착되지 못하고 있는 실정이다.

업계에서도 한글 로마자표기법 때문에 애로가 많다. 한국을 방문한 외국 바이어가 한국 거래처를 찾지 못해 쩔쩔 맨다든지, 영문성명 표기가 잘못된 한국인이 비행기 탑승을 거부당하는 사례 등이 그것이다. 또한 1994년 대전에서 국제무역박람회가 열렸을 때, 로마자로 표기된 대전과 대천의 발음구분이 어려워 적지 않은 내방객이 대천에서 박람회장을 찾았다는 웃지 못할 이야기도 있다.

외국인과의 교류시 가장 기본이 되는 인명을 표기할 때조차 각양각색이다. 예를 들면 이(李)씨 성(姓)의 경우, Lee, Li, Yi, Ree, Rhee 등 수없이 많은 로마자 성씨가 제각각 사용되고 있다. 심지어 아버지와

아들의 로마자 성씨가 다른 경우마저 생기고 있다. 한때 판매되었던 거북선 담배의 로마자 표기인 「Geobugseon」을 보고 미국인이 「조바크션」이라고 읽는 것과 같은 사례들이 아직도 많다. 로마자표기법 변경으로 제주도가 Cheju에서 Jeju로 바뀌면서 제주도(Cheju)에 다녀온 외국인이 Jeju에는 못 가봤다는 일도 벌어지고 있다.

물론 우리말과 글을 다른 나라 언어로 표시하는 데 무리가 없을 수 없다. 하지만 이것을 인정하더라도 정부수립 후 50년이 넘도록 정착된 로마자표기법이 없다는 것은 부끄러운 일이다. 이 점에서 명치유신 이래 확고한 원칙을 세워 흔들림 없이 로마자표기법을 사용하고 있는 일본의 사례는 본받을 만하다.

특히 월드컵을 계기로 세계가 한국을 주목하고 있으며, 이에 따라 우리를 세계에 알릴 기회도 증가하고 있다. 또한 세계화가 진전될수록 제멋대로 씌어진 우리 지명, 인명 등의 로마자표기는 외국인과의 의사소통에 혼란을 가중시킬 우려도 있다. 더구나 로마자표기가 통일되지 않은 상태에서 진행되고 있는 정보화와 전산화는 나중에 엄청난 비용을 우리에게 요구할지도 모른다.

한글 로마자표기법의 정착은 무역, 학술 및 문화교류, 관광, 외국인 투자유치 등에서 업무능률향상과 정확한 의사소통을 증진시킬 뿐 아니라, 데이터 관리의 원활화를 통해 정보화에도 기여한다는 인식이 새삼 필요한 때다.

과세권을 사수하라?

이 전가격세제(transfer price tax system)를 둘러싼 외국기업들의 불만이 지속적으로 제기되고 있다. 이전가격이란 다국적기업이 자회사와의 거래에서 통상적인 시장거래가격 또는 제3자 간 거래가격에 의하지 않고 기업집단 전체의 이익을 위해 의도적으로 책정한 내부거래가격을 의미한다.

즉 다국적기업은 이전가격을 임의로 책정해 세율이 높은 국가에서 영업하는 자회사의 이익을 낮추고, 세율이 낮은 국가 소재 자회사의 이익을 높임으로써 기업 전체의 세후 순이익을 극대화하고자 한다. 우리나라는 WTO의 출범과 OECD 가입을 계기로 1995년 국제기준에 맞춘 「국제조세조정에 관한 법률」을 제정해 특수관계자 간의 국제거래에 대한 조세조정의 근거와 기업 간의 국제거래상 발생하는 조세문제의 해결을 도모하고 있다.

외국기업들이 이전가격세제와 관련해 지적하는 불만은 첫째, 이전가격세제를 적용함에 있어서 조세회피 목적이 아니라 불가항력적 요인 때문에 특수관계자 간 거래가격이 정상가격과 다른 경우에도 이전가격 조작행위를 한 것으로 간주된다. 둘째, 이전가격을 조작하지 않았다는 입증책임이 기업에게만 부과되고 과세당국은 완전히 제외되고 있어 단순히 반증이 곤란한 경우에도 세부담을 안게 된다. 셋째, 한글로 번역된 자료제출의무, 지나치게 광범위한 자료제출요구, 장기간의 조사 등으로 투자의욕이 저하되고 있다.

세계경제의 글로벌화, 자본자유화 및 정보통신의 발달은 외국인 투자유치를 위한 국가 간의 조세인하경쟁을 격화시키고 있다. 대표적인 예가 조세피난처(tax haven)다. OECD보고서에 따르면 커리비안과 남태평양의 섬들을 포함한 조세피난처 및 저세율 지역에 대한 G7 국가의 외국인 투자는 1985~94년 사이에 5배가 증가했으며 규모 면에서는 약 2,000억 달러를 상회하는 것으로 나타나고 있다. 그리고 이 중 대부분이 절세 또는 자본도피가 주목적이란다. 이뿐 아니다. 각국은

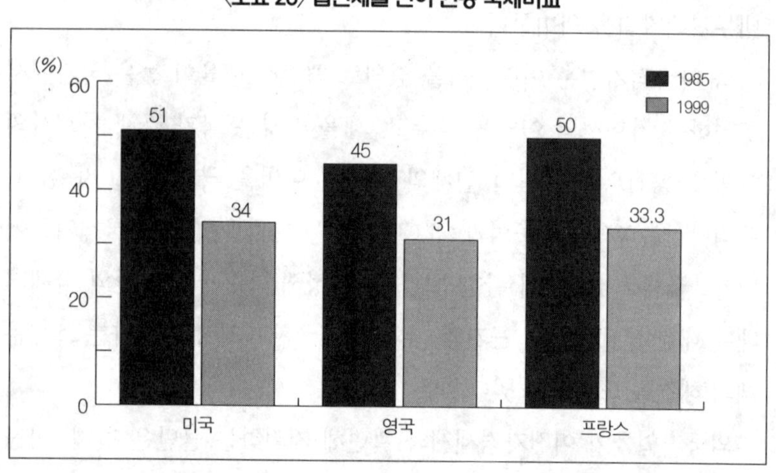

<도표 26> 법인세율 인하 현황 국제비교

경쟁적으로 세율인하에 나서고 있다. 각국의 법인세율을 비교해보면, 미국이 1985년 51%에서 1999년 34%로, 영국이 45%에서 31%로, 프랑스가 50%에서 33.3%로 각각 낮춘 바 있다.

이전가격세제는 특히 다국적기업을 유치하는 데 커다란 영향을 미친다. 다국적기업을 유치하는 것은 대규모 투자의 가능성이 높고, 첨단기술 및 최신경영기법 도입 등의 면에서 파급효과가 매우 크다. 그러나 우리는 아직 다국적기업의 비즈니스 중심이 되고 있지 못하다. 다국적기업의 아시아 본부를 국가별로 비교해보면 홍콩 944개, 싱가포르가 220개, 중국 상하이 40개를 유치하고 있음에 비해 한국은 겨우 2개를 유치하는 데 그치고 있다.

과세권 확보 차원에서 보면 이전가격과세제도를 강화해 한국의 정당한 과세권을 주장하는 것이 당연하다. 또한 이전가격과세제도를 느슨하게 운영해 한국정부에 정당한 조세를 납부하지 않을지도 모르는 외국인 투자기업을 많이 유치한들 과연 국가경제에 도움이 되겠느냐는 회의가 있을 수 있다.

그러나 이전가격세제를 엄격히 운영해 결과적으로 외국인 직접투자의 유입이 크게 줄어든다면 그것은 결코 국익에 보탬이 되지 않는다. 또한 외자유치가 현 정부 경제정책의 최우선과제라는 점도 고려될 필요가 있다. 뿐만 아니라 우리나라와 외자유치를 놓고 경쟁관계에 있는 중국·인도네시아·필리핀 등의 경우 이전가격조사를 하지 않고 있다는 사실도 감안해야 한다.

결론적으로 이전가격세제는 과세권만 앞세워 운영될 것이 아니라 외자유치와도 조화를 이룰 수 있도록 개선해야 한다. 외자유치의 주무부처인 산업자원부뿐 아니라, 국세청을 비롯한 모든 정부기관들의 유기적인 협조가 아쉬운 때다.

외국인 투자유치로 비상하는 중국

중국의 눈부신 경제성장이 세계인의 이목을 집중시키고 있다. 전세계적으로 경제가 침체조짐을 보이기 시작한 2000년에도 중국의 경제성장률은 당초 목표치인 7%를 뛰어넘어 8%를 기록했다. 향후 전망도 밝아 2020년경 중국은 세계총생산의 20%를 차지하면서 미국(16%)을 추월할 것이라는 IMF의 장기전망도 나와 있다.

중국경제가 미국·EU·일본에 이어 세계경제의 또 다른 강자로 부상하는 힘은 어디에서 나오는가. 여기에는 덩샤오핑(鄧小平)이 검은 고양이든 흰 고양이든 쥐만 잡으면 된다는 실용주의 노선에 따라 1978년부터 개혁·개방정책을 적극적으로 추진한 영향이 컸다. 특히 외국인 투자를 활발히 유치한 정책이 경제활성화에 크게 보탬이 되었다.

지난 1998년 기준 중국에 진출한 외국기업 수는 중국 전체기업 중 16.0%에 달했다. 이들 외국기업은 중국 전체 산업생산의 24.7%, 총자산의 17.6%, 이익총액의 18.8%를 각각 차지하며 막강한 중국 산업 경쟁력을 떠받치고 있다.

실제로 외국기업들의 중국 내 직접투자액은 지난 1990년 34억 달러에서 2000년에는 408억 달러로 크게 증가했다. 또한 중국 사회과학원에 따르면 2005년에는 1,000억 달러 이상으로 급증할 전망이다. 2000년에 발간된 UNCTAD 보고서에 따르면 1998년 기준 GDP 대비 외국인 직접투자(도착기준)의 비중은 한국이 6.8%임에 반해 중국은 27.6%에 달했다. 한 마디로 아시아 국가에서 중국으로 외국인 투자의 큰 물줄기가 선회하고 있는 것이다.

중국이 외자유치에 성공할 수 있었던 요인은 과연 무엇인가. 주지하듯이 13억에 달하는 거대한 내수시장, 질적으로 우수한 저임의 노동력, 중국정부의 지속적인 개혁ㆍ개방정책으로 인한 투명성의 증대 등이 외국인 투자자의 구미를 당기게 하는 요인들이다.

이러한 경제적 요인 못지않게 외국인에 대한 중국인의 우호적인 태도도 기여했다. 우선 중국인들은 우리와 같이 외국인에 대한 경계심과 혐오감이 없고 스스럼없이 수용하는 자세를 보인다. 또한 세계에서 한국인을 포함한 소수민족을 제일 잘 관리하고 있고 인종차별적인 성향이 약한 나라가 중국이다. 우리와는 달리 명목주의와 형식논리에 구애되지 않고 실용주의적인 태도를 보인 점도 작용했다.

여기에 더하여 중국공무원의 적극적이고 헌신적인 투자관련 지원 서비스를 들 수 있다. 중국정부는 효과적인 외국인 투자유치를 위해 외자유치관련 부서에 우수 공무원을 중점 배치하고 예산도 우선적으로 배정한다. 광둥성, 상하이시 등에서는 해외유학파 출신이 대거 포진해 유창한 영어실력과 전문적인 지식을 바탕으로 외국기업을 지원해주고 있다. 심지어 담당 공무원이 해당기업을 대신해 모든 인허가를 대행해주는 서비스까지 이루어지고 있다.

2001년 들어 우리나라에 대한 외국인 직접투자가 저조한 양상을 보여 우려를 증폭시키고 있다. 한국을 비롯해 아시아로 향하던 외자가 중국이라는 거대한 블랙홀로 모두 빨려들어가 세계시장에 의류·신발·가전·통신기기 등 공산품을 무차별적으로 쏟아놓고 있는 것이다. 더구나 중국이 일본에 대항해 본격적으로 세계의 제조공장 지위를 놓고 격돌하게 되면 한국은 그야말로 고래싸움에 새우등 터지는 격이 될 수도 있다.

중국은 경제개발계획을 추진하면서 한국을 발전 모델로 삼았다. 하지만 아시아 외환위기를 계기로 더 이상 한국을 벤치마킹하지 않고 있다. 그들이 보기에 한국은 더 이상 따라야 할 모범국가가 아닌 것이다. 필자가 보기에는 적어도 외국인 투자유치에서는 오히려 한국이 중국을 벤치마킹(benchmarking)해야 할 시점이다.

「중국이 한국보다 더 자본주의적」이라는 전임 부총리의 말처럼, 한국이 변화하지 않으면 외국인 투자의 상당 부분을 중국에 빼앗길 수밖에 없다. 정부의 적극적인 외자유치 노력, 국민의 외국인에 대한 개방적이고 우호적인 태도, 공무원의 외국인 투자자에 대한 질 높은 서비스 등이 바로 중국으로부터 우리가 본받아야 할 것들이다.

일본에서 불고 있는 한국열풍

20⁰² 한일 월드컵을 계기로 일본에서는 한국열풍이 뜨겁다. 과거와 같이 몇몇 한국가수에 대한 환호가 아니라 음식·영화·정보통신·한국어 등 전방위에 걸쳐 나타나고 있다. 양국 간 경제협력 강화를 위해 바람직한 현상이 아닐 수 없다.

무엇보다 김치·불고기를 중심으로 불기 시작한 한국음식 열풍이 더욱 거세지고 있다. 한국을 찾는 일본 여행자의 증가, 일본 TV의 한국음식 소개, 일본 내 한국요리점 증가에 힘입은 바 크다. 지금 한국과 일본 간에는 하루에 1만 명이 왕래하고 있다.

일본인 7,000여 명이 한국으로, 한국인 3,000여 명이 일본을 방문한다. 우리나라를 찾는 외국관광객의 절반가량이 일본인이다. 또한 일본TV를 보면 「간고쿠(韓國)」라는 단어가 더 이상 낯설지 않을 정도로 자주 등장한다.

유명 연예인이 진행하는 한국음식 특집방송, 한국음식에 관한 다큐

멘터리 등 심충보도가 줄을 잇고 있다. 이에 따라 갈비, 돌솥비빔밥, 삼계탕, 냉면, 소주, 조미김, 닭갈비, 라면 등등 다양한 한국음식이 인기를 끌고 있다.

음식 다음으로 일본열도를 흔들고 있는 것은 영화다. 한국영화의 일본 수출길을 연 〈쉬리〉는 1999년 130만 달러에 수출돼 일본 내 36개 극장에서 개봉, 120만 명의 관객을 동원했다. 이어 〈공동경비구역 JSA〉는 〈쉬리〉의 기록을 깨고 200만 달러에 수출돼, 일본 내 230개 극장에서 개봉된 바 있다. 이와 함께 국내에서 700만 명의 관객을 동원해 최고기록을 세운 〈친구〉가 최고가인 210만 달러에 일본으로 수출되었다.

한국에 대한 관심은 정보통신 분야에서도 매우 높다. 특히 한국의 높은 정보화 수준, 급속한 벤처산업 발전, 그리고 초고속 인터넷을 비롯한 정보통신 인프라에 대한 관심이 매우 높다. 미국의 경영전문지 〈비즈니스 위크〉도 『아날로그 시대 제조업 분야에서 한국의 스승이었던 일본이 한국의 디지털 질주에 망연자실하고 있다』고 보도할 정도로 일본의 경계심과 부러움이 교차하고 있다.

이를 반영해 각종 매스컴에서는 한국의 정보통신산업 동향을 심충 분석한 보도가 심심치 않게 나오고 있으며, 관련업계 및 일본정부에서도 관심을 갖고 있다.

이러한 한국열풍은 한국어에 대한 관심도 높이고 있다. 주일 한국 대사관을 비롯한 정부의 노력에 힘입어 2003년부터 도쿄대학을 비롯한 국공립대학의 입시에서 외국어 선택과목으로 영어·독어·불어·중국어와 함께 한국어를 포함시켰으며, TV·학원 등에서도 한국어강좌가 인기를 끌고 있다. 이는 한일 양국 간 인적 교류의 확산과 높아진 한국문화에 대한 관심으로 자연스럽게 한국어에 대한 수요가 증가하고 있음을 반영하는 것이다.

여기에 호전되는 한·일 관계의 증표로 최근에 일본정부가 교포은행 설립에 거금 1조 엔 이상(100억 달러 상당)을, 그것도 무상으로 지원한다는 말이 있어 교민사회에 큰 관심거리로 부상하고 있다. 하지만 은행설립 못지않게 중요한 것은 건실한 경영능력을 갖춘 행장의 인선이다.

교민 간의 치열한 이해다툼과 집단이기주의로부터 자유롭고, 은행의 발전과 번영을 우선시하는 최고경영진을 선정하는 것만이 부실의 전철에 빠지지 않고 발전을 기약할 수 있는 길이기 때문이다.

최근 일본에서 일고 있는 한국열풍은 미래지향적 관계를 공고히 다지기 위한 중요한 바탕이다. 한국문화에 대한 일본의 이해도 제고, 한국에 대한 긍정적인 인식의 확산이야말로 노사분규, 남북분단 등 한국에 대한 부정적인 인식을 극복하고 대 한국 투자를 활성화하는 계기가 될 수 있기 때문이다.

한미경제협력을 강화해야

2001년 미국의 대 한국 투자는 39억 달러로 제1위의 투자국이었으며, 당해 연도 한국의 총외국인투자 유치액의 3분의 1가량을 차지했다. 같은 해 한국의 대 미국 투자액은 약 4억 달러로, 미국은 한국의 해외투자 대상국 중 1위였다.

이와 같은 통계는 양국 간 경제협력관계를 생각해볼 때 놀라운 것은 아니다. 한미 양국은 여러 분야에서 많은 협력의 가능성을 갖고 있다. 그 중에서도 정보통신 분야에는 협력의 여지가 매우 많다. 미국은 수준 높은 정보통신관련 원천기술을 보유하고 있으며, 한국은 이를 사업화할 수 있는 시장을 갖고 있기 때문이다.

또 다른 협력의 가능성은 자동차 · 철강 · 컴퓨터 · 통신단말기 · 반도체 등의 제조업 분야에서 찾을 수 있다. 이들 분야는 한국이 세계적인 경쟁력을 갖고 있어 미국기업의 글로벌 아웃소싱과 아시아의 생산거점 역할을 수행할 수 있을 것이다. 이 밖에도 금융 · 유통 · 의료 ·

법률·회계 등 서비스 분야의 협력 가능성도 매우 밝다. 서비스 분야는 한국의 경쟁력이 상대적으로 낙후되어 있기 때문에 미국의 선진경영기법과 경영 노하우를 받아들여 국가 전체의 생산성을 높일 수 있는 기회가 될 수 있다.

양국 간 협력의 가능성을 현실화하기 위해서는 몇 가지 조치가 선행되어야 한다. 우선 지적할 수 있는 것은 한국의 서비스 부문에 대한 장벽이다.

미국의 무역대표부(USTR)에서 발간한 「2002 무역장벽보고서」에 따르면 회계법인을 설립할 경우 10명 이상의 한국공인회계사를 채용해야 하고, 우리나라 변호사 자격이 없는 경우에는 한국에서 법률 서비스 제공행위를 할 수 없으며, 외국계 금융기관이 30만 달러 이상을 해외로 송금하려면 한국은행의 허가를 받아야 하고, 외국계 은행 한국지점은 개인대출, 외환거래 등에 있어서 여러 가지 제약에 직면하고 있다.

또한 유통 분야에서는 지방자치단체의 매장건축허가가 이유 없이 지연되는 사례가 아직도 많으며, 무자료거래 등 불투명한 관행이 미국자본의 진입을 어렵게 하고 있다. 이 밖에도 건설·광고·엔지니어링 등의 서비스 분야에서도 미국자본이 국내에 진출하는 것을 가로막는 많은 장벽들이 아직도 남아 있다.

또한 지적재산권 보호문제도 미진해 컴퓨터 소프트웨어·음반·서적 등의 불법복제가 근절되지 않고 있으며, 상표권 도용 등도 심각한 상황이다.

이와 함께 노사분규에 대한 불안감도 한국에 대한 투자를 주저하게 만드는 요인이다. 필자가 접한 미국의 많은 경제인들은 CNN 등을 통해 본 한국 근로자의 화염병 시위장면을 화제로 올리면서 노사불안을 가장 우려하고 있었다. 호전적이고 협력을 기대하기 어려운 노조를 이끌고 사업을 하기는 어렵다는 것이 그들의 공통된 지적이다.

또한 높은 세금 및 각종 준조세 부담도 한국의 매력을 감퇴시키는 요인이다. OECD의 조사에 따르면 세계 각국은 자본이동 자유화에 대응해 조세인하를 경쟁적으로 추진, 1996~99년의 3년 동안 OECD 선진국의 법인세율은 평균 3% 포인트 하락했다.

한국의 법인세율은 28%로 독일(25%)을 제외하고는 미국(35%), 영국(30%), 프랑스(33.3%), 일본(30%) 등 대부분의 선진국에 비해 낮다. 그러나 기업에 대한 각종 준조세 부담, 낮은 투명성으로 인해 기업이 부담해야 하는 부대비용 등을 감안할 경우 이보다 훨씬 높을 것으로 추정되고 있다. 아울러 한국과 외국자본 유치경쟁을 벌이는 싱가포르·대만·홍콩 등의 법인세율에 비교해서는 3~8% 정도 높은 것도 문제가 아닐 수 없다.

이와 관련해 주목할 만한 보고서가 나왔다. 주한 미국상공회의소(AMCHAM)는 지난 2002년 3월 한국의 기업경영환경이 홍콩·싱가포르·도쿄·상하이 등 아시아의 4개 국제도시 중 가장 열악하다는 조사결과를 발표했다. 이에 따르면 한국은 세제, 외환거래, 국가 이미지, 영어구사 능력, 노동시장 유연성 등 8개 조사항목에서 단 하나도 1위를 차지하지 못했다. 그 중에서도 지나치게 높은 세율, 경직된 노동시장, 과도한 외환규제 등이 외국기업의 한국진출을 가로막는 주요인으로 지적됐다.

보고서에서 제안한 소득세율 경감, 외환거래에 대한 규제폐지, 노동시장의 유연성 제고 등은 귀담아 들을 대목이다. 아울러 외국인 근로자들의 입출국 절차를 간소화하고 국가 이미지 개선과 영어구사 능력의 향상에 더욱 노력해야 한다는 지적도 잊지 말아야겠다.

1997년 한국에 진출해 의약품 도소매업을 하고 있는 한 외국계 회사는 동종업계에 종사하는 한국회사들로부터 집중적인 견제를 받았다. 이 회사가 시장을 잠식해 들어오자, 한국회사들이 집단적으로 이 회사의 영업활동을 방해하기 시작한 것. 이유는 단지 자신들이 차지하고 있는 시장점유율이 잠식당하고 있다는 것뿐이었다.

영업방해에는 규탄집회, 비방편지 보내기, 비난 광고게재 등 다양한 수단이 동원되었다. 한국기업들의 텃세를 견디다 못한 이 회사는 외국인투자옴부즈만사무소를 찾아와 어려움을 호소했다.

우리 사무소에서는 보건복지부, 공정거래위원회 등에 중재와 사태해결에 앞장서줄 것을 요청했다. 여러 우여곡절을 거쳐 이 회사는 결국 한국업계와 타협을 하게 되었다.

주한 외국인 업계는 소문이 빠른 곳이다. 각종 공식·비공식 최고경영자 모임이 있고, 외국회사를 대상으로 한 경제단체도 활동하고 있기 때문이다.

이 회사가 겪은 어려움이 외국인 투자자들 사이에 퍼져나가면서 한국의 투자환경에 대한 우려도 함께 높아졌다.

다행히 타협을 통해 원만한 사태해결이 이루어지긴 했지만, 한국업계의 시장경제원리에 맞지 않는 불합리한 집단행동과 영업방해행위는 한국의 이미지를 훼손시키기에 충분했다. 경쟁과 시장경제원리가 존중되지 않는 나라에 투자할 외국인 투자자는 많지 않다.

엔화를 껴안아라

「2002 한일 월드컵」이후 한일 양국은 그 어느 때보다 서로에게 가까이 다가서고 있다. 월드컵 대회에서 양국은 나란히 16강에 진출하는 기쁨을 맛보았으며 세계로부터 성공적인 대회였다는 평가를 받으면서 이러한 분위기는 더욱 고조되고 있다.

일본과 한국은 가까운 이웃으로 역사적으로 보더라도 밀접한 관계를 유지해왔다. 가깝게는 우리가 경제개발을 추진하는 과정에서 일본의 자본과 기술로부터 큰 도움을 받았으며, 이러한 기조는 지금도 유지되고 있다.

그러나 일본과의 경제교류가 우리에게 이득만을 주었던 것은 아니다. 대표적인 문제가 대일 무역수지 적자다. 한국은 1965년 한일국교 정상화 이후 2001년까지 대일교역에서 1,727억 달러에 달하는 막대한 적자를 기록했다. 주지하듯이, 대일적자는 부품소재류의 국내산업기반이 취약해 이를 주로 일본에서 수입하기 때문에 발생하고 있다.

대일적자 문제를 해결하기 위해 역대 정부들은 많은 노력을 기울였지만 개선은커녕 오히려 악화일로를 걷고 있다. 즉 우리 수출이 증가할수록 대일수입도 동반해 증가하는 악순환 구조가 고착되어버렸다. 이 문제를 해결할 수 있는 대안으로서 일본자본을 적극 유치할 것을 제안하고자 한다. 이는 무엇보다 일본의 부품소재 산업을 국내에 유치함으로써 직접적으로 대일 적자문제를 개선할 수 있는 현실적인 방안이기 때문이다. 또한 일본의 부품소재산업이 갖고 있는 기술과 노하우를 전수받아 취약한 국내 부품소재 산업기반을 조기에 확충할 수 있는 첩경이기도 하다.

사실 일본은 대한투자에 있어서 적어도 1980년대까지는 적극적이었다. 이 사실은 1962~90년까지 일본의 대한 직접투자액이 38억 달러로 1위를 기록한 사실에서도 알 수 있다. 그러나 1980년대 말의 극한적인 노사분규와 급격한 임금상승은 일본의 대한투자 철수와 신규투자 급감을 불러왔다. 일본측 통계에 따르면 2001년도 일본의 해외직접투자 금액은 325억 달러(신고기준)였다. 하지만 이 중 한국에 투자된 금액은 고작 1.7%인 5.6억 달러에 그쳤다. 반면, 중국으로 4.6%인 14.8억 달러가, 한국과 중국을 제외한 동아시아에는 12.5%인 40.6억 달러가 각각 투자됐다.

2000년 김 대통령의 방일 이후 우리의 적극적인 투자유치 노력이 성과를 거둬 최근 일본의 대한투자는 다시 증가하는 추세를 보이고 있다. 하지만 일본기업인들은 지난 1980년대 말 한국에서 겪었던 극한적인 노사분규 경험을 잊지 못하고 있으며, 아직도 우려하는 경우가 많다.

노사분규 이외에도 일본으로부터 투자를 유치하는 데 걸림돌은 있다. 가장 심각한 것은 우리 국민의 의식 속에 내재된 배일감정일 것이

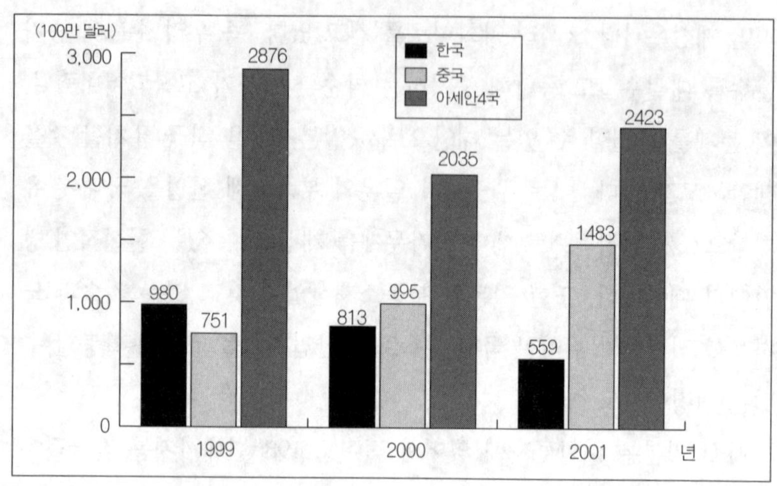

* 아세안 4국 : 태국, 필리핀, 말레이시아, 인도네시아.

다. 배일감정의 상당 부분은 물론 일본의 식민지배와 이에 대한 일본의 잘못된 역사인식 탓으로 볼 수 있다. 그러나 가능하다면 경제문제는 경제논리로 접근해야 한다는 것이 필자의 생각이다. 구한말의 쇄국정책과 같이 명분론에 지나치게 집착하는 것은 국익에 커다란 손상을 줄 수 있기 때문이다.

일본자본이 고급인력과 기술, 발전된 사회간접자본, 지리적 인접성 등의 장점을 갖고 있는 한국을 외면하고 왜 중국·동남아시아 등으로 향하는가를 반추해볼 필요가 있다. 정부와 국민은 흥분을 가라앉히고 일본의 교과서왜곡 문제에 냉정하고 이성적으로 대응해 외환위기 이후 다소 활기를 되찾기 시작한 일본의 대한투자가 위축되지 않도록 배려하는 지혜를 발휘해야 할 것이다.

논문표절과 가짜 명품

얼마 전 3명의 대학교수들이 해외논문을 표절해 물의를 빚었다. 이 사건은 정직해야 할 대학사회에서조차 거리낌없이 표절이 이루어졌다는 점에서 충격이 아닐 수 없다. 비록 일부에서 벌어진 일이기는 하지만, 과연 우리나라가 21세기 지식기반사회에서 요구되는 창조력을 바탕으로 한 경쟁에서 살아남을 수 있을지 우려하지 않을 수 없다. 우리 사회에 창조적 상상력을 가로막는 근본원인이 사라지지 않는 한 이와 같이 부끄러운 행태는 근절되기 어렵다.

인간의 지적 활동으로 창출된 결과물에 대한 권리를 뜻하는 지적재산권은 문학 및 과학작품·연출·공연·음반·발명·공업의장·등록상표 등에 대한 권리와 공업·과학·예술 등 지적 활동에서 발생하는 기타의 모든 권리를 포함한다. 그러나 그 동안 우리나라는 지적재산권 보호에 소극적이었다. 외국인의 필수 관광 코스 중 하나인 이태원은 전문가도 식별하기 어려운 해외유명 의류와 가방 등의 모조품으로 해외에 널리 알려져 있다. 이와 함께 컴퓨터 소프트웨어의 불법복제, 도서·음반 불법복사 등 지적재산권에 대한 침해행위는 별다른 죄의식 없이 우리사회 곳곳에서 광범위하게 이루어지고 있다.

이와 같은 현상이 벌어지는 데는 몇 가지 원인이 있다. 우선, 지나치게 결과지향적인 우리 사회의 풍토가 문제다. 일단 목표가 주어지면, 수단과 방법을 가리지 않고 목표달성을 위해 노력해야 한다. 절차적 정의는 무시되기 일쑤고, 결과가 모든 것을 정당화한다. 「하면 된다」, 「할 수 있다」라는 구호는 때로 기적 같은 일을 성취하는 원동력이 되기도 하지만, 무리한 목표를 수단과 방법을 가리지 말고 달성하라는 압력으로 작용하기도 한다. 특히 위계질서와 권위주의로 뭉친 한국적 조직문화는 주어진 목표의 실현 가능성이나, 목표달성을 위한 전제조건이나 지원 등에 대해서는 무관심하다. 마감기일이나 달성해야 할 목표는 있는 반면, 이를 달성하기 위한 지원이 불충분할 때 빠지기 쉬운 것이 표절이다.

한국의 빨리빨리 문화도 문제다. 시간과 노력이 필요한 일조차도 「대충대충」, 「빨리빨리」를 외치는 조급증을 보인다. 정상적인 방법으로 하면 몇 년이 걸릴 일을 편법으로 단축하는 일이 너무도 많다. 짧은 시간에 소기의 성과를 거두는 것은 바람직하지만 그 과정이나 결과가 충실하지 않다면 문제는 심각하다. 우리가 후진국이었을 때는 이러한 방식으로 문제를 푸는 것이 효율적이었겠지만, 경제가 성숙될수록 이렇게 해서는 장기적인 성장이 어렵다. 차근차근 정상적인 경로를 밟으면서, 필요한 기초지식을 축적하지 않으면 새로운 제품이나 사업을 창조하기 힘들기 때문이다.

표절문화가 근절되지 않는 원인은 무엇보다 학교교육에 있다. 창조와 개성은 무시되고, 암기와 획일성을 지나치게 강요하기 때문에 학생들의 상상력과 창의력이 발현되지 못하고 있다. 또한 지나친 평등 관념 때문에 우수한 인재들이 고등학교까지는 보다 좋은 환경에서 교육받을 기회도 원천적으로 봉쇄되고 있다. 여기에다 커닝(영어로는 cheating)이나 표절이 심각한 범죄행위라는 가치관을 심어주는 교육도 느슨하다. 표절의 심각성을 제대로 깨닫지 못하고 학교를 졸업하고 나면, 표절에 의지해 손쉽게 문제해결을 시도하려는 유혹에서 벗어나기 힘들다. 현재 교육을 담당하고 있는 교육자들도 그들이 자라온 환경 때문에 커닝이나 표절에 지나치게 관대한 것도 문제다.

우리나라가 경제발전을 추진하는 데에는 일본·미국 등 선진국의 앞선 제품·제도·법률·학문 등을 모방한 것이 결정적인 역할을 했다. 그들이 수많은 시행착오와 비용을 들여가며 완성한 결과물을 거의 공짜로 모방할 수 없었던들 비약적인 발전은 애당초 불가능했을지도 모른다. 그 동안은 손쉽게 남의 나라에서 지식을 빌려 썼지만, 앞으로는 필요한 지식·기술 등을 우리 스스로가 창조할 수 있는 능력을 키워야만 한다. 공짜로 쓸 수 있는 지식의 범위가 점점 좁아지고, 우리가 필요로 하는 지식수준이 방대하고 깊어지고 있기 때문이다.

역사적으로 보더라도 한국문화의 많은 부분이 해외에서 유래되었다. 불교·유교·한자 등이 대표적인 예다. 한국은 많은 부분 문화의 수용에는 적극적이었지만, 이를 창조적으로 소화해 독창적인 문화를 발전시키는 데는 성공적이지 못했다. 반면, 일본은 한국이나 중국을 통해 문물을 받아들였지만, 오늘날 서구인들로부터 독창적인 문화를 발전시킨 것으로 평가받고 있다. 20세기 들어 일본이 선진국 대열에 올라설 수 있었던 요인도 결국은 받아들인 외래문화를 자기 것으로 변화시키고, 독창성을 가미하는 독특한 능력이 있었기 때문이다.

그러나 우리나라가 선진국에 진입하기 위해서는 언제까지나 모방

〈도표 28〉 출판물 현황

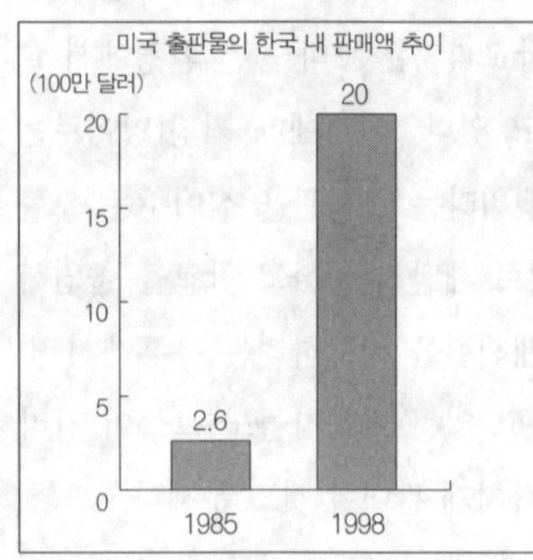

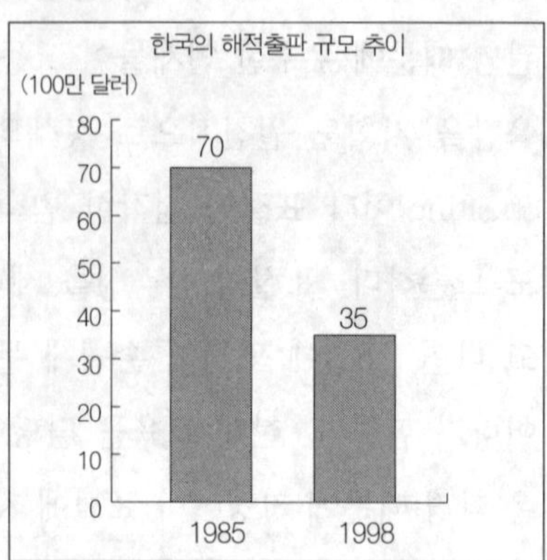

에만 탐닉할 수는 없다. 세계가 주시하는 경제대국으로 성장한 오늘 날에도 여기저기에서 「베끼기」가 그치지 않는 것은 심각한 문제다. 아직도 외국 것을 그대로 베낀 TV 프로그램, 가요, 책, 광고 등이 범람하고, 불법 소프트웨어가 근절되지 않고 있으며, 가짜 구찌 핸드백, 롤렉스 시계 등을 손쉽게 구할 수 있다.

소프트웨어의 불법복제와 사용으로 인해 1999년에 미국 소프트웨어 회사들이 1억 1,890만 달러의 손해를 입었다는 통계가 있다. 프랑스 세관은 2000년에 한국을 세계 제1의 가짜상품 생산국으로 지적했다. 지난 2000년 미국 세관이 지적재산권 침해를 이유로 압류한 수입품 가운데 한국산 제품의 적발건수가 3번째로 많았다. 참으로 부끄러운 일이 아닐 수 없다. 전문가도 식별하기 어려울 정도로 명품과 손색이 없는 제품을 만들 수 있는 재능을 제대로 활용하지 못하는 현실이 안타깝다. 시간이 걸리고 노력이 들더라도 자신의 브랜드를 키워 장기적으로 승부하겠다는 장인정신만 있다면, 세계적인 명품을 만드는 것도 불가능하지만은 않다. 단기적으로 큰 성과를 올리겠다는 조급증만 아니면, 우리도 얼마든지 고유 브랜드를 만들 수 있다.

우리 정부도 문제의 심각성을 인식해 지적재산권 보호에 적극 나서고 있다. 1987년부터 미국무역대표부(USTR)의 저작권 보호압력을 수용해 미국에서 인정된 모든 저작권에 대한 법적 보호활동을 한층 강화하기 시작한 것이다. 이 결과 미국 출판물의 한국 내 판매액은 1985년과 비교해 1998년에 무려 7배 증가했고, 금액으로는 1985년 260만 달러에서 1998년 2,000만 달러를 기록했다. 이에 따라 해적출판도 1984년 7,000만 달러에서, 1998년 3,500만 달러로 50% 수준으로 급감했다. 또한 대검찰청에 따르면, 1999년 대통령령에 의한 지적재산권 침해행위에 대한 일제단속으로 관련사범이 92.2% 증가했다.

지적재산권 보호에 대한 우리 정부의 관심이 뒤늦은 감은 있지만, 적극적인 활동에 대해 국제사회에서도 높이 평가하고 있다. 그러나 해결해야 할 현안이 아직도 산적해 있다. 일반국민들의 지적재산권에 대한 인식 부족, 근절되지 않고 있는 영세상인들의 지적재산권 침해행위, 특허사용료를 지불하기 아까워하는 경영자, 지적재산권에 둔감한 학계와 문화계 등 이루 헤아리기 어려울 정도다.

지식기반사회를 구축하는 것은 21세기 국가발전전략의 핵심이다. 그러나 지적재산권 확립이 전제되지 않는 한 지식기반사회 구축은 요원한 일이다. 많은 비용과 시간을 들여 어렵게 개발한 기술과 창작물이 보호받지 못하고 도용당한다면 누가 창조의 고통을 짊어지겠는가. 특히 경제 분야에서 지적재산권 보호는 국내기업들의 활발한 연구개발투자를 촉진하고, 우수한 기술과 노하우를 갖고 있는 외국인 직접투자를 더 많이 유치하는 데 필수다.

21세기는 지식정보시대다. 미래학자 피터 드러커(Peter F. Drucker)는 지식사회에서는 토지·자본·노동 이외에 무형의 지적자산이 핵심적인 경쟁요소로 부각하게 된다고 주장한다. 이는 지식을 기반으로

한 정보통신, 바이오, 엔터테인먼트 등의 산업에서 부가가치가 주로 발생하는 급격한 변화를 의미한다.

미국 MIT대학의 레스터 서로(Lester Thurow) 교수 역시 국가의 경쟁력 격차를 결정짓는 요인은 지식격차임을 주장하고 있다. 따라서 지식사회에서 성공의 열쇠는 바로 지식의 핵심을 이루는 지적재산권 확보와 활용이라는 점에 주목할 필요가 있다.

제네바에 본부를 둔 세계지적재산권기구(WIPO)는 특허협력조약 (PCT)을 이용한 우리나라의 2000년 국제특허출원 건수가 전년에 비해 91.6% 증가한 1,514건에 달해 호주, 캐나다에 이어 11위를 차지했다고 발표한 바 있다. 이는 우리나라도 이제 모방과 복제의 수준을 넘어 창조와 혁신의 새로운 단계로 접어들고 있음을 의미한다. 경제발전의 초기단계에서는 지적재산권을 불가피하게 침해하는 것이 성장에 도움이 될 수 있었으나, 지식사회로 급속히 이행하고 있는 현 시점에서는 철저한 지적재산권의 보호가 성장을 위해 긴요하다.

특히 정부가 미래산업으로 육성 의지를 보이고 있는 정보통신·바이오 등 벤처산업에서는 개발된 제품이나 기술의 무단복제와 불법사용을 엄격히 단속해야만 발전이 가능하다. 다시 말해 내연적 경제성장의 핵심요인인 첨단기술의 확보를 위해서는 지적재산권의 보호가 필수다. 우리 경제의 구조조정에 견인차 역할을 한 외국인 투자, 그 중에서도 주력유치업종으로 지정된 기술수반사업 및 산업지원 서비스업 등은 지적재산권 보호가 전제되지 않고는 왕성한 투자를 기대하기 어렵다. 따라서 불법 소프트웨어 단속을 통해 창조와 혁신이 시장 메커니즘에 의해 원활히 이루어질 수 있도록 관련제도를 보완하고 정비하는 계기로 삼아야겠다.

관광한국의 현실

관광산업을 흔히 「굴뚝없는 산업」이라고 한다. 외국관광객 5명을 유치하면 승용차 1대를 수출하는 것과 맞먹는 외화획득 효과가 있기 때문이다.

파급효과는 여기에 그치지 않는다. 외국인이 우리나라를 찾아 좋은 인상을 갖게 되면 국가 이미지 제고, 상품인지도 상승, 수출확대 및 외국인 투자증가, 국민소득 향상이라는 선순환도 기대할 수 있게 된다.

아울러 한국을 찾는 외국관광객이 증가하게 되면 우리 국민과의 교류가 확대되고, 이러한 개인적 차원의 세계화 체험이 누적되면 국가 전체의 세계화를 촉진하고 지원하는 좋은 토양이 될 수 있다. 예를 들면 남대문을 찾는 외국관광객이 늘어날수록 그 곳 상인들은 자기도 모르게 국제상거래에 점차 익숙해지고 외국인과의 상거래에 성공하기 위해 외국어를 공부하게 된다.

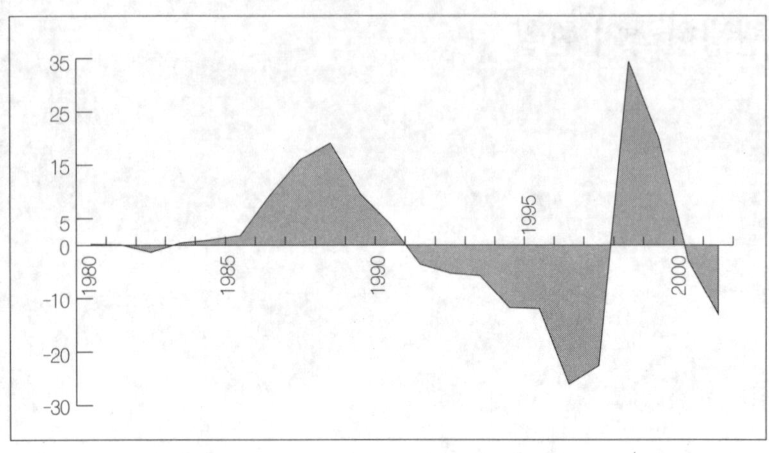

하지만 우리 관광산업은 아직도 본격적인 성장궤도에 진입하지 못하고 있다. 2001년 기준으로 한국을 찾은 외래관광객의 수는 515만 명으로, 같은 해의 해외관광객 수 608만 명에 비해 93만 명이나 적다. 이에 따라 관광수지도 6억 달러의 적자를 보였다.

이뿐 아니다. 세계관광기구(WTO)에 따르면 2001년에 동북아시아를 찾은 외래관광객 수는 총 6,560만 명이었는데, 중국이 이 중 50.6%인 3,320만 명의 외래관광객을 유치했다. 한국은 고작 동북아를 찾은 외래관광객의 7.9%를 유치하는 데 그쳤을 뿐이다.

국내 관광산업이 이처럼 경쟁력을 갖추지 못한 데는 몇 가지 이유가 있다. 일본이나 중국과 차별화된 한국만의 관광상품이 부족하고, 볼거리 중심에서 체험 중심으로 바뀌고 있는 세계관광의 흐름에 뒤져 있으며, 숙박·교통·레저·쇼핑 등 관광기반시설이 제대로 갖춰져 있지 못하다. 또한 설악, 경주, 제주 중심으로 편성된 관광권역의 다양화가 이루어지지 못함으로써 단기체류방식의 관광이 주를 이루는 점도 문제점으로 지적되고 있다. 2001년의 경우 한국을 찾은 외래관

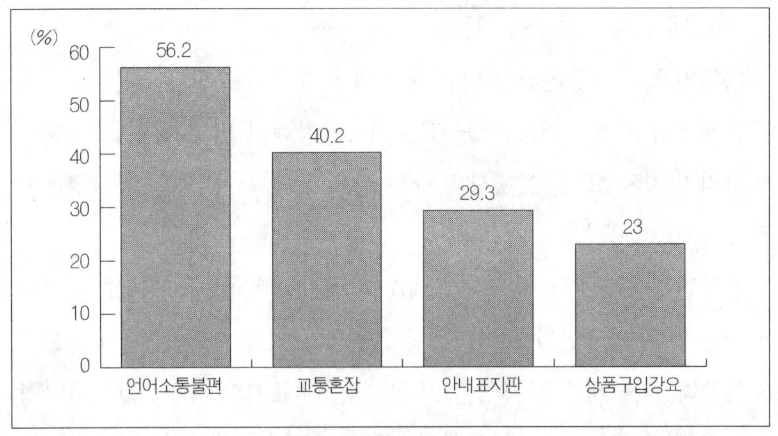

광객의 59.1%가 체류기간 3박 이내에 그친 것으로 나타났다.

관광기반시설의 부족도 심각한 문제다. 숙박시설의 경우 고가의 최고급 호텔과 여관 수준의 저급시설로 양극화되어 있다 보니 주머니 사정이 넉넉지 않은 비즈니스맨과 일반관광객은 난감하다. 여관에 묵은 외래관광객들이 위생·서비스 수준 등에 대해 불만족하는 것도 어찌 보면 당연하다.

이 같은 숙박시설 문제를 해결하기 위해 정부는 외국인 투자지역으로 지정할 수 있는 업종에 관광업을 한시적으로 포함시켰다. 조세·입지 등 각종 인센티브 제공을 통해 관광업에 대한 외국인 투자를 유도했지만, 아직까지 이렇다 할 성과를 거두지 못하고 있다. 그러면 왜 외국인들은 관광업에 대한 투자를 꺼리는 것일까. 『한국에서 호텔업을 하는 데는 다른 나라에서 하는 것에 비해 유난히 많은 비용이 든다』는 외국인 투자자들의 말에 귀기울일 필요가 있다.

호텔업은 대표적인 과소비 업종으로 여러 가지 세금이 많고, 불필요한 규제를 많이 받고 있다는 것이다. 결과적으로 주변 아시아 국가들에 비해 비용은 많이 들고 순이익은 적게 나니 호텔업에 투자하기를 꺼리게 된다.

마지막으로 외국손님을 맞는 우리의 국제화 수준도 문제다. 입국심사단계에서부터 불쾌감을 느끼는 외국관광객이 많고 공항을 나오면 택시의 바가지 요금, 여행사의 쇼핑 강요, 무질서, 실종된 봉사정신으로 줄줄이 이어진다.

한국관광공사에서 발표한 「2001 외래관광객 실태조사」에 따르면 한국을 찾은 외국인들은 언어소통 불편(56.2%)을 가장 큰 문제점으로 지적했다. 이어서 「교통혼잡」(40.2%), 「안내표지판 미비」(29.3%), 「상품구입 강요」(23.0%), 「화장실의 불결」(16.5%), 「택시기사의 서비스」(11.7%) 등을 지적했다. 우리 사회가 아직 외국인이 여행하기에는 여러 가지 불편함이 많다는 것을 보여주는 대목이다.

특히 전체 관광객의 60% 이상을 차지하는 중국 · 일본 · 대만 등 한자문화권 손님을 위한 안내표지, 메뉴 등에 대한 한자병기는 아직도 요원하다. 한국을 방문한 경험이 있는 부유한 중국인들은 특별한 쇼핑 대상도 없고, 카지노 등의 유락 시설도 부족하며, 관심을 사로잡을 관광상품도 부족한 한국을 기피하는 분위기마저 있다고 한다.

또한 우리와 인접한 홍콩 · 마카오 · 중국의 광둥(廣東)성 도시들은 「아시아 관광중심지」를 목표로 치열한 경쟁대열에 뛰어들고 있다. 13억에 달하는 중국인과 욱일승천(旭日昇天)하는 중국경제가 그 배경이다. 홍콩은 디즈니랜드를 유치해 건설에 들어갔으며, 마카오는 카지노 시장을 외국인에게 개방해 도박의 세계화를 선언했다. 광둥성의 주하이(珠海)는 중장년층을 상대로 한 「전원풍의 깨끗한 휴양도시」를 주전략으로 삼고 있다.

세계관광기구의 자료에 따르면 국제관광객 수가 연평균 4% 이상

성장하여 2010년에는 10억 5,000만 명, 2020년에는 16억 명에 달할 것으로 전망하고 있다. 특히 동아시아-태평양 지역은 역내교류의 증가와 세계경제에서 차지하고 있는 비중의 증가 등에 힘입어 7% 이상 고도성장할 것으로 전망하고 있다.

유구한 역사, 산과 바다, 사계절, 다양한 음식, 전통문화 등은 우리가 개발하고 가꾸기에 따라서는 세계인에게 이색적인 경험과 즐거움을 줄 수 있는 관광자원들이다. 경쟁국들이 「아시아 관광의 중심지」를 목표로 원대한 계획을 실행에 옮기고 있는 것은 우리에게 커다란 위협이 아닐 수 없다. 이제부터라도 관광한국을 위해 우리의 지혜를 모아야겠다.

제 **5** 부

의식구조의 세계화 사례

네덜란드를 본받자

한국 국가대표 축구팀이 2002 월드컵에서 4위를 차지했다. 실로 감격적인 순간이 아닐 수 없었다. 온 국민이 이러한 기쁨을 맛보게 해준 일등공신은 모두가 인정하듯이 히딩크 감독이다. 이 때문에 히딩크 감독의 고향인 네덜란드도 우리에게 친근한 나라로 새롭게 다가서고 있다.

역사적으로 네덜란드는 많은 유럽 국가들 중에서 우리와 인연이 깊다. 유럽인으로서 최초로 한국 땅을 밟았고, 조선에 귀화한 박연은 네덜란드인으로 본명은 벨테브레(John Weltevree)였다. 그는 1627년 동료 2명과 표류하여 조선에 도착했으며, 이후 군대에 복무하면서 포술 등을 지도했다고 한다.

16년 후인 1643년에는 하멜을 포함한 36명이 대만에서 일본을 향해 항해하던 중 폭풍에 배가 난파되어 제주도에 표류하게 된다. 하멜은 유명한 《하멜 표류기》를 저술해 조선을 유럽에 최초로 소개했으며, 그도 역시 네덜란드인이었다. 그러면 왜 네덜란드인이 먼 동아시아까지 진출했던 것일까. 17세기에 접어들면서 네덜란드는 유럽의 중심국가로 부상해 높은 이윤을 보장해주던 아시아와의 향신료 무역을 거의 독점하고 있었다. 하멜과 그 일행은 향신료 독점무역과 식민지지배를 위해 1602년 설립된 동인도회사에 고용되었으며, 무역을 위해 대만을 거쳐 일본으로 향하는 길이었다.

15세기 말엽부터 유럽은 아시아와의 신항로 개척에 적극적으로 나서, 결국 아프리카를 우회하여 아시아와 직접 교통할 수 있는 신항로를 찾아내는 데 성공했다. 이에 따라 많은 유럽인들이 중국과 일본을 방문했으며, 이 결과 16세기에 들어서면서 조선도 차츰 중국을 통해 유럽의 존재를 인식하게 된다. 그러나 조선정부는 유럽과의 교류를 지나치게 두려워했다.

중국과 일본정부가 소극적이나마 유럽과의 통상과 교류를 용인했다면, 조선은 극단적으로 이를 회피하는 것으로 일관했다. 특히 일본은 유럽과의 교류에 적극적이었는데, 유럽의 총을 모방해 개발한 「조총」을 앞세워 임진왜란 당시 조선군에 커다란 피해를 입히기도 했다. 또한 유럽의 과학기술과 신지식을 입수하는 데도 일찍 눈을 떠 네덜란드를 연구하는 「난학(蘭學)」을 발전시켰다. 19세기 후반 본격적으로 추진한 일본의 개항과 근대화 정책이 성공할 수 있었던 요인도 결국은 앞선 문물을 배우고 수용하려는 적극적인 자세가 있었기 때문으로 볼 수 있다.

이러한 일본과 대조적으로 조선정부는 유럽의 앞선 과학기술을 완전히 무시하고, 그들을 오랑캐로 얕잡아봤다. 하멜의 난파선 안에는 수많은 총과 대포, 각종 항해장비 등이 있었음에도 조선정부는 이를 연구하고 활용할 생각은커녕 농민들이 이를 녹여 농기구로 사용하는 것을 방치했다. 또한 박연이라는 뛰어난 통역자가 있었음에도 하멜 일행이 갖고 있는 앞선 지식을 배우려 하지 않고, 왕과 신하들의 잔치를 즐겁게 해줄 광대로 여겼을 뿐이다. 이는 마치 앞선 문명을 가진 외계인의 우주선이 지구에 불시착했는데, 그들의 외모가 이상하다고 해서 노리개로 삼고 우주선을 녹인 것과 무엇이 다른가.

여기에 한술 더 떠 조선정부는 자신들의 존재가 유럽 세계에 알려지는 것을 두려워해 이른바 공도정책(空島政策)을 추진했다. 공도정책은 연안의 섬과 해안에 살고 있는 주민들을 모두 일정 거리의 내륙지방으로 이주하도록 하는 정책이었다. 이는 유럽인들이 우연히 조선근해를 항해할 경우 조선 땅이 척박하고 사람이 살기에 부적합한 곳으로 인식되도록 하려는 의도였다. 또한 조선정부는 장거리 항해가 가능한 선박을 건조하지 못하도록 법으로 금지했다. 혹시라도 조선사람이 배를 타고 원양항해에 나서면 조선의 존재가 서구에 노출될 수도 있다는 우려 때문이었다.

이러한 일련의 정책을 볼 때 조선정부가 하멜 일행을 억류한 것은 일면 당연했다. 36명이나 되는 유럽인들이 되돌아갈 경우, 조선의 존재가 만천하에 알려질 것이기 때문이었다. 하지만 하멜 일행은 몇 차례의 실패를 거쳐 결국 조선 탈출에 성공했고, 그들이 겪은 조선에서의 경험은 《하멜 표류기》를 통해 유럽인들에게 알려졌다.

이 책을 통해 처음 소개된 한국의 이미지는 외국인을 억류하는 무서운 나라라는 것이었고, 이것은 수 세기 동안 유럽인들에게 고정관념으로 자리잡게 되었다.

그러나 오늘날 한국의 이미지는 400년 전과는 근본적으로 다르다. 급속한 경제성장으로 세계의 주목을 끌었고, 1997년 외환위기에 빠진 아시아 국가들 중에서 가장 신속하게 위기에서 탈출함으로써 찬사의 대상이 되었다. 또한 일본과 함께 아시아 최초의 월드컵을 성공적으로 개최했을뿐더러, 월드컵 본선에서 1승도 못 올렸던 국가가 4강까지 올라가 세계를 놀라게 했다. 세계 유수의 언론들도 이구동성으로 이번 월드컵을 통해 국가 이미지를 높인 최대의 수혜국은 한국이라고 찬사를 보낸다. 세계언론의 주목을 끌고 한국의 강렬한 이미지를 세계에 심는 데 가장 큰 기여를 한 인물은 월드컵 4강 신화를 현실로 만든 히딩크(Guus Hiddink) 감독이다. 수백 년 전 네덜란드인 하멜이 심어놓은 「무시무시한 한국」이라는 부정적 이미지가 그의 후손 히딩크에 의해 완전히 극복된 것은 우연이 아니라는 생각이 든다.

400년 전, 우리 조상들은 앞선 네덜란드를 배우려 하지 않았다. 그때 우리 조상들이 서양의 앞선 문물을 적극적으로 배우는 데 눈을 떴던들 20세기 초반 나라가 식민지로 전락되고 백성이 고통에 빠지는 비극은 없었을지도 모른다. 네덜란드는 과거뿐 아니라 오늘날에도 우리에게 시사하는 바가 많은 나라다. 각자 음식값을 계산하는 「더치 페이(Dutch pay)」의 합리성, 바다보다 낮은 땅을 옥토로 바꾼 강인한 개척정신, 2~3개의 외국어는 기본적으로 하는 세계화된 국민, 일찍부터 세계를 무대로 한 비즈니스에 눈을 뜬 모험정신 등이 그것이다. 유럽의 관문역할을 하는 암스테르담과 로템르담 항구, 세계최고 수준의 금융 시스템, 마약과 매춘을 허용할 정도로 자유롭고 규제가 없는 사회분위기 등도 눈여겨보아야 할 대목들이다.

무엇보다 네덜란드는 일찍부터 세계화를 통해 국가번영을 일군 나라다. 16세기부터 전세계를 대상으로 식민지를 경영하고 각국을 상대로 무역을 하면서 합리적이고 투명한 경영의 중요성을 깨달았다. 회계가 발전하고, 각종 무역금융이 꽃을 피우고, 주식회사제도가 일찍부터 번영할 수 있었던 것도 바로 이 때문이다. 일찍부터 열린 사회를 만든 네덜란드의 강점은 인종·종교·지역·국적을 따지기보다 능력과 성과를 중시하는 태도에서 비롯된다. 이는 분열과 갈등을 조장하는 근거 없는 차별과 부당한 대우가 존재하는 한 세계와 더불어 성장하고 발전하는 것이 불가능하다는 사실을 일찍부터 깨달은 덕분에 형성된 것이다.

히딩크 감독의 성공은 스포츠 분야에서 이루어진 일이지만, 그 영향은 우리 사회 전반에 미치고 있다. 우선 외국인과 함께 일하는 것에 대한 우리 국민의 거부감을 줄이는 데 크게 기여했다. 외국인과 함께 일하는 것이 더 효율적일 수 있다는 믿음을 심어준 것이다.

아울러 외국인이 우리나라에서 단물만 빨아먹고 그들 나라로 되돌아갈 것이라는 의구심도 크게 줄어들었다. 세계와 함께 대화하고, 일하고, 생활할 수 있는 열린 자세와 의식 없이 성공적인 세계화를 이루기는 불가능하다. 히딩크 감독은 축구를 통해 우리 국민들이 개방되고 열린 의식을 갖는 데 적지 않은 기여를 했다.

이 밖에도 동기유발을 통해 선수 개개인이 최선을 다하도록 만들고 팀 역량을 극대화시키는 데 성공한 「히딩크식 경영」을 기업경영에 도입해야 한다는 주장도 공감을 얻고 있다. 지연·학연·혈연 등의 정실관계에서 탈피해 실력과 성과를 기준으로 인재를 채용하는 인사관리 방식, 통계와 데이터에 근거한 과학적인 경영방식, 모든 조직구성원의 16강 진출이라는 확고한 목표와 비전의 공유, 지도자의 소신과 철학에 입각한 흔들리지 않는 리더십, 조직구성원 간의 활발한 의사소통과 수평적 관계를 중시하는 열린 경영 등이 그것이다.

능력 중시와 효율성 위주의 조직운영, 그리고 현장경영을 통한 상하 간의 신뢰구축. 바로 이것이 「히딩크식 경영」이며 우리 사회 모든 부문에서 실천해야만 할 시사점이다.

노령화 사회

선진국 투자자들이 말하는 한국의 인상적인 모습 중 하나는 거리를 가득 메운 젊은이들의 행렬이다. 명동이나 압구정동은 그야말로 젊은이들의 천국이다.

텔레비전을 점령하고 있는 신세대문화나, X세대를 지나 N세대가 소비와 대중문화를 주도하고 있는 것도 젊은 한국의 모습이다. 그러나 생동감 넘치는 이러한 외양과 달리 한국사회도 불가피하게 점차 고령화되고 있다.

선진사회로 진입하면서 나타나는 인구구성상 가장 중요한 변화는 노령화 현상이다. 최근 발표된 국제연합의 「성별·연령별 세계인구」 보고서에 따르면, 전세계 65세 이상 노인인구 비중은 2000년 7%에서, 2030년에는 12%로 높아질 것으로 예측하고 있다. 선진국의 경우에는 2000년 14%에서 2030년 25%로 크게 높아질 것으로 보고 있다. 인구 노령화는 한국에서도 예외 없이 진행되고 있다.

선진국의 경우 65세 이상 노인인구 비중이 7%에서 14%로 높아지는 데 63년이 걸린 반면, 한국은 겨우 22년이 걸릴 전망이다. 더욱이 한국개발연구원(KDI) 보고서에 따르면, 65세 이상 노인인구비중은 2022년 14%에서 2050년에는 25%로 급격히 증가할 것으로 예측하고 있다.

복지제도가 불완전한 현재의 상황을 감안한다면, 인구노령화는 심각한 문제가 아닐 수 없다. 노인인구가 증가하면 경제성장이 둔화되고, 젊은 세대의 조세부담이 증가하는 한편, 노인들을 위한 의료·연금 지출이 증가하여 정부의 재정부담도 커질 수밖에 없다. IMF, OECD 등과 같은 국제기구는 물론이고, 많은 국내외 전문가들은 한국의 연금제도가 이대로 지속된다면 2030년경에는 재정적으로 중대한 위기에 직면할 것으로 경고하고 있다.

인구노령화는 국내경제에 커다란 영향을 미칠 뿐 아니라, 외국인 직접투자에도 영향이 크다. 인구노령화로 급격한 변화를 겪게 되는 노동력의 교육수준과 연령, 임금, 소비 패턴 등이 투자결정을 하는 데 중요한 요소이기 때문이다. 인구노령화가 외국인 투자유치에 미칠 영향을 예측해 이에 대한 대비책을 만들어야 한다.

첫째, 원활한 노동공급이 이루어질 수 있도록 미리 준비해야 한다. 외국인 투자자는 한국에 기업을 설립했을 경우, 경영에 필요한 우수한 근로자를 충분히 확보할 수 있을 것인가에 관심이 많다. 불과 20년 후면 노령인구 비중이 현재의 두 배가 될 것이고, 이에 따라 젊고 유능한 근로자를 구하기 어려워지고 임금도 급상승한다면 문제가 심각하다. 이 문제를 해결하기 위해서는 인력수급구조에 대한 장기적인 대비책이 필요하다.

이와 관련해 노동집약산업을 정보지식기반 산업으로 대체해나가는

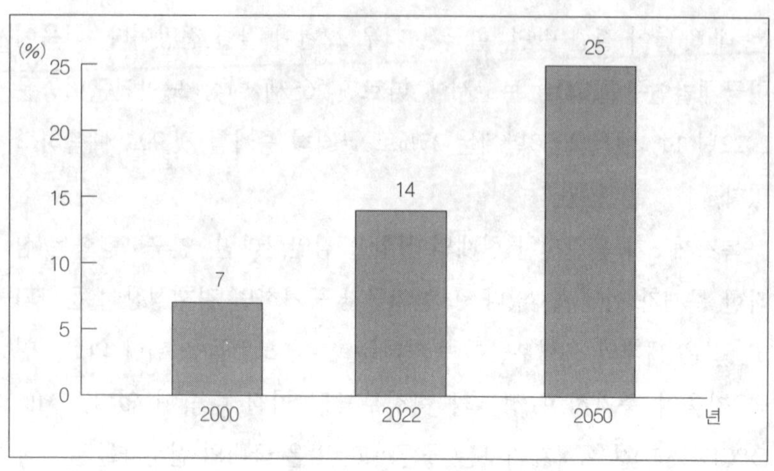

것은 하나의 대안이 될 수 있다. 선택과 집중을 통해 고부가가치 산업 위주로 경제지형을 바꿔나가는 노력이 필요하다.

또한 현재 사장되다시피 하고 있는 여성인력을 적극 활용하는 방안을 찾아야 한다. 한국여성의 우수성은 세계대회를 석권하고 있는 골프의 박세리, 김미현을 보면 알 수 있다. 고용기회만 주어진다면, 남자보다 훨씬 많은 기여를 할 수 있는 여성들이 가사에 묶여 있다는 것은 국가적인 낭비가 아닐 수 없다.

지식기반사회가 진전되고, 패션·디자인·브랜드 등과 같이 감각적인 능력이 점차 중시되는 변화도 여성인력 활용의 필요성을 높이고 있다. 여성인력 활용을 위해서는 특히 기혼여성의 사직(辭職) 요인이 되고 있는 육아부담을 기업과 정부가 나서 해결할 필요가 있다. 또한 승진·배치·급여 등에서의 직장 내 성차별을 없애고, 능력과 업적으로 평가받는 시스템도 보다 폭넓게 도입되어야 한다.

둘째, 인구노령화에 따른 시장구조 변화에 대응해 외국인 직접투자

유치전략을 새롭게 짤 필요가 있다.

　인구노령화는 불가피하게 국내 소비시장에 커다란 지각변동을 일으키게 된다. 노령화가 진전되면 현재 신세대가 수요에서 차지하고 있는 영향력은 줄어들 수밖에 없고, 실버 산업이 급격히 부상할 가능성이 높다. 선진국의 경험을 보면 노인들을 위한 건강센터, 양로원, 실버타운 등과 같은 분야가 각광받게 된다. 또한 노인들의 여가활용을 위한 관광·레저·오락 등의 산업도 성장 가능성이 높다.

　이들 산업에 대한 외국인 직접투자 유치를 활성화하기 위해 투자설명회 등의 홍보를 강화하고 부지·조세·보조금 등 각종 지원책을 새로운 시야에서 종합적으로 제시할 필요가 있다.

　많은 선진국들이 인구노령화에 따른 사회문제를 겪고 있다. 이를 미연에 방지하려면 더 장기적인 안목을 갖고 연금·의료보험 등의 사회안전망을 시급히 재정비해야 한다.

　세대 간의 부담문제나, 정부와 개인 간의 분담비율 등과 같이 민감한 문제에 대한 사회적 합의를 이끌어낼 필요도 있다. 이와 함께 많은 노인들이 편안하고 행복한 노년을 맞을 수 있도록 하기 위해서는 실버 산업의 활성화가 필요하다. 이를 위한 가장 빠른 길은 축적된 경험과 노하우를 갖고 있는 선진 외국기업들을 많이 유치하는 것이다.

당신의 경제이해지수는?

한국에서 활동하는 외국 기업인들의 가장 큰 우려는 노사분규다. 특히 노조지도자들이 경제원리를 무시하고 과도한 임금인상을 요구하는 데 대해 당혹감을 감추지 못하고 있다. 과연 한국근로자들이 기초적인 경제지식을 갖고 있는지 의구심을 표시하기조차 한다. 기업의 대차대조표나 손익계산서를 이해한다면 도저히 할 수 없는 무리한 임금인상 요구가 빈발하고 있기 때문이다.

이것이 한국근로자, 나아가서는 한국국민 모두가 시장경제원리를 도대체 모르지 않느냐는 의구심으로 확대되고 있다.

그러면 시장경제원리는 무엇인가. 그것은 개인·기업·정부와 같은 경제주체들이 희소한 자원을 어떻게 배분하여 생산하고 소비하는가를 결정하는 기본원리다. 가계와 기업은 소비·생산·투자 등을 결정함에 있어 제한된 자원을 가지고 최대의 효용과 이윤을 달성하기 위해 노력한다. 이처럼 각 경제주체들이 이용 가능한 정보를 토대로 자원배분에 대한 합리적인 의사결정을 할 때 최적의 경제효율성이 이루어질 수 있다.

우리 국민들은 선진국 국민들에 비해 얼마나 경제를 잘 이해하고 있을까. 이와 관련해 최근 미국 미네아폴리스 주정부의 설문조사 결과가 인상적이다. 미국 성인들을 대상으로 기초적인 경제지식을 조사한 결과, 100점 만점에 45점을 기록해 의외로 저조하게 나타났다. 필자가 보기에 우리나라에서 동일한 조사가 이루어졌다면 이보다는 좋은 결과가 나타났을 것이다.

우리 국민들의 경제에 대한 이해는 1960년대 초 수출주도형 경제개발정책이 본격적으로 추진되면서 높아지기 시작했다고 판단된다. 「수출만이 살길이다」라는 구호로 요약되는 수출지향정책은 정부뿐 아니라 국민들 사이에서도 폭넓은 공감대를 형성하면서 진전되었다. 수출은 외화획득의 중요한 수단일 뿐 아니라, 확대재생산을 위한 원자재와 자본재 수입을 가능케 했다.

온 국민이 수출의 중요성에 공감해 수출업체를 전폭적으로 지원했고, 수출기업의 근로자를 「산업전사」로 높이 평가했다. 우리 국민들의 경제에 대한 이해가 없었다면, 수출확대를 위한 총력지원체제도 구축되기 어려웠을지 모른다.

또한 많은 외국인들은 남대문시장이나 동대문시장을 보고 나서 한국의 경제적 활력을 새삼 느끼게 된다고 한다. 시장상인들이 수요공급의 변동에 따라 탄력적으로 가격을 책정하고, 손님을 유치하기 위해 치열하게 경쟁하는 것을 보면서 외국인들은 한국이 정말로 기업가정신이 충만한 사회라는 느낌을 갖게 된다.

특히 한국인들은 세계 어느 나라보다 숫자와 계산에 강하다는 것이 공통된 지적이다. 외국인들은 전자계산기 없이 상거래가 이루어지고,

거스름돈이 오가는 것을 신기하게 여기기조차 한다.

우리나라 신문만큼 경제에 많은 지면을 할애하는 나라도 없다고 한다. 그만큼 일반독자들이 경제에 대해 관심이 높고, 수요가 있기 때문일 것이다.

또한 텔레비전에서도 경제문제에 대해 몇 시간이나 되는 토론·대담·특집 등을 심심치 않게 방송하고 있다. 이처럼 언론매체에서 경제문제를 비중 있게 다루기 때문에 경제지식이 부지불식간에 국민들의 머릿속에 자리잡고, 경제관련 전문용어가 일반인들 사이에서도 쉽게 받아들여지고 있다.

1997년 닥친 금융위기도 우리 국민의 경제지식을 한 차원 높이는데 기여했다. 비록 많은 고통과 대가를 요구했지만, 경제개발과정에서 잘못 형성된 경제지식을 바로잡는 계기가 되었다. 정부·은행·대기업이 각자 어떠한 역할을 수행해야 하며, 시장경제원리가 작동하지 않았을 때 어떠한 결과가 벌어지게 되는지를 뼈저리게 느꼈다. 특히 부실기업과 은행의 부실채권이 제때 처리될 수 있는 시스템이 얼마나 중요한지 알게 되었다.

근로자나 가계도 경제원리에 충실하게 적절한 임금인상 요구를 하고 소비와 저축결정을 해야 함을 깨달았다. 정부가 구조조정을 하는 과정에서 많은 반발과 저항에 부딪쳤지만, 국민들의 구조조정 필요성에 대한 이해가 있었기에 고통분담이 이루어질 수 있었다. 금융위기를 통해 얻은 가장 큰 교훈은 정부주도형 경제성장 모델의 한계를 인식하게 된 것이다.

자원이 부족한 우리로서는 세계화가 국가발전의 전제조건임에도 정부부문이 각종 규제로 개방과 경쟁을 가로막는 걸림돌이 되고 있다는 것이다.

국민들이 경제의 작동원리를 올바로 이해하는 것은 경제발전을 추진하는 데 커다란 힘이 된다.

우리의 경제발전 경험과 금융위기를 극복하는 과정에서도 이러한 사실을 확인할 수 있었다. 우리 국민들이 새로운 과제인 세계화에 대해서도 올바로 이해하고 적극적으로 받아들인다면 새로운 도약의 계기가 될 수 있을 것이다.

팁 문화에 대해

우리나라 사람 중 상당수는 해외여행을 하면서 얼마의 팁을 주어야 하는지 고민하게 된다. 팁 문화 자체가 낯설기 때문이다. 우리나라에서는 일부 유흥업소를 제외하고는 팁을 주는 고객도, 그것을 기대하는 종업원도 거의 없다. 한국을 찾은 외국인들도 팁 문화가 없다는 사실에 놀라움을 표시하는 경우가 많다.

한국은 선진국 클럽인 OECD 회원국이자 세계 10위권의 경제대국으로서 통계수치만으로 보면 경제강국으로 손색이 없다. 그러나 국제사회에서는 이와 반대로 낙후된 국가 이미지를 아직 벗어나지 못하고 있다. 이러한 평가를 받는 데는 한국의 뒤떨어진 서비스 산업도 커다란 책임이 있다고 생각한다.

관광·사업 등을 목적으로 한국을 찾는 외국인들은 점차 증가하고 있지만, 서비스 산업에 종사하는 종업원의 불친절, 무성의, 비위생 등이 크게 개선되지 않고 있다.

사실 정규요금 이외에 팁과 같은 추가비용을 달가워할 사람은 그다지 많지 않다. 미국의 경우 정식 레스토랑에서는 대략 15%의 팁을 종업원에게 주어야 한다. 피자 배달, 호텔 사환, 이발사, 택시운전사 등에게도 팁을 제공해야 함은 물론이다.

미국을 포함한 선진국에서 종업원들의 친절한 태도는 상당 부분 팁 문화 덕이 아닌가 생각된다.

사실이 그렇다면, 어깨띠를 두르고 구호를 외치는 요란스러운 친절 캠페인보다 팁 문화 도입이 더 합리적인 대안일 것이다. 경제가 발전할수록 더 나은 서비스와 대우를 요구하는 고객들이 늘고 있지만, 서비스 산업은 이를 미처 따라가지 못하고 있다. 팁 문화는 종업원의 친절이 그들의 수입으로 직결되도록 함으로써 친절과 봉사를 정착시키는 계기가 될 수 있다.

우리나라에서 택시운전사들이 아파트 단지 안이나 이면도로로 가기를 거부하는 일은 흔한 일이 돼버렸다. 음식점에서도 종업원들이 고객과 눈을 맞추지 않으려고 허공을 응시하는 경우가 많다. 그들에게도 잘못은 있지만, 한편으로는 주어진 월급을 받을 뿐이라면 구태여 열심히 일할 필요가 없을 것이란 생각도 든다.

팁 문화는 친절하고 상냥한 종업원에게 더 많은 수입이 돌아갈 수 있는 시스템을 만드는 것이다. 일과성 친절 캠페인보다는 시스템 도입을 통해 문제해결에 근본적으로 접근하는 자세가 필요하다.

팁 문화는 서양은 물론 동양에서도 점차 확산되는 추세에 있다. 팁의 기원에 대해서는 부패한 로마제국 말기로 거슬러 올라가며, 16세기 영국의 「페니 대학」 커피점에서 일반화되었다는 설이 있다. 또는 중세 봉건영주가 안전한 통행을 보장받기 위해 반항적인 농노들에게 황금을 팁으로 준 데서 유래했다는 설도 있다.

기원이야 어쨌든 오늘날 팁 문화는 서비스 종사자들의 친절을 이끌어내는 성공적인 유인책으로 많은 국가에서 통용되고 있다.

하지만 한국의 팁 문화는 최고급 호텔에서조차 일반화되어 있지 못

| 내가 한국에 너무 오래 살았나?(1) |

이 글은 인터넷에 떠도는 유머를 모은 것으로, 한국을 방문했거나 거주해본 경험이 있는 유럽이나 북미의 외국인들이 한국에서 느낀 문화적 차이를 표현한 것들이다. 이 유머들을 통해 우리 자신이 느끼지 못했던 한국적인 문화나 사고방식을 서구인의 시각을 통해 되돌아볼 수 있을 것이다. 어떤 것들은 무릎을 치게 만들고 단순한 재미를 넘는 것들이 많아 소개하니 음미해보기 바란다.

1. 저녁식사 한 끼보다 커피 가격이 비싼데도 개의치 않게 될 때

(유럽에서는 커피 값이 식사비용보다 싼 것이 보통이다. 유럽 또는 미국에는 한국 스타일의 커피숍도 많지 않기 때문에 한 끼 식사값에 육박하는 비싼 커피값에 부담을 느끼는 외국인이 많다.)

2. 당신의 유머를 듣고 난 한국 여자동료가 재밌다면서 당신의 팔을 칠 경우, 그것이 불쾌하지 않고 당신에 대한 친근감으로 받아들여질 때

(서구인들은 다른 사람이 자신의 몸을 손으로 치거나 건드릴 때 불쾌감을 느끼는 경우가 많다. 아무리 친한 사이라 하더라도 서구인에게 애교나 친근감을 표시하기 위한 방법으로 상대방의 팔을 세게 치는 등의 행위는 하지 않는 것이 좋다. 한국적 문화를 이해하지 못하는 외국인에게는 공격적인 행동으로 자칫 오해를 불러일으킬지도 모른다.)

하다. 계산서에 포함되어 있는 경우를 제외하고는 고객이 종업원에게 팁을 주는 경우를 좀처럼 보기 어렵다. 이것은 유교적인 양반–상놈 관념이 남아, 종업원으로부터 서비스받는 것을 감사하게 생각하기는

3. 식탁 위에 냅킨 대신에 두루마리 화장지가 놓여 있어도 개의치 않게 될 때

(유럽이나 북미에서는 두루마리 화장지를 화장실용으로만 국한해 사용할 뿐 식탁에서 냅킨 대용으로 사용하는 경우는 없다. 부득이한 경우 티슈를 사용하기도 하지만, 절대로 두루마리 화장지를 식탁에 올려놓지는 않는다.)

4. 가위로 냉면을 자르는 것이 아무렇지 않게 여겨질 때

(서양 공포영화의 단골소재로 사용되는 소재가 가위라는 것에서 알 수 있듯이 가위는 식탁 위에서는 사용되지 않는다. 차라리 냉면을 미리 잘라 서비스하는 것이 외국인에게 거부감을 주지 않는다.)

5. 무작정 일본을 깔보고 미워하기 시작할 때

(외국인들이 동양인을 볼 때 처음 하는 질문이 『일본인이냐?』일 정도로 일본은 아시아의 대표국가다. 일본경제가 지금 어려움에 빠져 있지만, 일제는 여전히 세계최고의 품질로 통하고 선망의 대상이다. 어느 나라에서든지 일식집은 상류층이나 출입하는 최고의 사교장소이며, 건강식으로 인기가 높다. 국제적으로 일본을 무시하고 깔보는 나라는 아마 한국국민이 유일할 것이다.)

6. Hyundai를 「현대」라고 발음할 수 있게 될 때

(미국인이 Hyundai를 「하이언다이」라고 발음했다는 에피소드가 있다. 한글을 로마자로 옳게 표현하는 방식을 하루빨리 정착시켜 언어생활의 불편과 혼란을 해소하고, 우리를 세계에 올바로 인식시켜야 겠다.)

커녕 당연시하는 탓일 수 있다. 유교적 상하관념, 질서 또는 수직적 인간관계에서는 종업원을 낮은 신분으로 보고, 동등한 인격체로 보기 어렵기 때문이다. 직업은 다르더라도 인간으로서는 평등하다는 의식이 전제되어야 종업원의 봉사에 감사하는 마음을 갖을 수 있다.

사농공상(士農工商)이라는 잘못된 유교적 직업관도 서비스업을 천시하게 만든 또 다른 요인이다. 조선시대에 상업을 천시하게 된 이유에 대한 몇 가지 주장이 있다. 우선, 고려가 망한 후 개성을 중심으로 고려의 엘리트들이 상업에 종사하게 되면서, 조선정부가 의도적으로 조장했다는 주장이 있다. 또 다른 것으로는 유교적 관념에 비추어볼 때, 생산은 하지 않고 유통 마진을 취하는 상인은 군자가 취할 직업이 아니기 때문이라는 설명도 있다.

이유야 어쨌든 유통업과 서비스업은 오늘날 경제 전체의 경쟁력을 좌우하는 중요한 산업으로 중요성이 점점 높아지고 있다. 선진국일수록 서비스업이 경제 전체에서 차지하는 비중이 높으며, 「경제의 서비스화」는 돌이킬 수 없는 오늘날의 추세다.

사소한 것처럼 보이는 팁 문화가 서비스업의 선진화를 위한 중요한 수단이더라도 이를 도입하기는 쉽지 않다. 해외에서 아낌없이 팁을 주던 한국인들도 막상 우리나라에서는 팁에 인색한 것이 사실이다. 친절하고 상냥한 종업원에게 적은 금액이더라도 팁으로 고마움을 표시하는 소비자들이 더 많아질 때 한국의 서비스업도 한층 선진화될 수 있지 않을까.

에티켓 한국을 만들자

표면적으로, 한국의 세계화 수준은 외환위기 이후 상당히 높아진 것처럼 보인다. 특히 경제 분야의 경우 수입자유화, 자본자유화 등으로 대외거래를 막는 장벽이 사실상 거의 사라졌다. 또한 외국인과의 교류도 증가하여, 2001년에 한국을 찾은 외국인관광객은 515만 명에 달했고, 30만 명 이상의 외국인이 한국에 장기체류하고 있다.

하지만 범세계적 기준과 비교할 때 아직도 개선해야 할 점이 많다. 특히 에티켓이 그렇다. 아직도 많은 외국인들이 한국에서 겪은 무례한 행동 때문에 불쾌했던 경험을 토로하고 있다. 최근 필자는 외국인들 간에 떠도는 한국관련 이메일을 본 적이 있다. 제목은 「당신이 한국에 너무 오래 살았다고 느낄 때」. 예를 들면 길게 늘어선 줄에 거리낌없이 새치기할 때, 정지신호에서도 차를 서서히 움직이고 절대로 양보하지 않을 때, 남녀공용 화장실을 아무런 불편없이 사용할 때, 외국여성이 지나가면 뚫어져라 쳐다볼 때 별로 느낌이 없다면 이제는 한국인이 되어버렸다는 것이다.

　에티켓은 인간이 사회라는 집단을 구성하고, 그 속에서 함께 살아가기 위해 만들어낸 서로 간에 지켜야 할 최소한의 예절이다. 교통통신의 발달로 세계가 점점 좁아짐에 따라 에티켓의 중요성이 높아지고 있다. 서로 다른 문화적 배경을 가진 다양한 인종의 사람들이 만날 가능성과 기회가 인류역사상 그 어느 때보다 높아졌기 때문이다. 에티켓은 언어 · 문화 · 사고방식이 다른 사람들끼리 생겨날 수 있는 불필요한 오해를 없애고, 불편과 불쾌함을 최소화할 수 있다.

　에티켓은 문화권이나 국가에 따라서 다른 것 또한 사실이다. 하지만 세계 어디에서나 보편적으로 받아들여지고, 사람들을 편안하게 만드는 국제사회용 에티켓도 존재한다. 줄서기, 교통신호 지키기, 침뱉지 않기, 쓰레기 버리지 않기, 미소로 인사하기 등이 예다.

　월드컵을 계기로 큰 기대감을 갖고 한국을 찾는 관광객이 늘어나고 있다. 훌륭한 에티켓으로 맞이하는 것이야말로 한국의 이미지를 한 단계 높일 수 있는 최고의 방법이다. 에티켓이야말로 사회구성원의 수준과 자질을 단적으로 보여주는 리트머스 시험지이기 때문이다. 전세계 축구팬들에게 역대 어느 대회보다 진한 감동을 심어줬던 한국인에 대한 외국의 기대치는 이미 높아져 있다. 월드컵 기간 중 높은 질서의식과 도덕수준을 보여줬던 한국인들의 에티켓이 형편없다면 실망은 클 수밖에 없다.

　이러한 점에서 에티켓 수준을 높이는 것은 더 이상 미룰 수 없는 시급한 과제다. 첫째로 남을 배려하는 마음가짐을 키울 필요가 있다. 분주한 거리나 지하철 또는 버스 안에서 어깨를 부딪쳤을 때 많은 한국인들은 그냥 지나친다. 바쁘고 복잡한 도시생활 때문이라는 핑계를 댈 수 있겠지만, 똑같은 상황에서 서양사람들은 『미안합니다』 하고 이야기를 건넨다. 새치기를 하는 것도 다른 사람의 입장은 안중에도 없는 몰염치한 짓이다. 어디든 기다려야 하는 곳이라면 줄을 서는 문화가 하루빨리 정착되어야 한다.

둘째, 보다 개방적인 의식을 가질 필요가 있다. 외국인들이 불쾌한 경험으로 많이 지적하는 것이 한국인들은 왜 외국인을 노려보느냐는 것이다. 혹시 외국인 혐오증 때문은 아니냐는 것이다. 사실 많은 한국인들은 외국인과의 접촉이 없기 때문에 신기해서 바라보겠으나, 당하는 입장에서는 불쾌함을 느끼지 않을 수 없다. 의식적이든 무의식적이든 간에 외국인에 대한 지나친 호기심도 문제다. 외국인 여성에게 나이를 묻고, 남자친구가 있느냐, 가족은 어떻게 되느냐는 등 사생활을 묻는 것도 실례다. 한국인의 따뜻한 심성을 외국인에게 올바로 전달하기 위해서라도 에티켓을 익힐 필요가 있다.

셋째, 에티켓을 지키려면 의식개혁 못지않게 시설투자도 필요하다. 화장실이 단적인 예다. 아직도 많은 음식점·술집·커피숍 등에서는 남녀공용 화장실을 사용하고 있다. 선진국 시민들은 남녀공용화장실에 아연실색한다. 따라서 다중이용 시설에서는 남녀화장실을 별도로 설치하도록 의무화할 필요가 있다. 또한 거리에 지금보다 많은 휴지통을 설치하여 쓰레기를 함부로 버리지 않도록 유도할 필요도 있다.

넷째, 경범죄에 대한 처벌을 좀더 엄격하게 해야 한다. 싱가포르의 경우 경범죄에 대한 정부의 엄격한 처벌로 세계에서 가장 깨끗하고 질서 있는 사회를 만드는 데 성공했다. 하지만 한국정부는 법을 시행함에 있어 원칙을 지키지 않는다.

새로운 대통령이 취임하면 경범죄에 대한 주기적인 사면조치가 정례화되어 신호위반, 주차위반 등 교통질서가 정착되지 못하고 있다.

의식개혁과 시설투자, 그리고 엄격한 법 시행이야말로 에티켓을 한 단계 높일 수 있는 요소임을 명심해야 한다.

협력적 노사관계를 만드는 길

쏟 아지는 화염병, 붉은 머리띠, 노조원의 함성과 분노. CNN 등을 통해 외국인에게 널리 인식된 한국의 노사분규 모습이다. 한국처럼 격렬한 노사분규는 선진국에서는 물론, 중국·동남아시아 등 후발국에서조차 좀처럼 찾아보기 어렵다는 것이 외국인들의 평가다.

실제로 한국에 진출한 외국기업들의 가장 큰 불만은 투쟁적인 노조와의 갈등이다. 필자가 아는 어느 외국인 사장은 몇 년 간의 한국생활을 마치고 본국으로 돌아가면서 한국이 만성적인 노사분규 문제를 해결하지 못하면 외자유치도, 선진국 진입도 어려울 것이라고 단언하기조차 했다.

정부도 문제의 심각성을 인식하고 노사관계를 대립과 갈등에서 참여와 협력적인 것으로 만들기 위해 많은 정책적 노력을 경주해왔다. 하지만 그 성과는 아직도 만족스럽지 못하다. 노사분규 발생건수는 1996년 85건에서 2000년 250건, 2001년 235건으로 오히려 증가했다. 뿐만 아니라 노동자들의 쟁의방식이나 노사 간의 갈등양상도 크게 달

〈도표 32〉 연도별 노사분규 발생건수

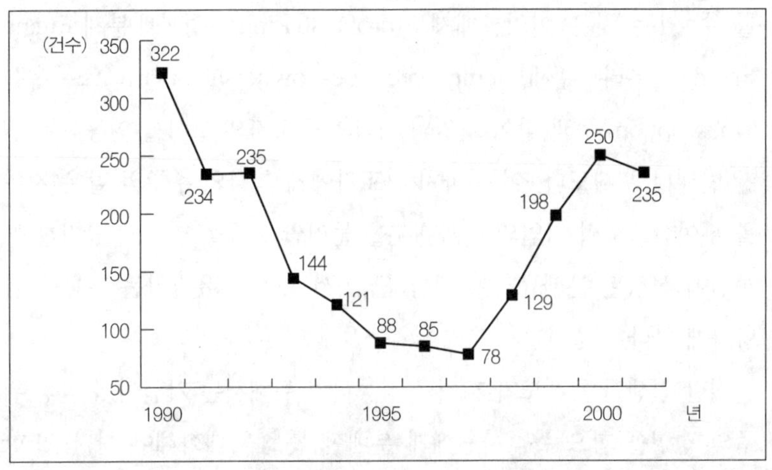

라지지 않은 것 같다.

　필자는 노사대립을 완화하고 생산성을 높이기 위한 방안으로 집단 인센티브 제도를 도입할 필요가 있다고 본다. 노사관계에 대한 전통적 인식은, 생산단계에서는 파이의 양을 키우기 위해 협력해야 하는 관계에 있는 반면, 분배단계에서는 획득된 이윤을 누가 더 많이 가져갈 것인가를 놓고 대립할 수밖에 없다는 것이다. 하지만 집단 인센티브 제도는 노사의 일체감을 높이고 근로자의 동기유발을 이끌어 기업성과 향상에 기여하는 「陽습게임(positive-sum game)」이기 때문에 분배를 둘러싼 노사갈등을 크게 약화시킬 수 있다.

　집단 인센티브 제도는 실적 및 성과에 상응하게 보상을 지급하고, 종업원의 사기를 높이는 제도를 의미한다. 외환위기 이후 주로 비용절감 차원에서 연봉제·성과급 등을 도입하는 회사가 늘고는 있으나, 노사협력과 근로자의 동기유발, 궁극적으로는 노사공동번영을 위해 인센티브 제도를 도입한 예는 많지 않다.

인센티브 제도 중에서도 특히 생산적 노사관계를 구축하는 데 기여할 수 있는 것은 이익분배제도(profit sharing), 성과배분제도(gain sharing), 우리사주제도(employee stock ownership plan), 스톡옵션(stock option) 등과 같이 기업의 성과와 근로자의 보상을 연동하는 집단 인센티브 제도다. 이는 마치 근로자에게 회사의 주주와 같은 지위를 부여함으로써 기업의 성과배분을 둘러싼 갈등을 미연에 방지하고, 사전에 설정된 분배규칙이 생산과정에서 동기를 유발하는 기능을 담당하게 한다.

집단 인센티브 제도가 제대로 작동하기 위해서는 기업이 수익성 위주의 경영을 함으로써 사원에게 분배할 몫을 극대화해야 한다. 또한 투명한 회계와 정보공개로 사원이 회사의 재무상황을 정확히 인식할 수 있도록 해야 하고, 이익분배·주식증여 등 약속된 성과배분을 철저히 준수해야 한다. 하지만 이 점에서 한국기업들은 선진기업에 한참 뒤져 있다. 외형중시 등으로 수익성 위주의 경영이 약하고, 종업원에 대한 투명한 기업정보 공개 노력이 미진하며, 이익분배나 주식증여도 아직은 드물다. 정부도 세제 측면에서 이를 지원하고 촉진할 만한 종합적인 정책을 제시하고 있지 못한 형편이다.

세계경제가 산업사회에서 지식사회로 이행하면서 사람이 경쟁의 핵이라는 인식이 확산되고 있다. 이에 따라 노사가 합심해 기업의 경쟁력을 높이고 성과를 향상시키려는 노력이 선진기업에서는 이미 보편화되어 있다. 세계 유수기업들과 경쟁해야 하는 글로벌 경제시대에 우리만 노사분규에 발목이 잡혀서는 도태되기 십상이다. 또한 노사관계의 획기적 개선 없이는 외자유치도 어렵다는 것이 많은 외국 투자자들의 지적이다. 「노사불이(勞使不二)」 정신의 확산과 기업경쟁력 향상을 위해서는 집단적 인센티브 제도의 도입이 필요하다.

노사협력으로 앞서가는 외국인 투자기업

외국인들이 갖고 있는 한국에 대한 부정적 이미지 중 하나는 TV 화면에 심심찮게 방영되는, 화염병이 난무하는 노사분규다. 또한 한국에 진출한 외국인 투자기업들이 경영상의 어려움으로 꼽는 것에는 강성노조, 엄격한 노동법 등의 노무관련 애로가 빠지지 않는다. 실제로 외국인투자옴부즈만사무소에 신고된 고충사례에서도 노무관련 고충은 높은 비중을 차지하고 있다.

하지만 외국인 투자기업들 중에는 노사화합을 통해 경영실적을 올리고 노사공영을 실천하는 기업들도 적지 않다.

대표적 성공사례로 꼽히고 있는 한국후지제록스와 LG필립스엘씨디의 경험을 소개한다.

한국후지제록스

1998년 일본의 후지제록스사가 100% 지분을 인수함에 따라 코리아
제록스에서 한국후지제록스로 사명을 바꾸었다. 국내에 처음으로 복
사기를 도입한 회사이기도 하다. 2000년에는 노조가 나서서 무교섭
임금협상을 회사에 제의하고, 임금 인상을 회사에 일임하는 노사화합
과 신뢰의 모범을 보였다. 이와 같은 노사관계를 구축할 수 있었던 것
은 전적으로 일본인 다카스기 노부야 회장 덕분이다. 그는 「진실은 현
장에 있다」는 신념으로, 현장 근로자들과 삼겹살을 안주삼아 소주잔
을 기울이면서 근로자의 목소리를 경청하고 회사의 사정을 솔직하게
털어놓았다. 삼겹살 회장님이라는 별명을 갖게 된 것도 그 때문이다.
이 회사에서는 외국인 투자기업에서 흔히 벌어지는 문화적 차이와 커
뮤니케이션 부재에 따른 갈등이 없음은 물론이다.

여기에 투명경영, 열린경영도 노사 간의 신뢰를 든든하게 만드는
버팀목이 되었다. 노부야 회장은 매달 전자우편을 통해 전사원에게
경영실적을 낱낱이 공개하고, 개선해야 할 방향을 제시한다. 분기별
로 경영정보를 담은 비디오테이프를 제작, 전직원에게 배포한다. 나
아가서 직원들과 허심탄회하게 토론하는 자리를 마련하고 있으며, 경
영진과 일반직원 간의 원활한 의사소통을 위해 「대화광장(Talk
Plaza)」을 운영하고 있다.

LG필립스엘씨디

LG와 필립스가 합작한 TFT-LCD 개발·생산 업체. 이 회사는 LG전

자, LG반도체 등에 흩어져 있던 인력을 흡수해 만들어진 탓에 처음부터 조직 결속력이 우려됐다. 회사는 노노 간의 갈등이 노사 간의 협력을 저해할 수 있다고 보고 「사후 대응」보다 「사전 예방」에 나섰다.

회사에서 먼저 조직의 융화를 위해 다양한 수평·수직 대화 채널을 마련했다. 제안이나 건의에 대해서는 최고경영자가 15일 이내에 반드시 답신을 주는 제도도 정착시켰다. 뿐만 아니라 부서 간 자매 결연제도, 취미생활 함께 하기, 공동체 의식 교육을 꾸준히 추진했다. 동시에 공정성에 맞춰 인사제도를 대폭 손질했다. 근로자의 희망에 따라 부서를 배치하는 한편, 성별·학력 등에 의한 승진·보수체계도 철폐했다.

회사의 「사전 예방」 조치에 힘입어 조직의 결속력은 놀라울 정도로 높아졌다. 무가동 손실을 줄이기 위해 노조가 앞장서서 「365일 연중 근무체제」를 선언했다. 불량률을 낮추고, 원가를 절감하는 일에도 근로자들이 동참했다. 독립한 그 해 바로 매출 2조 3,000억 원, 순이익 6,170억 원이라는 성과를 달성했다. 국내 1,000대 기업 중 가장 높은 매출증가율과 순이익증가율이었다. 더 대단한 것은 인사제도만큼 공정한 성과배분이었다. 근로자 1인당 1,000%라는 성과급을 함께 나눴다.

이들 회사 이외에도 신뢰와 화합을 바탕으로 협력을 이끌어내어 노사 모두가 승자가 된 외국인 투자기업들이 많이 있다. 경영진의 투명한 경영방침, 경영정보의 솔직한 공개, 그리고 근로자와의 끊임없는 대화노력이 성공의 전제조건이다.

경영진이 마음을 열고 다가서면 이에 몇 배로 호응하는 한국근로자의 따뜻한 심성도 한몫을 했다. 문화와 정서가 달라 불필요하게 치러야 하는 대립과 갈등을 미연에 방지하는 길은 노사 간의 솔직한 자세와 지속적인 대화뿐이다.

임금과 국제경쟁력

1997년의 금융위기 이후 여러 부문에서 개혁이 진행되고 있으며, 노동 분야에서도 노동시장의 유연성과 임금체계의 변화가 이루어지고 있다. 임금은 거시적으로 볼 때 국내적으로는 구매력을 결정짓는 요인일 뿐 아니라, 국제시장에서 수출경쟁력을 좌우하는 역할을 한다. 하지만 우리나라에서는 임금을 근로자의 생존권 보장수단으로만 인식하는 경향이 강하다.

싱가포르국가생산성위원회(SNPB)는 1980년대 중반 한국·일본·대만 등의 임금체계를 도입·적용하기 위해 심도 있는 연구를 했으나 결론은 부정적이었다. 특히 한국의 관행을 따라서는 안 된다고 명시하기조차 했다. 한국에서 기업활동을 하고 있는 외국기업들도 우리의 임금제도에 대해 불만이 높다. 대표적인 것이 기업의 고용비 부담을 높이는 법정퇴직금제도다. 실업급여·국민연금 등 근대적 사회안전망이 확충되고 있는 가운데, 근로자의 생계보장을 위해 수십 년 전 경제가 낙후된 시기에 도입된 제도를 아직까지도 유지해야 하는지 의문이 아닐 수 없다. 외국인 투자업체들은 퇴직금제도 자체를 기업의 선택에 따라 자율적으로 실시할 수 있도록 제도를 개선해야 한다는 주장을 펴고 있다.

또한 근로기준법에서 규정하고 있는 평균임금·통상임금 등과 같은 개념이 불명확한 것도 문제다. 여기에 포함되는 급여의 종류, 계산방법 등이 다르기 때문에 혼란스럽다는 것이다. 미사용 연월차에 대한 보상문제 또한 기업이 근로자에게 휴가사용을 강제하기 어렵기 때문에 부담이 되고 있다. 한 외국인 투자업체는 근로자 의견을 수렴, 동의를 받은 후 연월차휴가를 토요휴무로 대체키로 하고 시행해왔으나 근로자대표와 협약을 맺지 않은 절차상의 하자문제로 고충을 겪은 경우도 있었다.

이러한 문제를 해결하려면 임금체계를 국제기준에 맞추어 더욱 합리적으로 개선해나가야 한다. 우선 임금결정은 평등(equality)보다는 형평성(equity)에 입각해 이루어질 필요가 있다. 즉 열심히 일하고 성과가 높은 근로자에게 더 많은 보상을 하는 것이 형평성이라고 볼 때, 아직도 많은 기업에서 임금은 연공에 따라 획일적으로 결정되고 있어 근로의욕의 저하요인이 되고 있다. 사회주의 방식으로 모두가 똑같은 임금을 받아서는 근로의욕이 생겨날 리 없고, 생산성도 개선되기 어렵다.

둘째, 임금의 유연성을 높이기 위해서는 선진국의 관행인 경기변동, 이윤 및 생산성에 따라 임금이 변동될 수 있도록 해야 한다. 우리나라는 해고 및 임금조정이 어렵기 때문에 기업들은 주로 근로시간을 조절해 경기변동에 대응해왔으나 이러한 방식은 한계가 있다. 보다 근본적으로는 선진국과 같이 임금의 유연성을 높여 기업이 경기변동에 따라 민첩하게 대응할 수 있도록 제도를 보완할 필요가 있다.

셋째, 임금 이외의 근로자 보상제도를 통해 기업의 생산성을 높여야 한다. 서구에서는 이익배분(profit sharing)과 우리사주제도 등을 통해 기업의 의사결정 과정에 근로자를 참여시키고 동기를 유발하는 방식으로 생산성을 높이고 있다. 최근 들어 기업들이 많이 도입하고 있는 스톡옵션 제도는 근로자의 동기유발과 생산성 향상 등의 순기능이 크므로, 의무보유기간 단축, 행사이익에 대한 비과세폭 확대 등을 통해 이를 더욱 활성화할 필요가 있다.

마지막으로 복잡한 임금구성을 단순하고 명확하게 바꾸어야 한다. 근로자의 임금표를 보면 기본급 이외에 각종 수당과 보너스가 복잡하게 뒤섞여 있다. 이처럼 임금구성이 복잡해지게 된 데는 과거 정부의 책임도 있다. 정부가 인위적으로 가이드라인을 정해 임금인상을 억제하면서 노사가 이를 회피할 목적으로 여러 가지 편법이 동원되었기 때문이다. 기업들은 퇴직금 부담을 줄이려고 수당과 보너스 도입을 통한 임금인상을 선호했고, 노조도 임금인상률을 높이는 데만 지나치게 매달렸다. 임금구성이 복잡해짐으로써 기업의 임금관리비용 상승, 수당신설에 따른 노무비 증가, 임금경직성 상승에 따른 성과급 내지는 능력급 시행의 어려움 등의 문제가 발생하고 있다.

임금의 절대수준 못지않게 중요한 것은 근로자 간의 상대적인 임금차이, 임금구성, 임금결정방식 등이다. 그 동안 임금인상률에 지나치게 집착해온 노조도 문제지만, 임금을 비용으로만 인식해온 기업도 반성해야 할 점이 많다. 누구나 지적하듯 21세기는 지식이 가장 중요한 생산요소로 등장하고 있다. 높은 창의성을 가진 지식근로자를 만들기 위해서는 현행 임금체계에 대한 반성과 개선이 필요하며, 근로자 동기유발, 기업 생산성 향상, 합리적인 노사관계 구축을 임금체계 개선의 목표로 삼아야겠다.

7. 철자가 틀린 영어 표지판을 보고도 틀렸다는 것을 알아차리지 못하게 될 때 (우리 주변에는 엉터리 영어와 잘못된 철자법이 너무 흔하다.)

8. 만원 지하철이나 엘리베이터 안의 마늘냄새나 김치냄새가 역겹지 않게 될 때 (일반적으로 서구인들은 우리보다 체취나 입냄새에 대단히 신경을 쓴다. 향수문화가 발전한 것도 역겨운 냄새를 풍기지 않는 것을 에티켓의 하나로 여겼기 때문이다. 이러한 점에서 냄새에 무신경한 우리의 문화와는 차이가 있다.)

9. 사무실에서 슬리퍼를 신으면서도 그것이 아무렇지도 않게 여겨질 때 (유럽이나 미국에서는 우리처럼 사무실에서 구두를 벗고 슬리퍼를 신지 않는다. 외국인과 함께 일하는 사무실에서는 이러한 점에 유의할 필요가 있다.)

10. 미국에 돌아갔을 때, 버스 기사가 라디오를 크게 틀어놓지 않는 것이 이상하다고 생각될 때

11. 남자화장실에 청소하는 아줌마가 있는데도 아무런 느낌이 없을 때 (왜 남자화장실을 여자(아줌마)가 청소하는지 정말 모르겠다. 서양에서는 절대로 있을 수 없는 일이다. 남존여비(男尊女卑) 사상, 즉 아직도 지저분한 일은 여성이 해야 한다는 생각 때문이 아닌가 싶다.)

12. 남자들이 화장실을 한참 나와서 「남대문」을 닫는 것이 아무렇지 않게 느껴질 때

황소개구리와 외국인 투자

황소개구리가 반으로 줄었다는 소식이다. 전문가에 따르면 황소개구리 과다번식에 따른 생태계 평형유지기능과 함께 퇴치운동 등의 인위적 요인 때문이란다. 전문포획업체가 1997년부터 잡은 숫자만 2,000만 마리에 달하며, 1997~98년에 환경부가 잡아들인 황소개구리와 올챙이 숫자도 상당하다고 한다.

황소개구리 퇴치에는 외래종 박멸, 토종보호라는 국민정서가 한몫했다. 하지만 토종의 정의, 그리고 외래종은 배척받아 마땅한가에 대해 다시 생각해볼 필요가 있다. 토종의 사전적 의미는 「일정한 고장이나 나라에서 오랫동안 기르거나 자생해온 동식물의 종자나 품종」이다. 토종은 「오랫동안」 기르거나 자생해온 종자나 품종을 의미할 뿐 태초부터 이 땅에서 자란 것은 아니다.

우리의 주식인 쌀은 고고학자들의 연구에 따르면 기원전 2000년경에 중국으로부터 들어온 것으로 알려져 있다. 보리도 고대 중국에서 전래된 것으로 추정되고 있다. 주지하듯이 목화는 고려 말(1363년)에 문익점이 원나라에서 붓대 속에 종자를 숨겨 들여온 것이다. 남아메리카가 원산지인 고추는 담배와 함께 임진왜란 때 일본에서 전래되었다는 설이 유력하다.

토종이라고 해서 반드시 좋은 것만도 아니다. 그 예가 대젓가락이다. 옛날부터 대나무로 만든 젓가락은 의붓자식에게 주라는 얘기가 있다. 설사를 유도하는 성분이 있기 때문이다. 하지만 박대통령 때 들여와 토착화된 이탈리아산 포플러는 나무젓가락 소재로 최고라는 평가를 받았으며, 이것으로 만든 젓가락은 고가로 수출도 됐다. 이 밖에도 돼지, 닭, 양봉용(養蜂用) 벌 등 외래종이 토종에 비해 나은 평가를 받은 경우는 많다.

「국산품애용」, 「신토불이(身土不二)」 등과 같이 우리 것에 대한 지나친 집착과 외국산에 대한 배타적 감정을 증폭시키는 슬로건은 세계이웃과 더불어 살아야만 하는 21세기에는 어울리지 않는다. 외제라고 해서 무조건 배척만 한다면 국산도 경쟁력을 갖추기 어려운 것이 현실이기 때문이다.

시장개방을 통해 경쟁력을 높인 대표적 사례가 유통업이다. 토종 할인점 이마트는 삼성테스코, 월마트, 까르푸 등 세계적인 할인점들의 공세에도 불구하고 국내시장을 지킨 것은 물론 중국에까지 진출해 뛰어난 성과를 거두고 있다. 또 다른 사례는 가전제품이다. 수입선 다변화가 폐지되면 일제 가전제품이 토종을 몰아내고 한국시장을 석권하리라는 우려가 높았으나, 실제로는 캠코더 등 일부 품목을 제외하고는 국산이 시장을 지켜내고 있다. 소비자들이 양질의 제품을 싸게 구매할 수 있게 된 것도 경쟁이 가져다 준 선물이다.

세계이웃과 더불어 살아가기 위해 요구되는 것은 바로 상호주의와 보편성이다. 상대국 시장에는 우리 제품을 대량으로 수출하면서 우리 시장은 눈에 보이지 않는 교역장벽으로 보호한다거나, 우리 사정을 앞세워 범세계적 기준을 무시해서는 성숙한 동반자로 인식되기 어렵다. 자동차의 경우 우리나라는 2000년에 154만 대를 전세계로 수출했지만 수입된 자동차는 4,414대에 불과했다. 외제차의 시장점유율을 국가별로 보면, 일본 6%, 유럽 25%, 미국 30%임에 비해 한국에선 1%가 채 안 된다. 이 같은 수치로는, 한국이 과연 상호호혜 원칙을 존중하는 개방된 경제인가 의심받기에 충분하다.

생태전문가들은 외래종이라면 무조건 「퇴치」해야 한다는 식의 캠페인이 오히려 주변 생태계를 교란시키는 원인이 될 수도 있다고 우려한다. 황소개구리를 퇴치하자고 설치한 그물에 보호해야 할 토종물고기가 수난을 당하는 경우가 그러하다. 경제문제에서도 마찬가지다. 소비자들이 외제 또는 외국기업에 대해 무조건적으로 혐오감을 갖는 것은 경제논리에 입각한 건전한 경쟁을 저해하고, 결과적으로 토종기업의 체질마저 약화시키게 될 뿐이다.

잘못된 선입관과 외국인 직접투자

케인스는 사람들이 선입관에 사로잡혀 무의식중에 저지르는 잘 못을 유명한 그의 저서 《고용, 이자율 및 통화에 대한 일반이 론》에서 다음과 같이 지적했다. 『세상을 지배하는 몇 안 되는 법칙이 있다. 그 중 하나는 타인으로부터 지적인 영향을 받지 않았다고 자부 하는 사람들조차 대개는 죽은 경제학자의 이념적 노예라는 사실이 다.』 요즈음 신문지상에 실리는 외국인 투자관련 기사를 보노라면 케 인스의 경구를 새삼 떠올리게 된다.

「환란후(換亂後) 230억 달러 들여 256억 달러 빼가」, 「펀드성 외자 후유증 우려」 등과 같은 기사가 대표적 사례다.

앞의 기사는 1998~2000년 간 외국인들이 투자액을 상회하는 투자 소득을 빼돌렸다는 국부유출을 은연 중에 전제한 왜곡된 설명이며, 증권투자와 외국인 직접투자 간의 차이를 혼동한 것이다. 뒤의 기사 는 「인수합병(M&A)형」의 직접투자는 바람직하지 못하다는 기사라고

말레이시아로 간 다우코닝

1995년 지방선거에서 새만금지구 개발에 외자를 유치하겠다는 공약을 내걸고 당선된 유종근 전북지사는 1996년 2월 주한미국상공회의소 회원들을 대상으로 전북지역 투자설명회를 열었다.

이 자리에 참석한 사람 중에 한국다우코닝사 부사장인 잭 스미스도 있었다. 미국 미시간 주에 본사를 두고 있는 다우코닝은 세계적인 실리콘 제조업체로서 미국, 영국에 이어 아시아에 제3공장 후보지를 물색 중이었다. 다우코닝은 1997년부터 총 28억 달러를 투자해 연산 70만 톤의 첨단 실리콘 제품을 생산할 수 있는 아시아 공장을 건설하기 위해 한국·중국·말레이시아를 후보지로 놓고 검토 중이었다.

다우코닝의 요구조건은 2003년까지 60만 평의 공장 부지 조성, 연간 100만 달러의 임대료로 99년 동안 사용할 권리 보장, 4만 톤급의 전용부두 및 5만 평의 항만 배후부지 사용, 메탄올 등 수입원자재에 대한 관세 면제, 보세공장 지정, 전기료 등에 대한 혜택, 항만에서 공장까지 파이프라인 건설 허용 등이었다.

이 같은 요청에 대해 당시 전라북도와 통상산업부는 범정부 차원의 지원을 촉구했다. 그러나 각 부처는 적극적으로 나서지 않았다. 임기 막바지의 대통령, 잇단 부패 스캔들로 인한 정치적 혼란, 대기업의 연쇄부도 등 나라가 어수선한 가운데 의사결정은 미뤄지기만 했다. 새만금간척사업 주무부처인 농림부는 다우코닝이 요구한 공장부지만 조기완공하기는 어렵다는 입장이었고, 해운항만청은 예산상의 이유 때문에 항만시설을 건설해달라는 다우코닝의 요구를 거부했으며, 재정경제원은 공장용지 비용을 국가에서 지원할 수 없다고 주장했다.

마침내 김대중 대통령 당선자가 1998년 1월 미국 다우코닝의 최고위경영자에게 전화를 걸어 한국에 투자할 경우 최대한 지원하겠다는 뜻을 밝혔으나 때는 이미 늦었다.

1996년부터 타당성 조사를 위해 한국을 10여 차례 방문한 다우코닝이 한국정부의 고압적인 자세와 까다로운 규제, 동남아시아의 3~5배에 달하는 비싼 임금과 땅값, 낙후된 금융과 세제 등에 실망해 말레이시아로 발길을 돌린 것이다.

말레이시아는 다우코닝을 유치하기 위해 범정부적인 특별대책반을 만들어 유치에 적극적으로 협상에 나선 지 이미 오래였다.

타우코닝이 한국을 떠나면서 남긴 말을 되새겨볼 필요가 있다.

『한국은 나름대로 투자매력이 있지만 투자대상에서 제외하기로 최종적인 결론을 내렸다. 한국정부의 투자협상 자세에 대해 한국 내에서 많은 비판이 일고 있는 것으로 알고 있지만, 우리로서는 코멘트할 수 없다. 다만 한국 정부는 투자유치 과정에서 무엇이 문제였는지 스스로 잘 알고 있을 것이다.』

할 것이다.

하지만 이러한 무책임한 보도에 다음과 같은 점을 지적하고 싶다. 우선 첫번째 기사는 외국인이 얻은 투자소득 256억 달러에는 1998년 이전에 투자된 부분으로부터 발생한 소득도 포함되어 있는 사실을 고려하지 않았다. 아울러 차입·대출 등 기타 투자로 인한 소득지급 144억 달러와 증권투자에 따른 소득지급 88억 달러를 빼고 나면 외국인 직접투자에 의한 소득지급은 25억 달러에 불과하며, 이는 외국인 직접투자액 235억 달러의 10.5%에 불과한 것으로 세계평균에 비해 현저하게 낮다는 사실도 간과했다. 더구나 외국자금의 유입으로 인한 고용창출, 세수증가, 경기진작, 구조조정 촉진, 기술이전 등의 긍정적인 파생효과는 아예 언급조차 되고 있지 않다.

사정이 이러함에도 우리 언론에서는 기회만 되면 외국인 투자로 인해 엄청난 규모의 국부유출이 일어나고 있다는 보도가 이어지고 있다. 이는 언론이 갖고 있는 외국인 혐오증이라는 선입관을 무의식 중에 드러낸 사례다. 긍정적인 측면은 도외시한 채 외국인 투자의 부정적 측면을 보여주는 사실에 대해서는 아무런 여과없이 취사선택과 왜곡·과장보도가 끊이지 않고 있다는 점이 이를 뒷받침한다. 필자가 보기에 총체적 외자유치와 관련해 정작 문제가 될 수 있는 것은 단기자본의 급격한 유출입에 따른 경제교란, 증권투자자본 유입에 따른 환율절상과 이에 따른 수출경쟁력 저하 등일 것임에도 말이다.

다음으로 외국인 투자유형 중 공장설립형 투자가 인수합병보다 낫다는 주장도 설득력이 없다. UN의 「국제투자보고서 2000」에 따르면, 외국자본이 투자유치국에 미치는 효과는 투자유형과 무관하게 긍정적이라는 것이다. 즉 인수합병의 경우에도 공장설립형 투자와 마찬가지로 설비확장 및 설비현대화를 위한 추가투자가 이루어지고, 경영합

리화를 위한 기술이전 효과 역시 발생한다. 또한 후속투자가 이루어
지는 경우에는 인수합병도 당연히 고용창출 효과를 갖는다. 더구나
한국이 겪었던 외환위기와 같은 돌발상황에서는 신속한 외자유입 효
과를 갖는 인수합병이 오히려 훨씬 낫다는 주장도 들어 있다.

이 문제와 함께 일본의 역사교과서 왜곡문제에 대한 대응방식도 되
짚어볼 일이다. 이번 기회에 본때를 보이라는 식의 과격한 주장이나,
일제 불매운동과 같이 비현실적인 방법으로는 대외적 설득력이 없다
고 생각한다.

홈런왕인 배리 본즈보다 일본선수 이치로를 아웃시킨 박찬호, 김병
현의 투구에 그렇게 흥분하고 집착할 일인가? 일본의 방대한 소비시
장, 일본의 기술, 부품·소재에 대한 우리의 높은 대일 의존도 등을
감안할 때 「정경분리(政經分離)」 내지 「역경분리(歷經分離)」의 원칙을
염두에 두고 차분히 대응하는 것이 더 현실적이다.

더욱이 부품산업의 육성을 위해서는 일본의 자금과 기술을 절실히
필요로 하는 우리의 처지도 다시 한번 생각해야 한다. 냄비처럼 금방
달아올랐다가 쉽게 식어버리는 과거의 방식을 되풀이해서는 극일(克
日)의 길이 요원하다. 이러한 점에서 우리와 같은 문제에 직면하고 있
는 중국의 실리적이고 비교적 차분한 대응방식을 타산지석으로 삼을
필요가 있다. 외국인 투자에 대한 부정적인 선입관과 이에 근거한 편
향·왜곡·과장보도는 시급히 시정되어야 한다.

여성인력 활용과 국가경쟁력

선진국에서 체재하다 고국에 돌아와보면, 한국여성들이 다른 나라에 비해 심각한 남녀차별을 받고 있다는 생각을 하게 된다. 특히 가족 전체가 해외유학이나 해외근무를 하다가 귀국을 앞둔 경우 부인들은 고국에 돌아와서 감당해야 할 여자로서의 과중한 부담을 걱정하는 경우가 많다.

심지어 우리와 이웃한 일본과 중국의 남성들조차 한국여성이 정말 순종적이고 희생적이라는 것에 놀라움을 표시한다.

그러나 외환위기 이후 외국인 투자가 급증하면서 변화가 시작되고 있다. 외국기업들은 남성 중심, 연공서열 등과 같은 한국의 전통가치로부터 자유롭기 때문에 기업의 경쟁력 향상에 보탬이 되는 인재를 성별과 무관하게 활용하고 있다. 이러한 외국기업의 관행은 국내기업의 인력정책에도 영향을 미쳐 연공 및 성별보다는 능력과 성과 중심의 인사정책이 도입되는 계기가 되었다.

한 외국인 기업의 임원은 3년 전 처음으로 한국에 왔을 때, 남성근로자에 비해 뒤지지 않는 학력과 실력을 갖춘 여직원들이 충분한 역할을 못 하고 있음에 놀랐다고 한다. 그리고 자신이 와서 여직원에게도 승진기회를 주고, 적절한 급여를 책정하면서부터 여직원들의 근무자세가 적극적으로 바뀌고, 남자근로자에 비해 생산성이 결코 뒤지지 않음에 다시 한번 놀랐다고 한다. 그러면서 한국이 선진국으로 도약하기 위해서는 남녀차별이라는 낡은 가치관을 버리고 우수한 여성인력을 더 많이 활용해야 한다고 지적했다.

20~30대 회사원을 대상으로 한 설문조사에 따르면, 급여는 외국인회사, 대기업, 벤처기업, 중소기업 등의 순으로 높았으며, 남녀 간의급여차이도 외국인 회사에서 가장 작은 것으로 나타났다. 급여가 생산성을 반영해 책정된다면 이 결과는 외국인 회사의 생산성이 가장높음을 의미한다. 여기에는 여러 가지 이유가 있겠으나, 성차별을 없애 우수한 여성인력을 활용한 요인도 크다는 것이 외국계 회사 인사담당자의 지적이다.

21세기에는 지식과 정보가 개인과 기업, 더 나아가 국가의 부를 창출하는 데 핵심요소가 되는 지식사회로 진입할 전망이다. 지식사회에서는 남성 우위의 낡은 패러다임이 능력 중심의 양성평등으로 전환될것이고, 가치창조 과정에서 여성의 역할이 크게 높아지게 될 것이다.

또한 한국여성들은 능력 면에서 결코 남자에 뒤지지 않는다. 외환위기로 절망에 빠져 있을 때 세계적 골프 대회에서 당당히 우승을 차지해 국민사기를 올리는 데 기여한 박세리, 김미현도 여자다. 또한 각종 고시 및 국가시험에서 여성의 합격비율이 크게 높아지고 있으며, 수학능력 시험에서도 여학생이 수석을 차지하는 등 높은 자질을 보여주고 있다.

<도표 33> 성별 경제활동참가율 국제비교

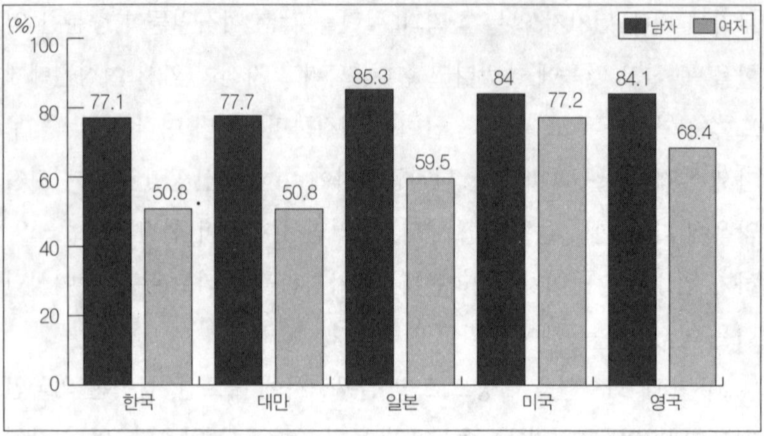

사정이 이러함에도 한국의 여성인력 활용도는 너무도 낮다. 1998년 OECD가 발표한 보고서에 따르면 25~64세 인구 중 대졸여성의 경제활동참가율은 한국이 56%로 29개 회원국 중 최하위를 기록했다.

우수한 여성인력을 육성하기 위해 사회적으로 막대한 자원을 투자하면서도 남녀차별이라는 구시대적 관념 때문에 정작 육성된 인력을 사장시키고 있다.

성차별로 말미암아 많은 우수한 여성인력이 내국기업을 외면한 채 외국기업에서 고용기회를 찾고 있는 것이 현실이다. 이마저 여의치 않아 실망실업자가 되고, 전업주부에 만족하거나, 유흥업소 등 비생산적인 부문으로 쉽게 빠져드는 여성들이 많다.

여성인력 활용은 뒷전으로 한 채 생산성 향상과 경쟁력 제고를 외치는 우리 기업과 정부의 목소리는 왠지 공허하게만 들린다.

명품구입 시비

인천공항세관이 해외명품 쇼핑 관광객에 대해 집중적인 휴대품 검사를 벌이기로 했다고 한다. 관광객들이 고가의 의류나 피혁 제품 등 명품을 휴대품 형식으로 반입하는 사례가 적지 않다는 것이다. 이와는 아랑곳없이 서울 강남지역을 중심으로 각 여행사들은 외국 백화점 세일 행사와 보석 전시회 등에 참여하는 관광상품을 내놓으면서 높은 호응을 얻고 있다.

그렇다면 해외원정 명품 쇼핑 붐은 왜 일어나고 있으며, 과연 해외 쇼핑은 비난받아 마땅한 것일까? 우리나라는 아직도 정부의 가부장적 개입이 빈번하고, 평등주의 정서가 강하며, 검약을 강조하는 유교적 소비관이 지배적이기 때문에 명품 소비에 부정적이다. 하지만 왕성한 시장경제에 익숙한 현대 소비자들의 강렬한 소비욕구를 진부한 도덕률을 가지고 억제하기는 어렵다.

다음으로 우리 정부가 국내로 수입되는 해외명품에 대해 고율의 세금을 부과함에 따라 내외가격차가 확대된 것도 문제다. 명품을 해외에서 구입할 경우 국내가의 절반 이하로 구입할 수 있으니 해외 쇼핑열기가 식겠는가. 이것은 소비자의 본능적인 경제행위다. 여기에 정부의 외환자유화와 여행자유화 조치가 가세하면서 해외 쇼핑이 과열양상을 보이게 된 것이다.

해외나들이 쇼핑 붐이 조성되는 이유는 또 있다. 흔히 경제가 침체를 보이게 되면 과소비 추방, 수입품 배격 등의 시민운동이 어김없이이어지고 사치성 소비에 대한 도덕적 비난압력이 높아지게 된다. 그결과, 부유층들은 여론의 화살을 두려워해 국내소비를 꺼리고 값비싼해외 쇼핑에 눈을 돌리게 되는 것이다.

소비절약운동은 과거 개발연대기에 절대적으로 부족했던 자본을국내에서 조달하기 위한 순기능을 했으나, 현재 우리 경제는 더 이상「절약의 미덕」이 번영을 위한 신조가 아니며 적당한 소비가 필요한 때다. 더욱이 경제가 발전하고 소비자의 소득향상에 따라 소비가 고급화되는 것은 자연스러운 과정으로 볼 수 있다. 또한 국산품애용운동내지 수입품배격운동은 WTO체제하에서 외국과의 불필요한 통상마찰을 야기할 수 있다.

세계경제가 발전할수록 저가·소득비탄력적인 제품보다는 고가·소득탄력적인 제품의 수요가 늘어난다. 따라서 한국의 수출경쟁력은점차 고급화되고 까다로워지는 소비자의 욕구를 충족시킬 수 있는 고가의 상품개발에 달려 있으며, 포장·디자인·마케팅과 같은 고급기술이 최고의 경쟁무기가 되고 있다.

기존과 같이 표준화된 제품을 획일적으로 대량생산하는 시스템으로는 저임금을 무기로 무장한 후발국과의 경쟁에서 도태될 수밖에 없기 때문이다.

미국의 경제학자 베블런은 사치성 제품을 유한계급이 소비하는 것으로 경멸했지만, 사치품을 이와 같이 도덕적 함축성을 지닌 제품으로 분류하기보다는 보다 정확하게 소득상승에 민감한, 즉 소득탄력성이 높은 명품으로 인식할 필요가 있다. 명품이란 「훌륭하여 이름이 난 물품이나 작품」을 의미하는 것으로 최고제품을 말한다. 명품의 구입·소비·모방·창조라는 과정 없이 제품의 혁신과 신제품의 출시를 기대할 수 없다는 점을 고려할 때, 벤츠, 구치, 샤넬, 롤렉스, 몽블랑, 던힐, 카르티에 등과 같은 제품들을 사치품으로 몰아세우는 나라에서 어떻게 수출상품의 고급화가 이루어질 수 있겠는가.

이제 사치성 소비재라 하여 공허한 도덕적 시각에서 과도하게 높은 세율을 적용하는 근시안적 정책을 재검토할 필요가 있다. 명품에 부과되는 특별소비세율을 낮출 경우 밀수로 인한 세수누락 문제를 해결할 수 있을뿐더러 소비증가에 따른 세수증대도 기대할 수 있을 것이다. 또한 명품 구입을 위해 해외에서 지불해야 하는 거액의 여행·체재경비 등을 감안할 때 이에 대한 고세율체계는 소비억제에 따른 외환절약 효과보다는 탈세조작, 음성거래와 지하경제만 확대시키는 소탐대실(小貪大失)이 아닐 수 없다.

소모적 국부유출 논란

『외국인 투자가 국부유출을 초래한다』는 주장은 잊을 만하면 한 번씩 지속적으로 제기되고 있다. 주식시장 침체, 환율급등 등 경제여건이 어려워지면 어김없이 외국인 투자자를 희생양으로 삼으려는 「마녀사냥」의 움직임이 감지된다.

우리 국민의 의식 속에 잠재된 「외국인 혐오증」은 경제여건이 좋을 때는 잠복해 있다가도 악화되면 바로 분출하곤 한다. 이것이야말로 우리가 진정한 세계화를 성취하는 데 가장 큰 걸림돌이 아닐 수 없다.

특히 언론의 과장보도에서 이러한 외국인 혐오증을 악화시키는 경우를 종종 보게 된다. 「여의도의 39배에 달하는 땅이 외국인에게 매각되었다」라고 보도해 국토의 상당 부분이 외국인의 손에 넘어간 것처럼 착각하게 만드는 것이 한 예다. 그러나 실제 외국인은 2001년 말 현재 우리나라 전국토의 0.14%인 135.9km²만을 소유하고 있으며, 이는 국제비교를 해보더라도 극히 미미한 수준에 불과하다.

또 다른 예로는 「한국의 기간산업이 송두리째 흔들린다」라는 보도를 들 수 있다. 세계경제의 통합시대에 기업을 내국인 기업과 외국인 기업으로 나누어 외국인 기업의 국내비중이 높아지는 것을 우려하는 시각은 바람직하지 않다. 1980년대 일본자본이 미국에 진출하면서 미국 내에서도 비슷한 논쟁이 벌어졌지만, 외국자본에 대해 부정적인 우려는 기우로 드러났다.

「우리 고유의 김치시장을 일본에 빼앗긴다」는 보도는 국제경쟁의 냉엄함에 대한 무지를 드러내는 것이다. 세계인의 입맛에 맞는 상품 개발 노력을 등한시하면서 원조가 우리라는 것을 강조하는 자세는 별 도움이 되지 않기 때문이다. 인도 전통 카레가 일본에 의해 세계화되었고, 이탈리아 피자가 미국에 의해 세계인의 음식이 되었다는 사실을 상기할 필요가 있다.

언론의 과장보도 못지않게 위험한 것은 왜곡보도다. 실례로 얼마 전 모 일간지에서는 국제기구의 월간지를 공식보고서로 착각하고 그 내용을 잘못 인용해 1997년 외환위기 이후 한국기업이 외국인에게 헐

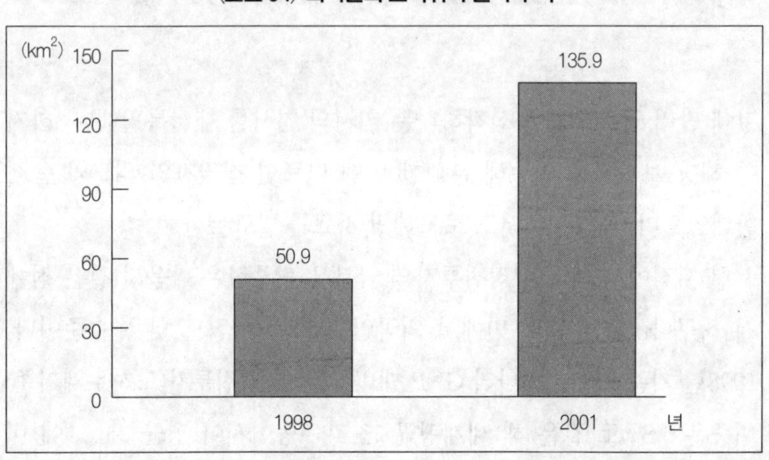

〈도표 34〉 외국인의 토지취득 면적 추이

- 용지구입, 시설투자, 종업원교육 등에 2억 5,000만 달러 상당 지원
- 노조설립을 막아주겠다는 지방정부의 확약

현대자동차 미국공장 유치를 위해 내건 지방정부의 파격적인 조건이다. 우리로서는 상상이 가지 않는 적극적인 외자유치 정책이 아닐 수 없다. 이것은 현대자동차가 미국에 설립키로 한 10억 달러 규모의 자동차 생산공장을 유치하기 위해 앨라배마(Alabama) 주가 제시한 조건들. 앨라배마 주는 미국 50개 주 중에서 개인소득 순위가 43위로 낮은 편이며 교육수준은 미국에서 밑에서 두번째일 정도로 낮다. 이처럼 주정부가 현대자동차 유치에 열성적인 이유는 공장설립에만 10억 달러의 자금이 투입될 뿐 아니라 현지인 고용도 2,000여 명에 이를 것으로 예상돼 지역경제에 큰 도움이 되기 때문. 16년 전 현대자동차가 미국에 포니 생산공장을 세울 때 미국정부의 형식승인 획득에 애를 먹던 시절을 생각하면 상전벽해(桑田碧海)와 같은 얘기다.

앨라배마 주는 미국의 어떤 주보다도 외자유치에 적극적이다. 1993년에

값에 팔려 국부유출이 심각하다는 취지의 기사를 대서특필했다. 하지만 해당 보고서를 입수해 분석한 바에 따르면 집필자의 의도와는 정반대였으며, 재경부에서도 보도해명 자료를 발표했다.

현 시점에서 외국인 직접투자의 국부유출 주장은 다음과 같은 점에서 허구다. 우선 규모 면에서 외국인 투자는 아직도 낮은 수준이다. 1998년 기준으로 우리나라 GNP 대비 외국인 직접투자(도착누계기준) 비중은 6.8%로 같은 해 세계평균 13.7%, 동아시아 평균 23.3%에 비

는 최초의 메르세데스 벤츠 미국공장을 유치하기 위해 2억 5,000만 달러의 인센티브를 제공해 유치에 성공했고, 2001년 가을에는 혼다자동차 공장을 유치했으며, 2003년부터는 일본의 자동차 메이커 도요타가 헌츠빌에서 엔진을 생산할 예정이다. 또한 앨라배마 주에 있는 벤츠사가 기존의 자동차 생산라인을 2배로 확장하는 데 1억 1,500만 달러를 추가 지원키로 했다. 앨라배마 주는 지난 9년 간 이들 기업을 유치하는 데 7억 달러 상당의 지원을 한 것으로 추정되고 있다.

앨라배마 주가 미국의 다른 주를 제치고 현대자동차 생산공장을 유치할 수 있었던 결정적인 요인은 노조결성 자체를 주정부가 적극적으로 막겠다고 나선 데서 비롯되었다고 한다. 노사분규로 매년 곤경을 겪고 있는 현대자동차로서는 매력적인 제안이 아닐 수 없었다는 추측. 앨라배마 주가 위치한 미국의 동남부는 외국 업체들이 자동차노조(UAE)를 피해갈 수 있는 곳이다. 앨라배마 주는 기업 노조에 대해 유니언 숍(union shop: 노조 조합원인 근로자가 노조를 탈퇴하면 기업주가 해고해야 하는 노조형태) 제도를 택하지 않고 있기 때문에 노조의 세력이 약하며 앨라배마에 들어선 벤츠 자동차 공장에도 노조가 없다.

해 현저하게 낮다. 또한 외국인 투자 유형을 보면 단기에 투자자본을 회수하기 위한 형태보다는 우리나라를 세계시장 진출을 위한 지역거점으로 삼는 투자가 주로 이루어지고 있다.

마지막으로 외국인 투자에 따른 과실송금 실적을 보면 외국인 투자 증가율에 비해 현저하게 낮은 추이를 보이고 있다. 한국에 진출한 외국인 투자업체가 영업이익의 상당 부분을 재투자 목적으로 활용하고 있으며, 단기적인 시각에서 투자회수를 목표로 하지 않는 점을 재확인할 수 있는 대목이다.

이제 우리 언론도 정확한 사실과 국제비교 감각을 바탕으로 외국인 투자 문제에 접근해야 한다. 외국인 투자가 증가하면 국부유출을 우려하고 요즈음과 같이 감소세를 보이면 한국경제가 위기에 처한 것처럼 보도하는 무원칙과 철학부재를 시급히 극복해야 한다. 경제가 다소 안 좋다고 외국인에게 화살을 돌리는 국수주의적 심리의 확산은 경기진작과 성장잠재력 확충에 장애가 될 뿐이다.

두뇌유출과 국가경쟁력

정보통신 분야 등의 고급 기술인력 및 연구인력의 해외취업에 대한 우려의 목소리가 높다. 이들 두뇌의 외국행은 대덕연구단지 등의 공공연구소는 물론 구조조정을 겪고 있는 민간기업 연구소에서도 심각하게 나타나고 있다.

대덕단지의 간판격인 한국전자통신연구원에서만 2001년 한 해 동안 19명의 연구원이 외국으로 빠져나가 벤처 창업이 한창이던 1999년에 비해 3배나 늘어났다는 사실은 인력유출이 어느 정도인지를 잘 보여준다. 국경 없는 경쟁시대에 이처럼 기술개발 능력을 보유한 고급 두뇌들이 해외로 빠져나가면 이는 곧바로 국제경쟁력 약화로 이어지기 때문에 국가적 차원에서의 기술인력 수급대책이 필요하다고 할 것이다.

이를 위해서는 무엇보다 먼저 기술인력의 분야별·계층별 수급상황에 대한 면밀한 조사가 필요하다. 1997년 외환위기 이후 계속된 경기변동과 구조조정의 여파로 연구 분야 투자가 급속히 감소함에 따라 기술인력에 대한 수요도 크게 줄었지만 장기적 관점에서 고급두뇌의 수급상황에는 문제가 없는지 충분한 검토가 이루어져야 한다. 물론 세계화 시대를 맞아 인력이동이 자유로워지고 있다는 점에서 본다면, 기술인력의 해외유출은 자연스러운 현상으로 볼 수 있겠지만 문제는 이렇게 많은 고급 두뇌들이 빠져나갔을 때 기업이나 산업현장의 기술 개발에는 아무런 이상이 없을 것이냐는 점이다.

특히 선진국과 중국 등 경쟁국에서는 고급 두뇌의 유치와 확보가 국가경쟁력을 유지하는 데 중요하다는 점을 인식하고 두뇌유치 전략을 적극적으로 추진하고 있다는 점을 감안해야 한다. 선진국들은 자국의 고급인력을 양성하는 데 그치지 않고 해외의 유능한 인력을 끌어들이기 위해서도 매우 적극적이다.

영국은 2001년 연간 600만 달러 규모의 두뇌유출방지기금까지 신설해 자국의 우수한 과학자들이 영국에 남아 있도록 하기 위해 스타급 과학자 50명을 집중 지원하고 있다. 뿐만 아니라 미국은 전문직에 대한 취업비자 발급 쿼터를 2001년의 11만 5,000명에서 19만 5,000명으로 크게 늘렸고, 독일도 IT 인력에 대한 특별노동비자 발급을 허용했다고 한다.

경쟁국인 대만이 IT산업을 중심으로 강력한 경쟁력을 보유하게 된 것도 해외유학과 다국적기업의 근무 경력을 가진 수많은 자국민들의 국내 회귀와 이들의 창업이 주된 밑거름이 되었다는 사실은 이미 널리 알려져 있다.

중국의 경우에도 최근 해외유학생과 다국적기업·대학·연구소 등에서 근무하는 자국민의 귀국을 적극 장려하고 있다. 중국은 현재 경제개방화와 WTO 가입 후 직면하게 될 범세계적 기준에 부합하는 국가 시스템의 틀을 새롭게 짜고 있는데, 수십만 명에 달하는 해외인력을 불러들여 국제화 시대의 첨병으로 키우겠다는 의도다.

우리나라의 경우 고급인력의 유출을 줄이고 해외 고급인력을 유치하기 위해서는 물론 구조조정과 경기침체 등 현안들이 먼저 해결되어야 할 것이나, 그 이전에 정부 차원에서도 정책적 대응방안을 적극 검토해야 할 것이다.

예를 들어 해외인력의 국내 장기체류에 장애가 되는 이중국적 금지 문제의 해결, 외국인학교의 증설, 주거상의 편의 제공 등 제도적 문제점이 개선되어야 한다. 특히 장기적 관점에서 첨단기술 연구인력이 안정적으로 연구개발에 몰두할 수 있는 환경조성에 대한 투자를 대폭 늘려야 할 것이다.

전세계에서 인재 모아야

세계 굴지의 전자회사를 일군 삼성그룹의 이건희 회장은 요즘 들어 부쩍 인재의 중요성을 강조하고 있다. 한국이 낳은 세계적인 경영자로 평가받고 있는 그의 주장이기에 더더욱 주목하지 않을 수 없다.

『뛰어난 한 명의 인재가 1만 명의 직원을 먹여살릴 수 있다』는 것이 그가 주장하는 핵심. 국적을 불문하고 전세계로부터 인재를 모아야 미래의 경쟁에서 도태되지 않고 살아남을 수 있다고 강조한다. 세계화와 자유화로 경쟁단위가 개별국가를 넘어 전지구적 차원으로 확대되고 있는 현실을 바라볼 때 시의적절한 주장이 아닐 수 없다.

지식기반사회의 핵심 경쟁력은 창조력과 상상력을 가진 뛰어난 인재를 얼마나 확보하고 있느냐에 달려 있다. 마이크로소프트의 창업자인 빌 게이츠는 지식의 중요성을 보여준 대표적인 인물이다. 토지도, 자본도 없던 청년이 순식간에 세계 최고의 갑부로 클 수 있었던 것은 바로 그의 뛰어난 지적능력 때문이었다.

미국의 〈포브스(Forbes)〉지에 따르면 올해 46세인 빌 게이츠의 2001년 재산은 우리 돈 약 69조 원으로 세계 최고다. 2001년에 우리나라의 국내총생산이 545조 원이니 가히 그 규모를 짐작할 수 있다.

정보통신 강국을 꿈꾸는 우리로서는 더더욱 뛰어난 인재가 절실하다. 과거와 같은 제조업 중심의 대량생산-대량소비 사회에서는 근면과 성실, 육체적 힘, 수적 우위가 경쟁력을 결정했다면, 정보통신·생명공학·서비스 등의 산업이 주도하는 지식기반사회에서는 뛰어난 두뇌가 이 모든 것을 대체하기 때문이다.

이러한 점에서 뛰어난 외국인 최고경영자를 영입해 놀라운 성과를 일궈낸 일본자동차 산업의 예는 본받을 만하다. 일본경제가 장기불황에서 헤어나지 못한 것과는 대조적으로, 도요타·닛산·혼다 등의 자동차 회사들은 2001년에 사상최대의 흑자와 사상최고의 미국시장 점유율을 기록했다. 이 결과 이들 3사가 2001년 거둔 영업이익은 미국 상위3사를 합친 것보다 많았으며, 이것은 9년 만의 역전이었다.

일본자동차 업계가 이처럼 경이적인 기록을 거둘 수 있었던 데는 닛산자동차 카를로스 곤(Carlos Ghosn) 사장의 역할이 컸다. 1999년 10월, 닛산재생계획(Nissan Revival Plan)에 따라 르노에서 파견된 그는 비용절감에 초점을 둔 강도 높은 구조조정을 통해 1조 4,000억 엔의 부채에 허덕이며 붕괴 직전에 있던 닛산자동차를 불과 2년 만에 흑자로 전환시키는 데 성공했다.

이 덕분에 그는 CNN과 〈타임〉이 공동선정한 2001 글로벌 비즈니스 파워 1위를 차지한 경영인으로 선정되었다. 그의 성공은 여기에서 그치지 않았다. 닛산자동차의 성공신화는 다른 일본자동차 회사로 퍼져나가 모범사례가 되었으며, 닛산의 경험을 본받은 구조조정과 혁신이 줄을 잇는 선순환이 이루어졌다. 일본자동차 업계 전체가 카를로스 곤 사장의 덕을 본 것이다.

르노삼성의 제롬 스톨(Jerome Stoll) 사장은 여러 가지 면에서 닛산의 카를로스 곤 사장과 비슷하다. 두 사람은 모두 프랑스인이고, 르노자동차 출신이며, 48세의 동갑내기이고, 부실기업 회생 전문가라는 공통점을 갖고 있다. 하지만 「SM5」로 중형차시장에 돌풍을 일으키고 있는 한국의 스톨 사장은 일본의 곤 사장처럼 주목받지 못하고 있다. 또한 제일은행의 전임 행장이었던 호리에는 한때 서구식 경영으로 우리나라에서 화제를 모으기는 했지만, 일본에서 카를로스 곤이 발휘하던 것과 같은 영향력은 없었다. 스톨 사장이나, 호리에 전 행장이 일본에서 활약했더라도 한국에서와 같은 대접을 받았을지 궁금하다.

그렇다면 외국인 경영자들이 한국에서 두각을 나타내지 못하는 원인은 무엇인가. 일본과 달리 뛰어난 외국인이 없어서일까. 필자는 그렇지 않다고 본다. 문제는 외국인을 진정한 동반자로 여기지 않고, 배척하고, 경계하는 우리의 의식이다.

한 가지 예를 들어보자. 우리나라 프로축구에는 많은 외국인 용병들이 활약하고 있다. 월드컵에 출전했던 우리 대표선수보다 기량이나 실력 면에서 더 뛰어난 외국인 축구선수가 많음에도 불구하고 그들은 팬과 언론으로부터 외면당하고 있다. 외국인을 무조건 추종하는 것도 문제지만 이처럼 이유 없이 배척하는 것도 문제가 아닐 수 없다.

외환위기 이후 외국인 직접투자가 크게 늘어나면서 외국인과 함께 일하는 경우도 증가하고 있다. 또한 세계화가 진전되면서 국내기업에서 일하는 외국인들도 점차 증가하고 있다. 하지만 아직도 직장에서 외국인을 동료로 보고 포용하고 감싸기보다는 시기와 질투의 대상으로 삼아 왕따시키는 경우가 많다.

　전세계로부터 뛰어난 두뇌를 유치하려면 우리 사회가 먼저 그들을 수용할 수 있도록 바뀔 필요가 있다. 우수한 두뇌를 해외에서 유치하려면 높은 급여, 뛰어난 복리후생, 세제상의 우대 등 금전적 인센티브도 중요하지만 그에 못지않게 그들이 우리와 함께 어울려 일하고 생활하는 데 불편함이 없어야 한다. 해외에서 뛰어난 인재를 유치하는 데 성공하더라도 그들이 이 땅에서 뿌리내리지 못하고 곧 떠나게 만들어서는 우리의 미래는 어둡다.

　히딩크 전 국가대표 감독은 「한국축구 세계 4강 진출」이라는 놀라운 성과를 일궈냈다. 우리가 히딩크 전 감독에게 보여준 애정과 관심의 일부분이라도 쏟는다면 그에 못지않게 우리 사회에 기여할 외국의 인재들은 많다.

　축구에서 한 걸음 더 나아가 우리 경제를 세계4강에 올려놓기 위해서는 국적과 인종을 가리지 말고, 세계로부터 인재를 모아야 한다. 그들이 한국을 자신들의 꿈과 이상을 실현할 수 있는 무대로 생각하고 찾아와 함께 살 수 있도록 만드는 노력이야말로 21세기 지식기반사회를 준비하는 최선의 노력이다.

외국인의 국내부동산 매입과 국부유출

외환위기 이후 국내경기 침체의 여파로 부동산 가격이 급락하고 국내기업들이 쏟아낸 부동산 매물을 외국인들이 일부 인수하자 국부를 헐값에 외국인에게 넘겨준다는 비판이 없지 않았다. 특히 1998년 하반기부터 외국인에게 부동산시장이 전면 개방되면서 외국인도 신고만으로 국내의 부동산을 무제한 취득할 수 있게 되자 이러한 우려의 목소리는 더욱 높아졌다. 그러나 지금까지 외국인 부동산 매입 규모와 내용을 보면 그러한 우려는 기우에 불과한 것으로 보인다.

건교부 통계에 따르면 1998년 외국인에 대한 부동산시장 개방 이후 2001년 말까지 외국인의 한국토지 취득면적은 연평균 28.3km²씩 증가해 2001년 말에는 135.9km²인 것으로 나타났다. 이는 1998년 말의 50.9km²에서 불과 3년 만에 2.7배 증가한 수치다.

앞으로도 외국인의 토지보유는 완만한 증가세를 보일 것으로 예상되지만 증가율은 점차 둔화될 것으로 전망된다. 하지만 이 같은 외국인의 한국토지취득 증가에 대해 우려할 필요는 없는 것으로 보인다. 2001년의 경우 외국인의 한국토지 취득목적은 공장용지 확보가 전체 취득면적의 73%를 차지했다.

이는 단기적인 매매차익 취득을 목적으로 하기보다는 한국에 공장 건립과 유통부지 확보 등을 위한 것으로서, 건전하고 생산적인 목적이 중심이 되고 있음을 시사하는 것이다.

또한 그 동안 외국인의 부동산 매입이 급증했다고는 하지만 아직도 그 절대규모는 미미한 수준에 머물고 있다. 2001년 말 현재 외국인이 보유한 토지 135.9km²는 우리나라 전체면적의 0.14%에 그치는 것이다. 이는 외국인의 부동산 매입에 대해 폐쇄적인 핀란드와 스위스의 0.4%와 1%에 비해서도 상당히 낮은 수준이다.

주거 및 업무용 빌딩 등 건물 분야의 외국인 매입규모는 공식적으로 집계되지 않기 때문에 정확한 통계는 잡을 수 없으나 관련업계에서는 그 규모가 지난 한 해 동안 약 1조 원에 달한 것으로 추산하고 있다. 하지만 전체 부동산 가치에서 차지하는 비중은 그리 높지 않다.

외국인의 부동산 매입에 대한 거부 반응은 미국의 경우에도 지난 1980년대 불황기에 경험한 바가 있다. 1980년대 후반 일본인들이 하와이와 L.A.의 일부 다운타운을 사들일 때 언론들까지 나서서 이를 우려하는 사설을 게재하기도 했으며, 1989년 뉴욕 록펠러 센터가 일본에 팔릴 때에는 미국민들의 거부반응이 극에 달하기도 했다. 하지만 10여 년이 지난 지금 미국에서 외국인의 부동산 취득과 그 여파에 대해 우려하는 목소리는 더 이상 찾아볼 수 없다.

우리의 경우에도 외국인의 국내부동산 매입이 급증하고는 있지만 그 규모나 용도 면에서 국부의 과도한 유출을 우려할 상황은 아니라고 본다. 특히 최근의 경제상황을 감안할 때 외국인의 국내 부동산 매

입은 금융과 기업의 구조조정, 부동산 시장의 활성화를 위해 불가피
한 요소라고 하지 않을 수 없다.

은행의 부실채권 해소와 기업의 구조조정을 위해 내놓은 매물을 처
리하기 위해서는 국내 부동산 시장의 활성화가 이루어져야 하나 현재
와 같은 경기침체 상황하에서는 이를 기대하기 어렵기 때문이다.

외국인의 부동산 매입은 국내 부동산 시장의 활성화를 통해 우리
경제의 구조조정을 도울 뿐 아니라 간접적으로는 제조시설과 유통설
비에 대한 투자 증가로 이어져 생산적인 부의 원천을 창출한다고 할
수 있을 것이다.

백년대계를 다시 생각해보자

벤처 열풍이 휩쓸고 지나간 세계경제는 지금 「버블 붕괴」의 후유증에 시달리고 있다. 이에 따라 한국경제도 다시 총체적 위기에 봉착하는 것이 아니냐 하는 우려가 증폭되고 있다.

우리로서는 어찌 손을 써볼 수도 없는 외부환경의 변화로 치부하고 수수방관할 수만도 없는 노릇이다. 이럴 때일수록 우리 경제의 체질을 강화해 외부환경의 변화에 대한 적응력을 높이는 노력이 필요하다. 이러한 점에서 교육제도의 개혁은 더 이상 미룰 수 없는 과제다.

우리 교육과 대학의 현실은 어떠한가. 자유로운 상상력과 창의력을 키워야 할 청소년들은 암기 위주의 주입식 교육으로 학습에 흥미를 잃는 경우가 많다. 《한국, 사라지기 위해 탄생한 나라》의 저자이자 프랑스 언론인 장 피엘(Jean Piel)이 말하는 세계화와 시장경제에 부합하는 개인적 소질, 비판적 자세, 개방적 사고는 가르칠 엄두도 못 내고 있다. 중·고등학교가 이러하다면 대학이라도 좀 나아야 할 텐데 사정은 별로 다르지 않다. 학생 개개인이 갖고 있는 능력과 소질을 극대화하지 못하고 있는 것은 마찬가지다.

여기에는 입시부정을 막고 공정성을 확보하는 데 지나치게 초점을 맞추고 있는 입시제도의 탓이 크다. 대학 간 경쟁을 가로막고 서열화를 부추겨 더 나은 교육 서비스를 제공하는 것을 원천적으로 막는 원인이 입시제도에 있기 때문이다. 이러한 입시제도는 결국 학생 개인과 대학은 물론 국가 전체의 경쟁력까지 떨어뜨릴 뿐이다.

우리의 대학은 양적으로는 괄목할 만한 성장을 이루었지만 『대학이 망해야 나라가 산다』는 비아냥을 들을 정도로 질적인 경쟁력은 부끄러운 수준이다. 한때 모 그룹 회장이 우리 관료사회를 3류라고 비판한 적이 있었는데 대학은 4류가 아닌가 싶다. 1999년도 국제과학기술논문색인지수(SCI)에 따른 세계대학 순위에서 1위는 하버드대였으며 2위는 도쿄대, 3위는 UCLA였고, 서울대는 73위였다. 하지만 전 분야를 평가한 순위에서 세계 100위권 내에 있는 한국대학은 단 하나도 없었다. 교육을 최고의 덕목으로 여기는 유교적 전통을 가진 국가 치고는 민망한 성적표가 아닐 수 없다.

직업능력개발원이 내놓은 기업의 대학교육 만족도 조사를 보면 30% 이상이 기업이 원하는 인재를 대학이 배출하지 못한다는 불만을 나타내고 있다. 대학교육이 현실과 유리되어 있는 것이다. 한국에 진출한 외국인 투자기업의 경영자들도 한국직원들이 지시받은 일은 잘 처리하지만 창의적인 일에는 서투르다고 평가한다.

외국인 투자의 이점 중 하나인 선진기술의 이전효과도 직원들의 흡수능력이 뒷받침되지 않으면 기대하기 어렵다. 따라서 지금의 교육방식이 지속된다면 외국기업이 투자 메리트의 하나로 손꼽는 우수한 인적 자원은 머지않아 열등하다는 평가를 받을 것이 분명하다.

|This is my small room|

이 말은 조선 말기 최초의 주미전권공사(駐美全權公使)로 임명된 박정양이 동반하여 간 그의 첩을 미국인들에게 소개하면서 했다고 한다. 첩을 일컫는 말이 소실(小室)이니 이를 그대로 번역해서 영어로 말한 것. 박정양 일행이 커다란 갓을 쓰고 워싱턴에 나타나자 시민들이 구름처럼 몰렸다고 한다. 낯선 이방인들의 특이한 복장이 당시 미국인들의 이목을 끌었기 때문이다. 그 일행이 난생 처음 엘리베이터를 탔을 때는 지진이 났다고 소란을 피워 결국 계단을 이용했다고 하며, 외교사절을 환영하는 만찬석상에서는 참석한 외교관 부인들의 야한 파티복을 보고 기생으로 오인해 큰 결례를 범하기도 했다고 한다.

박정양은 대표적인 개화파 엘리트로서, 1866년 과거에 급제해 신사유람단의 일원으로 일본 문물을 시찰한 바 있으며, 주미 공사로 미국 제22대 대통령 클리블랜드에게 신임장을 제정한 인물이기도 하다.

21세기는 고도화된 지식과 정보가 생산의 핵심요소가 되는 지식기반사회이며, 세계화는 더욱 확대되고 시장경제의 원리가 보다 강조되는 사회가 될 것이다. 중고교 교육은 세계화·정보화에 부합하는 기본능력의 함양에 초점을 맞추어야 한다. 대학의 역할도 단순한 지식의 전수에서 탈피해 지식을 창조적으로 이용하는 방법을 가르치고 학생들의 창의력을 개발하는 쪽으로 변해야 한다.

영어는 인프라다

홍콩에 소재한 정치경제위험컨설팅(PERC)이라는 조사기관이 있다. 매년 아시아 각국의 기업인을 대상으로 여러 가지 설문을 하고 그 결과를 발표하는데, 2000년에 발표한 조사에 따르면 우리나라가 아시아 12개국 중 외국인이 살기에 가장 힘든 국가로 평가되었다. PERC는 그 원인을 영어소통의 어려움으로 인한 문화적 이해 결여, 외국인을 위한 서비스와 시설 부족 등으로 분석했다.

최근 정부가 추진하고 있는 「동북아 비즈니스 중심지 구상」이나, 「다국적 기업의 아시아지역본부 유치전략」의 가장 큰 걸림돌로 지적되는 것도 우리 국민의 영어실력이다. 외국인들이 한국에 와서 기업활동을 하고 일상생활을 하려면 한국인과의 의사소통이 필수적인데, 영어로 대화가 되지 않는다면 큰 문제가 아닐 수 없다.

정부가 세계화를 주창한 지가 벌써 10년 가까이 되고, 지하철 안내방송에 영어까지 곁들이는 마당에 여전히 꼴찌라니 답답할 노릇이다.

물론 PERC의 평가가 절대적인 것은 아니며 평가항목 중 영어소통의 비중이 지나치게 높은 감은 있다. 다만 이런 평가결과가 한국투자에 관심을 갖는 외국기업인들에게 상당한 영향을 미치는 현실이 마음에 걸린다.

투자유치 선진국인 싱가포르의 공용어인 영어는 독특한 억양과 어법으로 싱글리시(Singlish)라 불린다. 리콴유 초대 총리가, 중국계가 대다수인 국민의 반대를 무릅쓰고 영어를 국어로 정한 이유는 다민족 사회의 통합을 위한 것이었다. 하지만 자본·기술이 없는 도시국가가 외국자본과 기술을 유치하기 위한 인적 인프라 구축이 진짜 이유였다. 싱가포르는 여기에 힘입어 오늘날 국제금융과 물류의 중심지로 자리잡게 된 것이다.

말레이시아 역시 싱가포르에 버금가는 동남아시아의 중심지로 발돋움하기 위해 영어공용화 정책을 쓰고 있다. 마하티르 총리는 말레이어를 비롯해 영어·중국어·타밀어를 공용어로 채택해 모든 국민들이 2020년까지 영어뿐 아니라 중국어까지 완벽하게 구사할 수 있게 하겠다는 의욕을 보이고 있다.

영어에 관한 한 우리보다 못하다는 일본에서도 2001년 초 총리자문기관이 영어를 제2공용어로 정하는 것을 검토하자는 제안을 한 바 있다. 이에 대한 반대의견도 거셌지만 결국 오부치 전 총리는 이를 받아들여 21세기엔 누구나 영어로 의사소통이 가능한 사회를 만들겠다고 선언했다. 이는 영어를 사실상 공용어로 일본에서 통용되게 하겠다는 의미다.

영어를 공용어로 사용하자는 주장에 대해 국민감정이 편치 않은 것은 사실이다. 일제의 강요로 우리말과 글을 쓸 수 없었던 때가 불과 60년도 지나지 않았고, 민족의 자주성과 주체성이 손상된다는 반발도 무시할 수 없다. 그러나 10년 이상 영어공부를 해도 일상적인 대화마저 불가능한 것이 우리 영어실력의 현 주소다. 영어 구사능력을 키우는 문제를 개인의 노력에만 맡기는 것은 비용도 많이 들뿐더러 그 효과도 크게 기대하기 어렵다.

방학 때마다 해외로 어학연수를 떠나는 학생들의 경제적 부담과 영어 때문에 받는 스트레스를 국가적으로 해결할 수 있는 방안을 모색해야 하지 않을까.

이러한 대안으로 생각해볼 수 있는 것이 영어공용화다. 전국적으로 사용하기에 무리가 있다면 일정 지역 또는 특정 학교를 지정해서라도 영어를 공용어로 한다면 우리의 영어 콤플렉스 극복에 큰 도움이 될 것이다.

우리가 어떻게 생각하건 간에, 영어는 이미 국제적 공용어로 자리잡고 있다. 한국경제의 새로운 돌파구가 될 정보통신산업에서도 영어는 지배적인 언어가 됐고, 우리의 경쟁국들이 「영어가 경쟁력」이라는 현실을 직시하고 일찌감치 영어공용화에 나서고 있다는 점도 살펴야 한다.

우리가 영어로 의사소통하는 것을 부담스럽게 생각하지 않게 될 때 세계 각국의 기업과 자본을 수용하는 입구도 그만큼 넓어지게 된다. 상황이 이렇다면 이제 우리도 국어와 함께 영어가 공용어로 사용될 수 있는 환경을 점진적으로 조성해갈 필요가 있지 않을까.

세계시민이 되자

수입자유화율 99.9%, 자본시장 및 외환시장의 전면자유화 실시, 수출입을 합한 교역규모는 2,915억 달러, 외국인 투자업체 수 1만 2,000개사 이상.

2001년 경제지표상 나타난 우리나라의 세계화 수준이다. 2001년 중 입국한 외래관광객은 515만 명, 출국자의 수는 608만 명을 넘어 이를 합친 국제 인적 교류 규모도 1,100만 명을 넘어서고 있다. 상사주재, 연수, 취업 등으로 국내에 거주하는 외국인도 60만 명(2002년 4월 기준)에 육박하고 있다. 국경이 무의미해진 오늘날 우리는 자신도 모르는 사이에 지구촌의 한 사람으로 다른 나라 사람들과 교류할 수밖에 없는 시대를 살고 있다.

그러나 국제사회의 한국인에 대한 평가는 성숙한 세계시민이라는 모습과는 거리감이 있었던 것도 사실이다. 선진국에 비해 뒤진 질서의식, 국수주의적인 태도, 외국인에 대한 근거 없는 차별의식 등이 우리를 바라보는 외국인의 평가였던 점을 부인하기 어렵다. 해외관광에서는 거칠고 교양없는 행동으로 「추악한 한국인」이라는 비난을 받기도 하며 교포들의 경우 현지문화에 대한 이해가 부족해 현지인과 마찰을 빚기도 했다. 선진국들로부터는 OECD 회원국에 걸맞지 않게 시장개방에 소극적이고 폐쇄적이라는 평가를 받고 있다. 세련된 문화인과 거리가 있는 한국인의 이미지와 우리나라가 개방에 미온적이라는 평가를 받는 근원적인 이유는 무엇일까?

선천적인 것으로는 먼저 강한 단일민족 의식에 기인한 바가 크다고 생각한다. 이는 민족적 자부심일 수도 있지만 타민족과 타문화를 이해하고 이를 수용해 발전시키는 데는 걸림돌로 작용한다. 우리의 전통과 문화에 자긍심을 갖는 것은 좋지만 이것이 배타적인 의식과 독선으로 흐를 때 스스로를 세계 문화와 유리된 상태로 만들게 된다. 조선시대 말기에 그토록 서양을 배척하고 쇄국정책에 집착해 세계사의 큰 흐름에서 탈락됐던 원인도 따지고 보면 자만과 자긍심이 지나쳐 남의 장점을 배우려는 겸손한 자세가 부족했기 때문이다.

오늘날 북한이 주체사상과 자력갱생, 자주에 집착해 세계사의 흐름을 철저히 외면하고 있는 것도 결국은 지나치게 자존심을 내세우고, 자기 것에 집착하고 있기 때문이 아닌가.

다음으로 외국인에 대한 뿌리 깊은 배타적 시각이다. 이것은 우리 민족의 역사적 경험 속에서 자연스럽게 형성된 측면이 강한데, 998회에 달하는 모진 외세의 침략을 받은 사실에서도 입증된다. 우리 민족에게 외세는 고통과 눈물을 의미할 뿐이었다. 가까운 일제 36년 간의 식민통치 경험은 아직도 우리 민족의 잠재의식 속에 남아 외세에 대한 경계심과 분노로 표출되곤 한다. 하지만 우리가 진정으로 약소국의 설움을 딛고 세계강국으로 우뚝 서기를 원한다면 외세에 대한 패배주의를 먼저 극복할 필요가 있다. 외국인을 경계하고 그들을 배척해서는 어쩌면 영원히 2류 국가에 머물지도 모른다.

우리를 활짝 열고, 세계와 교류하고 경쟁하려는 적극적인 자세와 마음가짐이 있어야 강한 나라를 만들어 스스로를 지킬 힘도 가질 수 있다. 남북이 그 동안 걸어온 길이 이를 분명하게 보여준다. 북한이 반외세·반미를 부르짖으면서 스스로를 고립시킨 결과는 오늘날 그들이 외국에 식량을 구걸하는 참담한 현실로 나타나고 있다.

후천적인 것으로는 대학을 졸업할 때까지 국제적 교양과 타문화를 이해하는 능력을 길러주는 교육과정이 전무하다는 점이다. 오히려 감수성이 예민한 중고등학교 시절에는 민족주의를 지나치게 강조하는 한국역사 교육 때문에 편협한 국수주의자가 만들어지고 있다. 학생들이 아무 이유도 없이 외국인을 적대시하고, 외국과의 교류에 피해의식을 느끼고, 수입품에 대해 부정적인 인식을 갖게 되는 것은 문제가 아닐 수 없다. 1997년 외환위기 당시 외제차에 흠집을 내고는 마치 독립운동이라도 한 듯 여기는 분위기가 학생들 사이에 있기도 했다.

우리 학생들이 배우고 있는 역사책은 외세에 대한 투쟁과 저항, 나라의 독립이 지상명제였던 일제시대와 해방직후의 민족주의 사관에 뿌리를 두고 있다. 침략을 미화하는 일제의 식민사관(植民史觀)에 대항해 형성된 민족사관(民族史觀)은 우리 민족의 우수성과 자주성, 외세에 대한 저항을 강조한다.

일제로부터 해방된 지 60년 가까이 되도록 외세에 대한 저항과 투쟁을 위주로 후손들에게 역사교육을 하는 것은 분명 문제가 있어 보인다. 반만 년을 자랑하는 우리 역사가 고작 30여 년 간의 일제식민통치 망령에서 헤어나지 못하고 언제까지나 허우적댈 것인가.

유명한 역사학자인 에드워드 H. 카(E. H. Carr)는 그의 저서 《역사란 무엇인가》를 통해 「역사는 과거와 현재의 끊임없는 대화」라는 명언을 남겼다. 역사가는 과거에 비춰 현재를 보고 현재에 비춰 미래를 내다보며, 따라서 역사는 역사가의 해석이라고 했다. 『사실은 스스로 말하는 게 아니라 역사가가 말을 걸 때만 말한다』며 역사가의 해석이 있어야 역사적 사실이 성립한다고 했다.

우리나라의 역사교육도 이제는 무조건 과거의 것만을 답습할 것이 아니라 민족의 번영과 발전, 밝은 미래를 위해 우리 학생들에게 무엇을 가르쳐야 할 것인가를 고민할 때가 됐다. 세계화로 국가 간, 이민족(異民族) 간, 이문화(異文化) 간 교류가 정신을 차리지 못할 정도로 확산되고 있는 마당에 외세와의 대결과 투쟁을 강조하는 우리의 역사교육이 오늘날의 관점에서 어떤 의미를 가질지 알 수 없다.

세계화라는 말 속에는 「적극적인 다양성의 수용」이라는 의미가 내포되어 있다. 세계시민이 된다는 것은 바로 다양성을 받아들이고 이를 수용해 자신의 문화적 수준을 높인다는 것이다.

경제든 문화든 체질을 강하게 만들려면 뒤섞여야 한다. 우성학적으로도 혼혈이 우성이듯 말이다. 아무리 신토불이라고 외쳐도 토종보다는 개량종의 품질이 우수하고 가격경쟁력이 있음은 물론이다.

지난 한일월드컵을 계기로 우리의 세계화 여정은 새로운 단계로 진입했다. 히딩크 감독이 이끈 한국축구팀이 세계4강에 오름으로써 외국인에 대한 경계심과 근거없는 편견도 많이 수그러들었다. 히딩크 감독이라는 한 외국인에 의해 열린 한국인의 가슴이 세계를 향해 넓게 팔을 벌리고 있다.

한국을 찾은 수많은 세계의 축구팬들과 어울려 함께 응원하고 호흡하면서 외국인에 대해 가졌던 우리의 좁고 옹졸했던 마음도 열리기 시작했다. 패배주의에 빠져 있던 우리의 의식도 세계인을 놀라게 만들고 감동을 주었던 대규모 거리응원과 높은 시민의식을 통해 적극성과 자신감으로 바뀌고 있다.

수백만의 시민이 거리로 나와 질서정연하게 응원하고 평화스럽게 월드컵 축제를 즐기는 모습은 역대 어느 월드컵에서도 찾아볼 수 없는 새로운 풍경으로 세계인에게 깊은 인상을 심어줬다. 세계언론들은 이번 월드컵이 한국과 일본에서 공동으로 개최되었지만 당초 예상과는 달리 한국이 세계의 이목을 붙드는 데 성공했다는 평가를 내리고 있다. 여기에는 한국축구팀이 4강에 진출한 덕도 있었지만, 대규모 거리응원이라는 새로운 문화도 커다란 영향을 미쳤다.

아리랑축제에 강제로 동원된 북한의 군중에게는 냉소적이었던 해외언론들이 한국의 「붉은악마」에 갈채를 보냈던 것은 결국 보편성의 문제다. 인류의 보편적인 가치인 자유를 보장하면서 세계 여러 나라 사람들이 거부감 없이 받아들일 수 있는 감동적인 장면을 보여줬기 때문이다.

세계화를 성공적으로 이루기 위해서는 무엇을 준비해야 하는가. 무엇보다 우리의 시야를 세계로 넓혀야 한다. 모든 것이 개방되고 자유롭게 왕래하는 세계화 시대에 좁은 한반도만을 사고의 범위로 한정해서는 세계화에 성공하기 어렵다. 한국에서 제일 좋다는 서울대학교도 세계수준에 약 10~20년 뒤져 있다고 한다(서울대가 2001년 세계석학 6명에게 의뢰하여 작성된 「서울대를 세계 수준의 연구대학으로 발전시키기 위한 보고서」에 의함).

국내에서 큰소리치는 공무원·국회의원·법조인 등이 선진국과 비교해 얼마나 유능하고, 청렴하며, 효율적으로 일하고 있는지도 의문이 아닐 수 없다. 월드컵에서 히딩크 감독을 영입해 좋은 성과를 올렸듯이 무능하고 비효율적인 집단이 있다면 이를 수입하자는 국민적 요구가 나오지 말라는 법도 없다.

관료·정치인·경영인·근로자·학생 등 각자가 세계최고가 되겠다는 것을 목표로 삼고 노력해야 개인의 성공은 물론 국가의 번영도 이루어질 수 있다.

또한 한반도를 발판으로 삼아 세계로 도약하겠다는 진취적이고 적극적인 자세를 가질 필요가 있다. 한국에서 살아남기 위해 노력하는 자세로 살면 전세계 어디에 이민을 가더라도 성공할 것이라는 이야기가 있다. 이렇다할 자원도 없는 나라에서, 남한인구 4,700만, 남북한 합쳐 7,000만이 좁은 한반도에서만 살겠다고 고집하기 때문에 일어나는 문제는 많다. 한정된 자원을 놓고 좁은 땅에서 치열한 경쟁을 하다 보니 사촌이 땅을 사면 배가 아프고, 지역과 출신에 따라 편을 가르고 서로를 헐뜯는 데 에너지를 낭비한다.

높은 집값, 환경오염, 치열한 입시경쟁, 교통문제 등은 모두 제한된 면적에 인구가 밀집되다 보니 발생하는 문제다. 지금은 도망다니는 처지가 된 모 재벌회장은 『세계는 넓고 할 일은 많다』고 하지 않았던가. 많은 젊은이들이 세계로 진출해 지구촌 곳곳에 한인 네트워크를 형성한다면, 우리 경제에도 많은 도움이 될 수 있다. 각국에 있는 화교들이 중화 네트워크를 형성해 중국의 경제발전에 큰 기여를 하고 있는 것은 우리가 익히 아는 사실이다.

21세기의 표어가 개방화·세계화가 될 것이라는 것을 아무도 부인하지 않는다. 앞으로 우리가 숨쉬게 될 환경 자체가 세계화이고 이것이 어차피 받아들여야 할 대세라면 한시바삐 적응해서 세계인이 되는 것이 현명한 선택이다. 싱가포르·스위스·네덜란드·아일랜드와 같이 작지만 강한 나라의 국민들이 모두 세계화에 능동적으로 대처함으로써 존경받는 세계시민으로 평가받고 있음을 주목해야 한다.

| 참 고 문 헌 |

김승진, 「외국인투자기업의 생산성효과 분석」, 『KDI 정책연구』, 1999년 제21권 제3및
4호, 216~264쪽.

김승진 외, 「개방과 외국인투자 유치」, 『위기극복 이후 한국경제의 성장동력』, 한국개
발연구원, 2000년 10월, 177~226쪽.

김완순 외, 『세계경제와 국제통상』, 무역경영사, 2000년 9월.

김완순 · 임성훈, 「투자진흥기관의 투자유치활동이 외국인투자 유입에 미치는 영향」,
『국제통상 연구』, 제5권 제1호, 2000년 6월, 109~129쪽.

김준영 · 이용섭, 「외국인투자에 대한 조세지원 효과분석」, 『재정논집』, 제16편 제1
호, 2001년 9월, 109~132쪽.

대외경제정책연구원, 『경제난 극복의 지름길 – 외국인투자』, 1998년 12월.

산자부, 『보도자료 2001년 외국인투자실적 및 2002년 전망』, 2002년 1월 11일.

――――, 『외국인투자, 국가경쟁력을 높이는 지름길입니다』, 1999년 10월.

산업연구원, 『외국인 직접투자의 일석오조 효과분석』, 2001년 6월.

신우식 · 김철교, 「외국인 직접투자가 국내경제에 미치는 영향분석」, 『국제통상연구』,
제6권 제1호, 2001년 8월, 31~50쪽.

왕윤종 · 김종근, 『국내기업 구조조정에 있어 국경간 M&A의 역할』, 대외경제정책연
구원, 1998년 9월.

이동기 · 이제호, 「외국인투자기업의 국민경제 공헌도 분석」, 한국국제경영학회 산학
연협동학술 세미나 발표논문, 2001년 2월 23일, 매일경제신문사 신관, 15~56쪽.

이성봉 · 이형근, 『외국인투자유치정책: 국제적 성공사례와 시사점. 투자인센티브』,
대외경제정책연구원, 1998년 12월.

장윤종·황윤진,「외국인 직접투자의 국민경제적 효과 분석」,『KIET산업경제』, 2001
년 10월호, 31~43쪽.

재정경제부,『재정금융통계』, 각분기호.

주한광·김승진,『국내 외국인 직접투자 현황과 정책대응』, 세계경제연구원, 1995년
4월.

최낙균,『시장개방 바로 알기』, 산업연구원, 1999년 11월.

한국은행,『보도자료 최근 국제 M&A의 동향과 전망』, 2002년 3월 2일.

―――,『보도자료 1999년 중 외국인 지분에 따른 기업경영성과 비교』, 2000년 6월 16
일.

―――,「외국인투자가 국내경제에 미치는 영향」,『조사통계월보』, 2000년 5월, 26~47
쪽.

―――,『조사통계월보』, 각월호.

아젠다 코리아

지은이 / 김완순 · 오호영
펴낸이 / 김경태
펴낸곳 / 한국경제신문 한경BP
등록 / 제2-315(1967. 5. 15)
제1판 1쇄 인쇄 / 2002년 10월 20일
제1판 1쇄 발행 / 2002년 10월 25일
주소 / 서울특별시 중구 중림동 441
홈페이지 / http://bp.hankyung.com
전자우편 / bp@hankyung.com
기획출판팀 / 3604-553~6
영업마케팅팀 / 3604-561~2, 595
FAX / 3604-599

* 파본이나 잘못된 책은 바꿔 드립니다.
ISBN 89-475-2402-6

값 13,000원

메가트렌드 2000

존 나이스비트 외 지음/김홍기 옮김
양장/9,800원

2000년대는 정치개혁과 경이적인 기술혁신 등으로 인류에게 지금까지와 전혀 다른 변화양상을 안겨줄 것이다. 이 책은 과거 어둡고 비관적인 세기말적 변화보다는 경제호전, 예술의 번영, 시장사회주의의 출현, 복지국가의 쇠퇴 등 밝고 새로운 흐름을 보여주고 있다.

메가트렌드 아시아

존 나이스비트 지음/홍수원 옮김
양장/9,500원

21세기에는 아시아가 미국주도의 상품과 소비시장에 가장 중요한 경쟁자로 떠오를 것이다. 저명한 미래예측가인 저자는 역동적으로 변화하는 아시아의 모습을 8가지 트렌드로 분석했다. 특히 한국에 나타나고 있는 폭넓은 변화와 앞으로의 역할도 살펴보고 있다.

하이테크 하이터치

존 나이스비트 지음/안진환 옮김
양장/15,000원

저자는 특유한 통찰력으로 소비재 기술과 유전자 기술에서부터 전자오락의 폭력성과 씨름하는 부모들의 골칫거리에 이르는 모든 것을 탐험하며, 과학·종교·군사·상업·정보·통신·예술·레저분야의 문제점과 변화양상을 적시하고 그 해결책과 대응책을 제시한다.

미래의 결단

피터 드러커 지음/이재규 옮김
양장/9,000원

현대 경영학의 대부, 피터 드러커는 이 책에서 「스스로를 다시 생각함으로써 회생할 수 있다」고 전제하고 기업의 5가지 치명적 실수, 가족기업을 경영하는 규칙, 대통령을 위한 6가지 규칙, 새로운 국제시장의 개발, 3가지 종류의 팀조직 등 바람직한 미래를 실현하기 위한 방안을 제시했다.

비영리단체의 경영

피터 드러커 지음/현영하 옮김
신국판/11,000원

선진국에서는 학교, 자선단체 등 비영리단체의 경영혁신이 선풍을 일으키고 있다. 이 책은 저자가 교수생활을 하면서 비영리단체에서 봉사했던 경험을 바탕으로 조직관리, 예산 등 경영전반에 대한 문제점을 심도있게 분석하고 개선방안을 제시했다.

21세기 지식경영

피터 드러커 지음/이재규 옮김
양장/13,000원

피터 드러커는 이 책에서 새로운 경영 패러다임이 경영의 원칙과 관련한 기본가정을 어떻게 변화시켜 왔는지, 또 어떻게 변화시킬 것인지에 대해 통찰하고 있다. 앞으로 수십년 동안, 아니 수년내에 틀림없이 일어날 여러 문제에 대처하지 못한다면 생존할 수 없다는 드러커의 마지막 경고!

미래의 조직

피터 드러커 외 지음/이재규 옮김
양장/13,000원

당대 최고의 경영학자, 실무자, 컨설턴트가 참여한 이 책에는 미래 조직이 존속하고 번영하려면 조직과 리더가 어떻게 변해야 하는지 실질적인 조언을 하고 있다. 특히 정부, 기업, 사회단체 등 모든 인간조직의 미래모습에 대해 통찰력 있는 비전을 제시하고 있다.

자본주의 이후의 사회

피터 드러커 지음/이재규 옮김
양장/9,000원

사회주의권의 몰락 이후 탈냉전 분위기 속에서 향후 세계 변화가 주요 관심사로 떠오르고 있다. 저자는 자본주의적 시장구조와 기구는 존속되지만 주권국가의 통제력은 약화되고 전문지식을 갖춘 지식경영자 중심의 글로벌화 사회가 될 것으로 예측하고 있다.

미래기업

피터 드러커 지음/고병국 옮김
양장/12,000원

우리 시대의 가장 뛰어난 사회·경영학자이자 미래학자인 드러커의 「변혁시대 기업생존전략 연구서!」. 세계경제가 빠르게 바뀌어 감에 따라 기업의 새로운 경영전략 모델, 즉 5가지 변화조건을 분석했다. 사회·경제학 시각에서 세계경제 흐름을 통찰한 역저.

자본주의 이후 사회의 지식경영자

피터 드러커 지음/이재규 옮김
양장/10,000원

새롭게 도래하고 있는 미래조직에서의 효과적인 의사결정방법, 경영자가 직면할 도전, 지식근로자의 생산성 향상을 위한 동기 부여에 대해 조언하고 있다. 저자의 탁월한 역사적 지식과 도덕적 상상력으로 지식 경영자의 책임과 자세를 제시한다.

21세기 리더의 선택

피터 드러커 외 지음/한근태 옮김
양장/15,000원

피터 드러커, 찰스 핸디 등 뛰어난 사상가들과 탁월한 리더들이 쓴 글을 모은 이 책은 지식사회를 이끄는 리더의 과제와 사명에 대한 것이다. 더불어 새로운 정보경제 시대에 맞는 아이디어에 불을 붙이고 새 깃발을 올리고 갈증을 해소시켜 리더와 리더십에 관한 새로운 지평을 열어주고 있다.

피터 드러커 평전
−지식 르네상스인 피터 드러커

이재규 지음
신국판/9,800원

경영학의 아버지 피터 드러커의 삶과 학문을 추적함으로써 한 세기를 풍미한 그의 사상과 미래전망을 살펴볼 수 있다. 지식사회를 어떻게 살아야 하고 미래사회에 어떻게 대처해야 할 것인지 고뇌하는 이들이라면 꼭 읽어봐야 할 필독서.

20세기를 움직인 사상가들

기 소르망 지음/강위석 옮김
신국판/13,000원

20세기 사상계에 결정적인 영향을 끼친 사람들은 과연 누구인가? 프랑스의 저명한 경제학자이자 사회학자인 기 소르망이 29명의 생존해 있는 현대 최고의 사상가들과의 직접 인터뷰를 통해 그들 자신이 전생애를 바친 사상과 사색의 놀라운 통찰을 기록·정리했다.

자본주의 종말과 새 세기

기 소르망 지음/김정은 옮김
양장/13,000원

저자는 자본주의 체제를 위협하는 것은 「도덕적 불만」과 「자본주의에 대한 몰이해」라고 주장하고 러시아·중국·독일·인도 등 20여 개국의 자본주의의 현재 모습을 살펴보고 있다. 또한 현재의 자본주의의 위기를 극복하기 위한 구체적인 방안에 대해서도 통찰하고 있다.

열린 세계와 문명창조

기 소르망 지음/박 선 옮김
양장/13,000원

기 소르망은 서로 다른 문화가 충돌하는 유럽, 러시아, 중국, 일본, 아프리카, 라틴아메리카의 국경으로 우리를 이끈다. 통독 이후의 문제, 북한의 실상(본문의 「아홉번째 여행」 참조)과 우리의 미래, 미국화로 상징되는 맥몽드(McMonde)의 악몽 속에서 대응법을 찾아보자.

경영창조

톰 피터스 지음/이왈수 옮김
양장/9,000원

치열한 경쟁 속에서 기업이 슬기롭게 대처하려면 어떻게 해야 하는가? 저자는 다른 기업과 두드러진 차별성을 갖고 시장과 고객 앞에 나서야 한다고 처방한다. 기업이 안팎의 변화에 맞서 어떤 방법과 발상으로 접근해야 하는가에 대한 210개 항목이 기업 경영창조의 새로운 길을 열어준다.

경영파괴

톰 피터스 지음/안중호 옮김
양장/8,500원

이제 리스트럭처링·리엔지니어링으로는 급변하는 시대를 이길 수 없다. 기업의 조직은 상상을 초월하는 혁신적인 네트워크형이 되어야 한다. 세계적 경영컨설턴트인 저자가 번득이는 아이디어로, 경영자들이 재창조와 혁명을 향해 전진할 수 있도록 혁신방안을 제시한다.

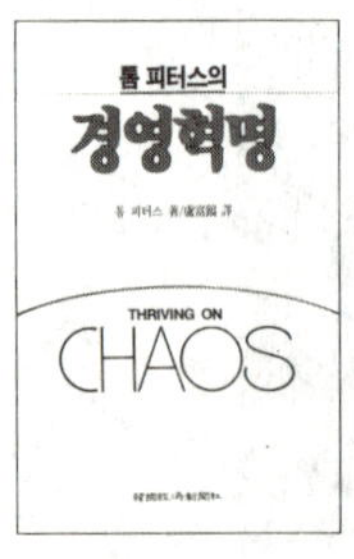

경영혁명

톰 피터스 지음/노부호 옮김
양장/13,000원

정보화사회는 불확실성이 심화된 사회로 기업경영의 경기규칙과 새로운 경영스타일 등 생존을 위한 변화는 가히 혁명적이라 할 수 있다. 이 책은 전통적 사고에 도전하고 조직이 사람을 위해 존재할 수 있도록 변화를 유도하는 45가지 경영 실천전략을 제시한 기업경영자의 '비즈니스 핸드북'이다.

혁신경영

톰 피터스 지음/이진 옮김
양장/15,000원

이 책은 혁신의 순환을 이루는 15개의 불연속적인 아이디어를 독특한 방식으로 설명하고 있다. 저자는 지속적으로 혁신을 추구할 수 있도록 극단적이지만, 실용성 있는 가이드 라인을 제시한다. 혁신이야말로 개인과 조직이 살아남는 최후의 생존전략이 될 것이다.

트러스트

프랜시스 후쿠야마 지음/구승회 옮김
양장/12,000원

한 나라의 경제는 규모만으로는 설명될 수 없다. 사회적 자본이 중요하며 그 핵심이 바로 신뢰다. 저자는 이 책에서 개인주의, 가족주의에 기반을 둔 저신뢰 사회의 특성을 혹독하게 비판하면서 신뢰는 경제와 사회, 문화를 아우르는 놀라운 가치라고 강조한다.

대붕괴 신질서

프랜시스 후쿠야마 지음/한국경제신문
국제부 옮김/양장/16,000원

산업사회에서 정보화사회로의 이행과정에서 나타나는 질서의 붕괴와 정신의 퇴폐는 인류사회에 필연적으로 「대붕괴」를 불러오고 있다. 이 현상은 언제까지 계속될 것이며 우리에게 남겨진 선택지는 무엇인가. 《역사의 종말》《트러스트》 저자의 놀라운 탁견!

코피티션

배리 J. 네일버프·아담 M. 브란덴버거 지음/김광전 옮김/양장/9,000원

비즈니스 게임은 끊임없이 변하므로 전략도 당연히 변해야 한다. 경쟁(competition)과 협력(cooperation), 양자의 장점을 결합한 코피티션 전략은 기존의 비즈니스 게임을 혁신할 혁명적인 신사고다. 저자들은 게임 자체를 변화시켜 이득을 최대화하는 5가지 요소의 비즈니스 전략을 제시했다.

편집광만이 살아남는다

앤드류 그로브 지음/유영수 옮김
양장/13,000원

인텔 불패 신화의 주인공, 앤드류 그로브의 경영과 인생! 경쟁에서 이기기 위한 키워드 「편집광」에 주목하라. 예리한 판단력과 관찰력을 겸비한 그로브는 첨단산업을 경영하는 데 필요한 자세와 방법에 대해 자세히 설명하고 있다. 〈퍼블리셔스 위클리〉, 〈뉴욕 타임스 북 리뷰〉 장기간 베스트셀러!

리스크
―리스크 관리의 놀라운 이야기

피터 번스타인 지음/안진환 외 옮김
양장/12,000원

현대 경영에서 빼놓을 수 없는 리스크 관리. 리스크를 이해하고 측정하며 그 결과를 가늠하는 방법을 밝혀내기 위한 인류의 노력은 눈물겹다. 그리스시대부터 현재까지 다양한 위기의 순간들과 이를 헤쳐나가는 과정을 역사와 철학, 경제학 관점에서 돌아보았다.

주식시장 흐름 읽는 법

우라가미 구니오 지음/박승원 옮김
신국판/5,500원

무질서하고 예측이 불가능해 보이는 주식시장도 장기적으로 보면 특정한 네 개의 국면을 반복하고 있다. 이 책은 이 네 개의 국면이 어떻게 순환되고 어떤 종목이 활약하는지 알 수 있는 안목을 제시해주고 주식투자시 리스크를 피하는 방법에 대해서도 설명하고 있다.

월가 천재소년의 100가지 투자법칙

멧 세토 지음/형선호 옮김
신국판/8,500원

10대 천재소년 멧 세토가 세운 뮤추얼 펀드의 연간 수익률은 단연 압도적이다. 17세에 억대 부자가 된 멧 세토가 100가지의 성공적인 주식투자 비법을 소개한다. 신선하고 반짝이는 그의 투자전략은 초보자들도 쉽게 이해할 수 있다.

증시테마 알아야 주식투자 성공한다

안창희 지음
신국판/9,800원

이 책은 주식투자자들이 어떤 상황에서 어떤 종목을 사고 팔아야 수익을 올릴 수 있는지 그 구체적인 방법을 제시하고 있다. 더불어 투자이론이 실제로 어떻게 적용되고, 앞으로 전개될 상황에서는 어떻게 대응해야 할지 분석했다.

주식@살 때와 팔 때

한국경제신문 증권부 지음
신국판/ 값 9,000원

증권투자는 사는 기술이 아니라 파는 예술이다. 기관투자가를 두려워할 필요는 없다. 한두번의 실패는 최후의 성공을 위한 수업료일 뿐. 한국경제신문 증권부가 개인투자가들을 지원하기 위해 펴낸 이 책을 통해 확실한 주식투자 성공의 길을 찾아보자. 10만 독자가 읽은 초대형 베스트셀러!

선물 옵션을 알아야 주식투자 성공한다

김용 지음
신국판/9,000원

이 책은 실제 매매에서 많이 부딪히는 상황에 대한 지표 분석과 선물, 옵션 투자의 기본원칙, 투자전략, 실전연습, 과거시장의 움직임을 차트화해 실어 초보자들이 실제 파생금융상품 시장에서 이루어지는 매매거래에 도움을 줄 수 있도록 했다.

시스템 트레이딩 가이드

정영근, 신흥증권 사이버전략부 지음
변형 4×6배판/15,000원(CD포함)

시스템 트레이딩은 주어진 가격과 거래량을 다양하게 조합함으로써 독창적인 사용자지표와 거래시스템을 이용, 거래하는 과학적 투자기법이다. 이 책은 컴퓨터가 최적의 매매 타이밍을 잡아주고 시장의 위험을 알려주는 시스템 트레이딩의 방법과 요령에 대한 모든 것이 실려 있다.

만화로 배우는
선물시장 흐름 읽는 법

현대선물 지음
신국판/7,500원

이제 선물을 모르고는 주식, 채권 등 투자를 제대로 할 수 없다. 그동안 어렵게만 느껴졌던 선물거래를 이해하기 쉽도록 만화로 꾸몄다. 선물거래의 기본개념에서부터 선물거래의 실전투자까지 재미있는 스토리를 곁들여 설명했다.

알면 대박 모르면 쪽박
－〈나홀로 증권투자〉 최신 종합편

박현철 글, 그림
신국판/8,000원

바둑에서도 수백 가지의 정석을 알고 있으면 승리할 수 있듯이 주식투자에서도 기본 정석으로 무장한다면 어느 상황에서건 자신 있게 대처할 수 있다. 기본을 모르고서는 주식투자는 절대 금물! 이 책에서 그 기본을 확실히 다질 수 있다.

알기 쉽게 풀어쓴
새노동법 해설(전면개정판)

윤욱현 지음
신국판/19,000원

2001년 7월까지 새롭게 개정된 노동법의 모든 것을 알기 쉽게 정리한 책. 현장에서 체험한 노사간의 문제점들을 살펴보고 개정 노동법 전반을 알기 쉽게 해설했다. 해당 법의 예시, 판례, 행정해석을 풍부히 실어 이해를 돕는다.

실전 부동산경매

전철 지음
신국판/값 12,000원

등기부 읽는 법에서부터 물건 고르는 법 등 부동산 경매에 관한 전반적인 원리를 단 하루면 마스터할 수 있도록 알기 쉽게 설명했다. 특히 실전사례별 경매방법을 체계적으로 정리한 것이 특징이며, 경매 정보의 수집에서부터 법령 해설, 등기소 현황 같은 상세한 사항까지 두루 망라했다.

나는 부동산 리모델링으로
3억 벌었다

최문섭, 주택저널 지음
신국판/12,000원

부동산시장에서 새롭게 떠오르고 있는 리모델링에 대한 모든 것을 정리한 가이드북. 부동산 리모델링에 대한 개념부터 절차, 수익성 분석, 투자방법에 이르기까지 체계적으로 정리하여 부동산 리모델링을 통해 돈을 벌고자 하는 이들에게 완벽한 길잡이가 될 것이다.

골프란 무엇인가

김홍구 지음
양장/11,000원

세계에서 가장 쉽고 재미있는 골프책을 목표로 연애소설을 쓰듯이 재미있게 쓴 책이다. 80대 초반 굳히기, 70대 진입하기 등 현 수준에서의 구체적 도약 방법이 설명된다. 완결편은 통계나 속성 차원에서 접근한 상당한 수준의 골프 분석이다. 입문자와 프로골퍼 모두 재미있게 읽을 수 있다.

통쾌한 경제학

김덕수 지음/신경무 그림
신국판/값 9,000원

「한국적 경제학」의 새로운 지평을 연다는 목표로 우리 주변의 익숙한 사례를 찾아 숨겨진 경제원리를 쉽고 재미있게 풀어쓴 경제 이야기. 각종 도표는 물론 재미있는 유머와 경제상식, 그리고 조선일보 신경무 시사만화가의 삽화까지 곁들여 쉽고 재미있게 읽을 수 있다.

누가 경영을 말하는가

존 미클스웨이트, 에이드리언 울드리지 지음/ 박병우 옮김/양장/15,000원

때론 변덕스럽고 모순되기도 한 경영학 권위자들의 이론들. 〈이코노미스트〉 편집인인 두 저자는 혼란스러운 현대 경영이론을 철저히 분류해 그들 말 속의 핵심을 다시 정리했다. 누구나 이해하기 쉽도록 평이한 언어로 맹목적인 경영이론 추종의 위험성을 경고한다.

B2B

아서 스컬리, 윌리엄 우즈 지음/ 안경태 옮김/양장/ 12,000원

인터넷이 발달하면서 B2B 또한 기업의 모든 것을 바꾸며 나날이 시장을 넓히고 있다. 이 책에서는 기존의 성공적인 B2B 익스체인지로부터 끌어낸 사례를 통해 B2B의 정의와 성공모델을 살펴보고 있다. 앞으로의 기업모델을 송두리째 바꿀 B2B전략의 완벽 교본.

당신이 꿈꾸는 인터넷세상
월드와이드웹

팀 버너스리 지음/우종근 옮김
신국판/9,500원

현대생활의 양상을 극적으로 바꾸어놓은 월드와이드웹(www). 이 책은 창시자인 팀 버너스리가 웹이 만들어지기까지의 과정에 얽힌 이야기들을 최초로 공개한 책이다. 웹이 지닌 잠재적인 가능성 및 혁명적인 미래상 등 네티즌이라면 반드시 읽어봐야 할 필독서!

카리스마 VS 카리스마
이병철 · 정주영

홍하상 지음
신국판/9,000원

이 책은 한국 재계의 큰 별이라는 화려한 조명 뒤에 숨겨진 이병철과 정주영 두 거인의 진솔한 이야기를 담고 있다. 정주영의 할 수 있다는 도전 정신, 이병철의 치밀하고 꼼꼼한 분석과 판단력은 오늘의 우리에게 교훈과 용기를 고취시켜 준다.

아젠다

－기업혁신을 위한 21세기 행동강령

마이클 해머 지음/최준명 감역/ 김이숙 옮김/신국판/15,000원

'리엔지니어링'의 창시자, 마이클 해머가 제안하는 기업 생존의 새로운 길! 최고의 기업들이 급변하는 경영환경에서 살아남기 위한 방법의 기초가 되는 아홉 가지 비즈니스 개념을 조명한다. 미래의 기업 변화상을 꿰뚫어보려는 비즈니스맨들의 필독서.